데일 카네기
인간관계론
How to Win Friends
& Influence People

데일 카네기 **인간관계론**

초판 1쇄 인쇄 2026년 01월 09일
초판 1쇄 발행 2026년 01월 12일

지은이 　 데일 카네기
옮긴이 　 최종옥
펴낸이 　 이춘원
펴낸곳 　 책이있는마을
편 집 　 이서정
디자인 　 강혜린

주 소 　 경기도 고양시 일산동구 무궁화로120번길 40-14(정발산동)
전 화 　 (031) 911-8017
팩 스 　 (031) 911-8018
이메일 　 bookvillagekr@hanmail.net
등록일 　 2005년 4월 20일
등록번호 　 제2014-000024호

ISBN 978-89-5639-363-6 (03320)

데일 카네기

인간관계론

How to Win Friends
& Influence People

데일 카네기 지음   최종옥 옮김

책이 있는 마을

옮긴이의 말

직장이나 일상 모임에서 새로운 사람을 만나 친분을 맺기란 쉽지 않다. 특히 직업상 낯선 상대를 만나 스스럼없이 웃고 대화하며 상품까지 권한다는 것은 더더욱 그렇다. 예나 지금이나 누군가를 내 편으로 만든다는 것은 큰 고민거리인 셈이다.

고전의 사전적 정의는 '오랫동안 널리 읽히는 모범이 될 만한 문학이나 예술작품'이다. 데일 카네기의 《인간관계론 *How to Win Friends and Influence People*》은 이미 자기계발서의 고전 반열에 오른 책이다. 1936년 초판 발행 이후 6000만 부가 넘는 경이로운 판매고를 기록했고, 지금도 쉼 없이 판본을 갈아치우며 전 세계인들의 가슴에 불을 지르고 있다. 출간된 지 84년이 된 이 책이 오늘날까지도 사랑받는 이유는 단 하나, 카네기의 깊은 통찰이 시간이 지날수록 더욱 빛을 발하고 있기 때문일 것이다.

　사회가 발전하고 복잡해질수록 사람들은 인간관계에 목말라한다. 특히 인터넷과 모바일로 지식과 정보가 실시간으로 공유되는 오늘날에는 개인의 전문지식보다 사람을 모으고 다룰 줄 아는 능력이 성공을 좌우한다. 이 말은 그만큼 인간관계로 인한 스트레스가 심해졌다는 뜻이다.

　데일 카네기의 화술과 처세술, 리더십에 관한 가르침은 시대를 초월하여 큰 울림을 준다. 특히 이 책에서 얘기하는 '인간관계에 대한 성찰'은 놀라울 정도다. '성경 다음으로 가장 많이 팔린 베스트셀러', 미국 의회도서관 선정 '미국 역사상 가장 영향력 있는 책' '하버드 4년보다 더 많은 것을 가르치는 책' '자기계발서의 바이블….' 특히 케네디, 조지 부시, 오바마 대통령의 인생을 바꾸고, 세계 최고 부자 워런 버핏이 강력 추천하는 등 세계적인 리더들에게 많은 영감을 주고 인생의 길잡이가 되어준 책이다.

　그의 말은 수많은 지도자와 기업가들에게 영향을 끼쳤고, 평범한 사람들에게도 처세의 교훈과 통찰력을 심어주었다. 그의 예리하고 진지한 충고는 지금도 여전히 우리들 삶에 위안과 용기를 주고 인생의 훌륭한 나침반이 되어준다. 그래서 사람들은 수많은 자기계발서 중에서도 맨 먼저 이 책을 선택하는 것이다.

　카네기가 제시하는 원칙들은 누구나 알고 있는 내용이고 일상에서 흔히 실감하는 내용이다. 그는 인간관계에 대해 고민하는 다양한 사람의 경험과 실험에 의지해 이 책을 썼다고 고백했다. 그러나 그의 말에는 마치 바로 옆에서 말하는 것처럼 시공을 초월한 진리와 생생함이 넘쳐흐른다. 인간 본성에 대한 날카로운 통찰과 해결 원칙이 뚜렷하고, 상대의 마음을 열고 그 사람을 내 편으로 만드는 실마리를 제시하고 있다.

왜 상대를 비난하는 것이 부질없는지, 왜 토론을 통해 상대를 설득하는 것이 불가능한지, 왜 상대가 내 뜻대로 움직이려 하지 않는지 등을 풍부한 예시를 통해 일러주고 인간관계의 성패는 결국 상대의 관점을 얼마나 공감하고 이해할 수 있는지에 달려 있다는 사실을 깨닫게 해준다. 그리고 사람들을 변화시키는 다양한 방법들을 제시한다. 호감을 얻는 방법, 좋은 인상을 주는 방법, 관심을 끄는 방법, 상대를 매료시키는 방법, 협력을 이끌어내는 방법, 미움받지 않고 비판하는 방법 등 다양한 기술을 풍부한 사례와 함께 충고한다.

카네기 철학의 최고 장점은 직관, 단순, 명료함이다. 그의 문장은 힘차고 웅변적이며 대화체로 되어 있다. 그래서 복잡한 문제를 풍부한 사례를 통해 쉽게 풀어주며 단순하면서도 진리가 되는 원칙들을 제시하여 누구나 쉽게 공감할 수 있게 해준다. 그래서 직장 리더나 사회지도자는 물론 학생, 주부, 직장인들도 쉽게 응용하여 실천할 수 있게 해준다.

이 책은 카네기의 '화술과 인간관계' 강의 교재로 사용하기 위해 쓰인 것으로, 지금까지도 '카네기스쿨'에서 교재로 활용하고 있다. 카네기는 1955년 타계할 때까지, 계속 증대되는 대중들의 요구에 부응하기 위해 자신의 강연 내용을 끊임없이 수정했으며 따라서 책의 내용도 계속 수정 보완되었다.

카네기는 변화와 시대의 흐름에 대해 지나칠 정도로 예민한 사람이었다. 미디어의 변화와 그에 따른 유행과 광고의 경향에 따라 끊임없이 자신의 교육방법을 수정해냈다. 변화된 환경에 능동적으로 대처할 줄 아는 것이 그의 성공 비결인 셈이다. 만일 그가 오늘날에도 살아 있다면 천지개벽의 놀라운 변화에 적응하도록 수도 없이 이 책을 개정했을 것이다. 데일 카네기가 없는 세상에서 이제 그 몫은 순전히 현재를 사는 우리들의 몫이다.

데일 카네기가 권하는
이 책의 활용도를 높이기 위한 9가지 원칙

1. 인간관계의 원칙을 터득하려면 강렬한 의욕이 필요함. 그 의욕을 불태울 것.

2. 각 장마다 꼭 두 번씩 읽고 다음 장으로 넘어갈 것.

3. 이 책에서 제시하는 내용을 어떻게 하면 실행할지, 수시로 책을 펼쳐놓고 생각해볼 것.

4. 중요한 내용은 밑줄을 그어 표시할 것.

5. 일주일이나 한 달에 한 번쯤은 이 책을 반복해서 읽을 것.

6. 이 책에서 제시하는 방법을 실생활에서 응용해볼 것. 그리고 늘 가까이 두고 인생문제를 해결하는 참고서로 삼을 것.

7. 당신이 이 책에서 권하는 원리를 어겼다면 가정에서는 가족에게, 밖에서는 친구들에게 벌금을 무는 약속을 해볼 것.

8. 매주 당신이 발전하고 있는 과정을 확인·분석하여 어떤 실수를 했고, 어떤 것이 옳았는지 살펴볼 것.

9. 이 책의 가르침을 실행한 방법과 잘못된 점을 기록해볼 것.

차
례

- How to Win Friends & Influence People -

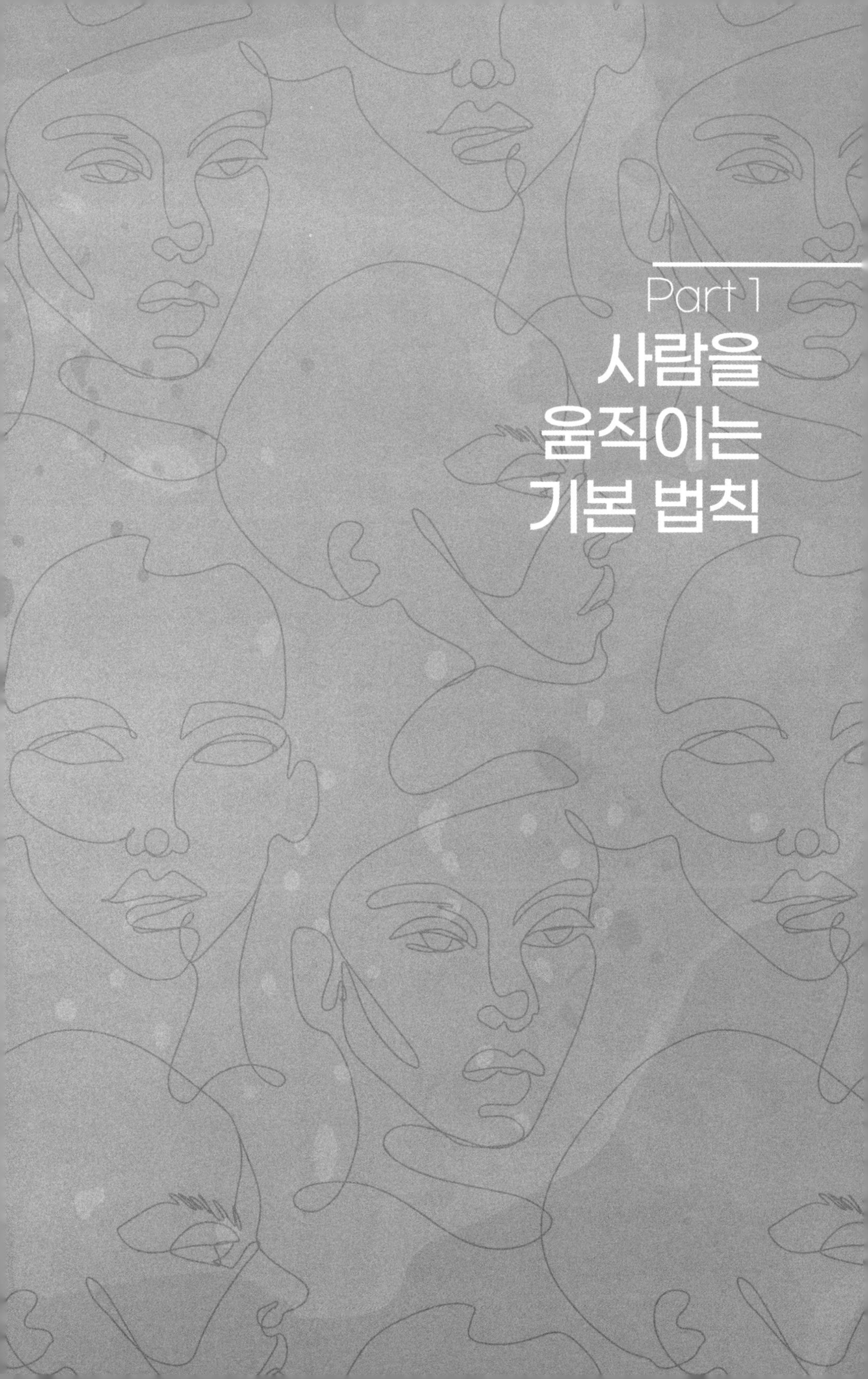

사람을 움직이는 기본 법칙

1장
꿀을 얻으려면
벌통을 걷어차지 말라

1931년 5월 7일, 뉴욕에서는 전대미문의 범인 추격전이 절정에 달했다. 몇 주일에 걸친 수색 끝에 '쌍권총 크롤리'가 웨스트엔드 애비뉴에 있는 애인의 아파트에 숨어 있다가 경찰에 포위되었다. 150여 명의 경찰이 건물 맨 위층에 있는 그의 은신처를 둘러쌌다. 그들은 지붕에 구멍을 뚫고 최루탄을 터뜨려서 범인을 밖으로 유인하는 한편, 주위 건물에 기관총을 배치했다. 결국 뉴욕의 고급 주택가에서는 권총과 요란한 기관총 소리가 한 시간 넘게 계속되었다.

크롤리는 두툼한 소파를 방패 삼아 경찰관들을 향해 쉴 새 없이 권총을 쏘아댔고, 이 총격 장면을 흥분한 1만여 명의 시민들이 지켜보고 있었다. 뉴욕에서는 일찍이 볼 수 없었던 대활극이었다.

마침내 크롤리가 체포되었을 때, 뉴욕 경찰국장 E. P. 멀루니는 이 쌍권총의 무법자가 뉴욕의 역사상 가장 흉악한 범죄자 가운데 하나라고 주장했다. 범인이 아주 사소한 일로도 사람의 목숨을 빼앗는 잔인무도한 악당이라고.

그러나 '쌍권총 크롤리'는 정작 자신에 대해서 어떻게 생각할까? 그는 경찰이 자신의 은신처를 향해 총격을 가하는 동안 사건에 관련된 여러 사람 앞으로 한 통의 편지를 썼다. 그 편지지에는 그의 상처에서 흘러나온 피가 묻어 있었다. 크롤리는 그 편지로 이렇게 말했다.

"나의 가슴속에는 이미 지쳐버린 마음이 있다. 그러나 그것은 누구도 해치고 싶어 하지 않는 선한 마음이다."

사건이 발생하기 얼마 전에, 크롤리는 롱아일랜드의 한적한 시골 길가에 차를 세워두고 애인과 즐거운 시간을 보내고 있었다. 그런데 바로 그때 경찰차가 다가와 불심검문을 했다.

"면허증 좀 보여주시겠소?"

그러자 크롤리는 뭐라 대꾸도 없이 대뜸 권총을 뽑아들어 그 경찰관을 쏘았다. 그러고는 그가 쓰러지자 차에서 내려 경찰의 총을 빼앗아 또 한 발을 쏘았다. 이런 잔인무도한 살인범이 스스로 '누구도 해치지 않는 부드러운 마음'을 지녔노라 주장하는 것이다. 크롤리는 결국 재판에서 전기의자에 의한 사형을 선고받았다.

그가 싱싱 교도소의 사형수 감방에 도착했을 때 뭐라고 했을까? 자책하면서 "자업자득이다. 내가 사람을 죽였으니까." 이렇게 했을까? 천만의 말씀이다. 크롤리가 남긴 마지막 말은 이랬다.

"난 억울하다. 난 나 자신을 방어하다가 이렇게 된 것이다."

이 말은 무엇을 의미하는가? 저 흉악한 살인범인 크롤리조차도 끝까지 자신에 대해서는 절대 나쁘게 생각하지 않는다는 점이다. 그런데 이런 태도는 범죄자들 사이에서는 전혀 특별하지가 않다.

"나는 젊은 시절의 대부분을 사람들에게 즐거움을 주고 재미있는 시간을 갖게 해주려고 애써왔다. 그런데 지금은 어떤가? 내가 얻은 것이라곤 사회의 차가운 냉대와 전과자라는 낙인뿐이다."

이것은 한때 미국 전역을 떠들썩하게 만든 암흑가의 황태자 알 카포네가 한 말이다. 그렇다. 저 악명 높은 범죄자, 시카고 암흑가를 주름잡던 흉악한 갱단의 두목 알 카포네도 결코 자신을 비난하지 않았다. 실제로 그는 자신을 자선사업가, 즉 감사받기는커녕 사회로부터 온갖 오해와 비난을 받는 불운한 사내라고 생각하고 있었다. 일급 악당인 더치 슐츠도 뉴어크에서 갱들의 총에 쓰러지기 전까지 그랬다. 더치 슐츠는 어느 신문기자 앞에서 자신을 사회 자선사업가라고 공언했다.

나는 이 문제에 대해서 뉴욕 싱싱 교도소의 소장으로 있던 루이스 로스에게 몇 차례에 걸쳐 흥미로운 이야기를 들을 수 있었다.

"싱싱 교도소에 수감되어 있는 범죄자들 가운데 자신을 악당이라고 생각하는 사람은 거의 없습니다. 그들은 자신들이 선량한 일반 시민과 똑같다고 생각하며 자신들의 행위가 전적으로 옳았다고 믿고 있습니다. 그들은 왜 금고를 털지 않으면 안 되었는지, 왜 총을 쏘지 않으면 안 되었는지 정말 그럴듯하게 설명할 수 있습니다. 그들 대부분은 자신이 저지른 반사회적 행위에 그럴 씨한 구실을 붙여 정당화하고, 억지 논리를 앞세워 결과적으로 자기들이 부당하게 수감돼 있다는 태도를 고수합니다."

이처럼 '쌍권총 크롤리'와 알 카포네, 더치 슐츠, 교도소 안에 있는 죄수들 모두가 자신들은 무죄라고 생각하는데, 하물며 딱히 큰 죄도 없는 일반 시민들의 생각은 어떻겠는가?

언젠가 백화점 설립자인 존 워너메이커는 이렇게 말한 적이 있다.

"나는 이미 30년 전에 누군가를 나무라고 화를 낸다는 것은 매우 어리석은 짓이라는 사실을 깨달았습니다. 하나님이 모든 이들에게 공평한 지능을 주지 않았다는 사실을 탓하기 이전에, 나 자신의 한계를 극복하는 데도 충분히 골머리가 아프니까요."

워너메이커는 일찍이 이런 교훈을 깨달았지만, 아쉽게도 나는 마흔이 다 돼서야 겨우 인간은 어떤 일에 대해서든 결코 자기 자신을 비판하지 않는다는 사실을 어렴풋이 알게 되었다. 남의 결점을 들춰내어 비판하는 것은 정말 부질없는 짓이다. 비판은 상대방으로 하여금 방어태세를 갖추게 하고 어떻게든 자신을 정당화하게 만든다. 비판은 자존심을 상한 상대를 반항하게 만들고 원한을 불러일으킨다.

지난날 독일 군대에서는 무언가 불만이 있더라도 그 즉시 불평하지 못하게 되어 있었다. 분하고 억울하더라도 그대로 하룻밤을 넘기지 않으면 안 되었다. 이튿날이 되면 마음이 가라앉으면서 이성을 되찾게 된다는 것이다. 그래서 이 규율은 매우 엄격하게 지켜졌다고 한다. 나는 이것이 일반 사회에도 똑같이 법률화되어 잔소리 심한 부모, 바가지 긁는 아내, 고용인을 몰아세우는 고용주, 세상 사람들의 약점을 들춰내는 불평가 전체를 단속해야 한다고 생각한다.

남을 비난하는 일이 얼마나 무익한 일인지 역사적으로 좋은 사례가 있다. 시어도어 루스벨트와 그의 후계자였던 윌리엄 하워드 태프트 사이에 벌어졌던 유명한 언쟁이 그것이다. 이 언쟁 때문에 두 사람이 이끄는 공화당은 분열

되고 민주당의 우드로 윌슨이 백악관을 차지했다. 또한 미국이 제1차 세계대전에 참전하게 되는 등 세계 역사의 흐름이 크게 달라졌다.

1908년 루스벨트는 대통령직에서 물러나면서 태프트를 차기 대통령으로 지지했고, 그는 대통령으로 당선되었다. 루스벨트는 그 후 아프리카로 사자 사냥을 떠났다.

하지만 아프리카에서 돌아온 그는 태프트가 일방적으로 보수적인 정책을 펼치는 것을 보고 크게 화를 냈다. 그래서 태프트를 비난하는 한편 차기 대통령 후보 지명권 확보를 위해 진보적 성향의 불 무스당(Bull Moose Party)을 조직했는데 그 일로 공화당은 분열 위기에 처하게 되었다. 이런 분위기 속에서 대통령 선거가 치러졌고 결과적으로 공화당은 유타와 버몬트 단 두 곳에서만 승리했다. 창당 이래 가장 처참한 참패였다. 루스벨트는 이 책임이 전적으로 태프트에게 있다고 공격했다. 그렇다면 태프트는 자신이 잘못했다고 시인했을까? 아니다. 그는 눈물을 글썽이면서 이렇게 말했다.

"그 당시 나는 그렇게 할 수밖에 없었다."

나는 두 사람 중 어느 쪽이 옳고 그른지 알 수가 없고 솔직히 알 필요도 없다고 생각한다. 즉 루스벨트가 아무리 태프트를 원망하더라도 태프트로 하여금 잘못을 인정하도록 하지는 못했을 것이다. 어떻게든 자신의 처지를 정당화하고 "아무리 생각해도 그 방법밖에는 없었다."는 말만 되풀이하게 할 뿐이다.

또 다른 예로, 티포트 돔(Teapot Dome) 유전 스캔들을 들어보자. 수년 동안 미국을 들끓게 했던 유명한 사건이다. 의혹의 중심인물인 앨버트 B. 펄은 미국 제29대 대통령 워런 G. 하딩 행정부에서 내무부장관을 지낸 인물이다. 펄은 당시 정부가 소유하고 있던 티포트 돔과 엘크 힐의 유전지대 임대에 대한 권한을 가지고 있었다. 원래 이 유전지대 일대는 장차 해군에서 사용할 목적으로 보존하도록 되어 있었다. 그런데 펄은 공개입찰도 없이 갑자기 친구인 에드워드 도헤니와 수의계약을 맺고 유전을 임대하여 큰돈을 벌게 해주고, 도헤니는 펄에게 10만 달러를 뇌물로 주었다.

펄은 또 해병대를 움직여서 그 유전 일대에서 석유를 채굴하고 있던 다른 군소업자들을 내쫓아버렸다. 그들의 유전 때문에 엘크 힐의 석유 채굴량이 줄어들 것을 염려했기 때문이다. 그런데 쫓겨난 군소업자들이 법원으로 달려가 소송을 제기했고, 그 바람에 10만 달러 독직사건이 만천하에 폭로되었다. 지독한 악취를 풍겼던 이 사건은 결국 하딩 정부의 숨통을 끊어버렸고, 온 국민을 격분시킨 나머지 공화당을 붕괴 위기로 내몰았으며, 앨버트 B. 펄은 수감되었다. 그는 현직 공직자로서는 전례가 없을 정도로 무거운 형을 선고받았다.

그렇다면 펄은 과연 자신의 죄를 뉘우쳤을까? 절대 그렇지가 않았다. 몇 년 뒤, 제31대 대통령 허버트 후버는 어느 강연회에서, 하딩 대통령의 죽음을 재촉한 것은 친구의 배신 때문이라고 말한 적이 있다. 그때 그곳에서 강연을 듣고 있던 펄의 부인이 자리에서 일어나 눈물을 흘리며 주먹을 쥐고 소리쳤다.

"뭐라고요? 하딩이 펄에게 배신당했다고요? 천만의 말씀! 내 남편은 남을 배신한 일이 단 한 번도 없습니다. 오히려 남편이야말로 배신당하고 잔혹하게 보복당한 희생자라고요!"

사람은 누구나 다 이렇다. 인간의 본성은 아무리 나쁜 짓을 저지르더라도 남을 탓하지 자신을 탓하지는 않는다. 이것은 결코 나쁜 사람들만의 이야기가 아니다. 모든 사람이 똑같다고 봐야 한다. 그러니 만약 당신이 누군가를 비난하고 싶어지면 알 카포네나 '쌍권총 크롤리', 앨버트 B. 펄의 이야기를 떠올려보자.

남을 비난하는 것은 누워서 침 뱉기와 같아서 꼭 자신에게 되돌아온다. 남의 허물을 들추거나 나쁘게 말하면 상대방도 언젠가 이쪽을 노렸다가 보복을 가한다. 설사 그런 일이 없더라도 태프트처럼 '그렇게 할 수밖에 없었다'고 변명하게 만들 뿐이다.

1865년 4월 15일 토요일 아침, 포드 극장 앞에서 저격당한 에이브러햄 링컨은 극장 맞은편 싸구려 여관방 침대로 옮겨져 죽음을 기다리고 있었다. 침대가 너무 작아서 키가 큰 링컨은 대각선으로 눕혀 있었다. 침대 머리맡 벽에는 유명한 그림의 값싼 모사품이 걸려 있었고, 침침한 가스등 불빛이 노랗게 흔들리고 있었다. 이 가슴 아픈 광경을 지켜보고 있던 스탠든 국방부장관은 이렇게 중얼거렸다.

"지금 이곳에 누워 있는 이 사람만큼 사람의 마음을 가장 잘 움직였던 사람도 없을 것이다."

링컨이 그토록 사람의 마음을 사로잡은 비결은 무엇일까? 나는 지난 10년간 에이브러햄 링컨의 생애를 연구했고, 3년에 걸쳐 《세상에 알려지지 않은 링컨》이란 책을 썼다. 링컨의 인간 됨됨이와 그 가정생활에 대해 샅샅이 연구해서 추종을 불허하는 성과를 거뒀다고 자부할 수 있다. 링컨의 리더십에 대해서도 특별히 관심을 쏟았다. 위대한 링컨도 남을 비난했을까? 물론이다. 놀랍게도 그런 일이 꽤 많았다.

인디애나주의 피전 크리크밸리에 살던 젊은 시절의 링컨은 다른 사람을 쉽게 비난했을 뿐만 아니라 상대의 흠을 들추고 조롱하는 시와 편지를 써서 남의 눈에 잘 띄는 길가에 일부러 떨어뜨려놓곤 했다. 이 편지가 원인이 되어 평생토록 그에게 반감을 갖는 사람도 꽤 있었다. 나중에 일리노이주 스프링필드에서 변호사 개업을 하고 나서도 링컨은 신문 투고를 통해 경쟁자를 노골적으로 공격했으며, 나중에는 그것 때문에 큰 봉변을 당하기도 했다.

1842년 가을, 링컨은 한 아일랜드 출신의 정치인을 공격했는데, 제임스 실즈라는 허영심 많고 싸우기 좋아하는 사람이었다. 링컨은《스프링필드 저널》에 익명으로 투고해서 그를 조롱했는데, 기사를 본 사람들은 배꼽을 잡았고 시내는 온통 웃음바다로 변했다. 감정적이고 자존심이 강한 실즈는 불같이 화를 냈다. 그리고 투서한 사람이 누구인지 판명되자 즉시 말을 몰고 링컨을 찾아왔다. 그리고 결투를 신청했다. 링컨은 거절하지 못하고 신청을 받아들였는데 무기의 선택권은 링컨에게 주어졌다. 팔이 길었던 링컨은 기병대의 장검을 골랐고, 육군사관학교를 졸업한 친구로부터 그 칼을 이용한 대결법도 지도받았다. 약속한 날 두 사람은 미시시피 강변의 모래밭에서 만났다. 그리고 막 목숨을 건 결투를 시작하려는 순간, 양측 입회인들의 적극적인 중재로 가까스로 중단되었다.

이 사건은 링컨의 간담을 서늘하게 만들었고, 그 일로 사람을 대하는 방법에 대해 큰 교훈을 얻게 되었다. 두 번 다시 누군가를 모욕하는 편지를 쓰거나 조롱하지 않았고, 무슨 일로도 남을 비난하는 일은 없었다.

남북전쟁이 한창일 때, 대통령이었던 링컨은 포토맥 지구의 전투가 불리할 때마다 수시로 전투사령관을 교체했다. 매클렐런, 포프, 번사이드, 후커, 미드 등 무려 다섯 명의 장군을 바꿔보았지만 패배만 되풀이했다. 북부 국민들은 무능한 장군들을 비난했다. 링컨 자신도 비참한 기분이 들었지만, 애써 '누구한테 악의를 품기 전에 모두를 사랑하자.'고 자신을 타이르며 마음을 억눌렀다.

링컨이 좋아하는 인용구 중 하나는 '남으로부터 비난받기 싫다면 남을 비난하지 말라.'였다. 그는 부인이나 측근들이 남부 사람들을 욕할 때마다 이렇게 말했다.

"그들을 너무 나쁘게 말하지 말아요! 우리도 그런 상황에 처하게 되면 그렇게 행동할지 모르니까."

그러나 끊임없이 타인을 비난할 기회가 주어졌던 사람 역시 링컨이었다.

게티즈버그 전투는 1863년 7월 1일부터 3일 동안 벌어졌다. 4일째 밤이 되고 폭풍우가 몰려오자 남군의 로버트 리 장군은 남쪽으로 퇴각하기 시작했다. 장군이 패잔병과 다름없는 군대를 이끌고 포토맥강에 이르렀을 때 눈앞에는 잔뜩 불어나 건널 수 없는 강이 있었고, 뒤로는 북군이 맹렬한 기세로 추격해오고 있었다. 이제 남군은 오도 가도 못할 처지에 놓여 있었다. 링컨은 그 사실을 알고 지금이야말로 남군을 패퇴시키고 전쟁을 끝낼 절호의 기회라고 생각했다. 그래서 희망에 부풀어 조지 미드 장군에게 당장 남군을 공격하라고 명령했다. 그는 미드 장군에게 전문을 보냈고, 뒤이어 특사까지 파견해 즉시 리 장군을 공격하라고 독촉했다.

그러나 미드 장군은 링컨의 명령과는 정반대로 행동했다. 작전회의를 열어서 시간을 지체했고, 이런저런 핑계를 대면서 링컨의 공격명령을 정면으로 거부했다. 그러는 사이에 강물이 줄어들었고, 리 장군은 병력을 이끌고 무사히 탈출할 수 있었다.

링컨은 화가 끓어올랐다.

"도대체 어떻게 된 일이야! 적은 독 안에 든 쥐가 아니었는가? 아군이 조금만 내 뜻에 따라줬으면 좋았을 것을! 저들은 내가 뭐라고 하든 손가락 하나 움직이지 않았어. 그런 상황에서는 누구라도 리의 병사를 격파할 수 있었다. 심지어는 장군이 아닌 내가 그 자리에 있었어도 말이다!"

극도의 실망감에 사로잡힌 링컨은 곧 미드 장군에게 편지를 썼다. 이 편지를 읽기 전에 알아둘 점은, 이 시기 링컨은 극도로 온건하고 조심스러운 문장을 사용했다는 점이다. 그런 면에서 볼 때 1863년에 작성된 링컨의 이 편지는 사실 엄중한 문책에 해당하는 것이다.

> 친애하는 장군 보시오.
>
> 나는 장군이 이번에 리 장군을 놓친 것이 얼마나 큰 불행인지를 제대로 인식하지 못하고 있다고 생각합니다. 남군은 확실히 궁지에 몰린 상황이었고, 아군이 최근에 승리했던 여세를 몰아갔다면 우리는 이번에 전쟁을 끝낼 수도 있었소. 그 좋은 기회를 놓쳐버린 지금으로서는 전쟁이 언제 끝날지 알 수 없게 되었습니다. 장군은 지난 4일 밤 우리에게 절대적으로 유리한 전투도 제대로 이끌지 못했소. 이제 다시 저들을 공격한다는 것은 불가능하겠지요. 앞으로 장군의 활약을 기대하는 것은 무리라고 생각하며, 사실 기대하고 있지도 않소. 귀관은 하늘이 주신 기회를 놓쳐버렸고, 그 때문에 나 역시 말할 수 없는 고통에 시달리고 있소.

이 편지를 받아본 미드 장군은 어떻게 생각했을까? 아니, 사실 미드 장군은 이 편지를 읽어보지 못했다. 링컨이 편지를 보내지 않았기 때문이다. 이 편지는 링컨이 죽고 나서 그의 서류함에서 발견되었다. 추측해보건대 링컨은 아마 이 편지를 쓰고 나서 잠시 창밖을 바라보며 서 있었을 것이다. 그러고는 이렇게 중얼거렸을 것이다.

"잠깐만, 이렇게 서두르는 것이 꼭 좋은 것 같지는 않은데? 이렇게 백악관 깊숙이 들어앉아서 공격명령을 내리는 건 쉬운 일이다. 하지만 내가 만일 게티즈버그 전선에 있었다면? 그래서 지난주에 남군이 겪은 것처럼 피 흘리는 부상자들의 신음과 비명소리를 듣고 병사들의 참상을 직접 눈으로 목격했다면 나도 쉽게 공격을 결정하지는 못했을 것이다. 게다가 미드는 천성이 소심한 인사가 아닌가?

이제 다 끝난 일이다. 편지를 보내면 내 기분이야 좀 나아지겠지만, 미드는 어떻게든 자신을 정당화하고 오히려 날 비난하려 들 것이다. 장군이 나에게 반감을 갖게 되면 사령관으로서의 직무 수행도 곤란해져서 결국은 군을 떠나야 할 것이다."

그래서 링컨은 이 편지를 그냥 묵혀두었는지도 모른다. 과거의 쓰라린 경험을 통해 그는 엄중한 문책과 비판은 대부분 아무런 쓸모가 없다는 것을 잘 알고 있었던 것이다.

시어도어 루스벨트는 대통령 재임 시 난관에 봉착할 때마다 항상 거실 벽에 걸려 있는 링컨의 커다란 초상화를 보면서, "링컨이라면 이 문제를 어떻게 처리했을까?" 하고 생각해보는 습관이 있었다고 말했다. 우리도 남을 비난하고 싶을 때마다 루스벨트처럼 "링컨이 지금 내 입장이라면 어떻게 했을까?"라고 생각해보면 좋을 것이다.

다른 사람의 결점을 바로잡고 개선하려는 마음은 훌륭하고 칭찬받을 만하다. 하지만 그보다 먼저 자기 자신의 결점을 고치고 개선해야 옳지 않을까? 섣불리 남을 타이르거나 바로잡으려 하는 것보다 자기 자신을 개선하고 고치는 것이 보다 유익하며 위험성도 덜하다.

영국의 시인 로버트 브라우닝은 "사람은 자기 자신과의 싸움을 시작할 때 비로소 가치 있는 사람이 된다."라고 말했다. 자신을 완벽하게 만드는 데는 꽤 시간이 걸린다. 정초에 시작해도 크리스마스가 돼야 끝날지도 모른다. 그러면 당신은 연말연시를 잘 보내고 멋진 새해를 맞이할 수 있다. 그리고 새해부터는 남을 비판하고 변화시킬 수 있을 것이다. 하지만 모든 것은 먼저 자신을 완성한 다음의 일이다.

내가 아직 젊었을 때, 나는 어떻게든 인정받기 위해 노력했다. 그런 노력의 하나로 나는 당시 문단에서 꽤 지명도가 높은 리처드 하딩 데이비스에게 어리석은 편지를 보낸 적이 있다. 당시에 나는 어느 잡지에 '작가론'을 기고하기로 되어 있었기 때문에 그의 창작법을 직접 문의했던 것이다.

그리고 글을 마치면서 데이비스에게 강한 인상을 심어주고 싶은 마음에 편지 말미에 '기술은 했지만 읽어보지는 않았음'이라고 덧붙였다. 즉 내가 너무 바쁘고 중요한 인물이라는 사실을 강조하고 싶었던 것이다. 데이비스는 답장 대신 내 편지를 되돌려보냈고, 편지 말미의 여백에 "무례도 정도껏 하시오."라고 적어놓았다. 맞는 말이다. 나는 주제넘은 일을 저질렀고 그런 모욕을 당해도 싸다. 하지만 나도 인간인지라 분한 마음을 삭이지 못해 울화가 치밀었다.

그로부터 10년 뒤에 데이비스가 세상을 떠났다는 기사를 접했을 때, 인정하기 부끄럽지만 그가 내게 주었던 상처가 가장 먼저 떠올랐다.

죽을 때까지 다른 사람으로부터 미움을 받고 싶다면 얼마든지 남을 비판해도 좋다. 그리고 그 비판의 횟수가 많아지면 많아질수록 또한 정확하고 타당할수록 그 효과는 높아진다.

인간을 다룰 때 상대방이 '논리적'일 것이라고 생각하는 것은 큰 잘못이다. 상대방은 어디까지나 감정의 동물일 뿐이며 편견과 자존심, 허영심에 따라 행동하고 있다는 사실을 명심해야 한다.

비판은 자존심이라는 화약고에 폭발을 일으키기 쉬운 불씨다. 이 폭발은 때

때로 사람의 목숨을 빼앗기도 한다. 일례로 미국의 군인 레너드 우드 장군은 때이른 죽음을 맞았는데, 그 이유는 그가 비난을 받은 데다 군대를 이끌고 프랑스 출정을 나가는 것까지 거부당함으로써 자존심에 큰 타격을 입었기 때문이라고 알려져 있다.

영국 문학을 풍요롭게 한 토머스 하디는 감수성이 매우 풍부했는데, 생각지도 못했던 혹독한 비평을 받은 뒤 영원히 작품 활동을 포기해버렸다. 영국의 천재 시인 토머스 채터턴을 자살로 몰고 간 것도 그에 대한 비난이었다.

젊은 시절 대인관계가 나쁘기로 유명했던 벤저민 프랭클린은 뛰어난 외교 수완과 사교술을 익혀서 사람 다루는 데 익숙해지자 프랑스 대사로 임명되었다. 성공의 비결을 묻는 질문에 그는 이렇게 대답했다.

"나는 누구에 대한 험담도 절대 하지 않습니다. 대신 제가 아는 모든 사람의 장점만 골라 칭찬합니다."

누군가를 비난하고 잔소리하는 것은 아무 바보라도 할 수 있다. 그리고 바보일수록 그렇게 하고 싶어 한다. 이해와 관용은 곧은 성품과 인내심을 갖춘 사람만이 지닐 수 있는 덕목이다.

누군가를 비판하기에 앞서 상대방이 왜 그렇게 나오는지 그들의 입장에서 깊이 생각해보는 것은 어떨까? 아마 그 편이 훨씬 유익하고 재미도 있을 것이다. 그러다 보면 공감과 관용이 생기고 호의도 우러나오게 된다. '모든 것을 알게 되면 모든 것을 용서하게 된다'는 말도 있지 않은가?

사람을 움직이는 기본 법칙 1

다른 사람에 대한 비판과 불평불만을 삼가라.

2장

중요성을 갖게 하라

나는 누군가에게 무엇을 시키는 방법은 오직 한 가지밖에 없다고 생각한다. 그것은 그 사람으로 하여금 그 일을 하고 싶게 만드는 것이다.

거듭 말하지만 이 방법밖에는 달리 방법이 없다. 물론 상대방의 가슴에 총을 들이대고 손목시계를 내놓으라고 협박할 수도 있다. 또 직원들에게 해고 위협을 가하면 속으로는 어떨지 몰라도 적어도 당신 눈앞에서는 협력할 수 있다. 회초리를 들거나 겁을 주어 아이를 훈육하는 것도 가능하다. 그러나 이런 강압적인 방법은 늘 바람직하지 않은 반발만 일으킬 뿐이다.

사람을 움직이려면 그 사람이 원하는 것을 주는 것이 가장 좋은 방법이다. 당신이 원하는 것은 무엇인가?

20세기의 위대한 심리학자 지그문트 프로이트는 인간의 모든 행동은 두 가지 동기에 의해 유발된다고 했다. 즉 성욕과 위대해지고 싶은 욕망이다.

미국의 저명한 철학자 존 듀이도 비슷한 말을 했다. 듀이 박사는 인간 본성 중 가장 강한 충동은 '중요한 인물이 되려는 욕망'이라고 말했다. 실로 의미심장한 말이다. 이 말은 앞으로 여러 차례 언급하게 될 것이다.

인간은 무엇을 원하는가? 그 무엇도 원하는 것이 없을 것 같은 사람에게도 몇 가지의 강하게 원하는 것이 있는 법이다. 사람들이 일반적으로 원하는 것은 다음과 같다.

1. 건강과 장수

2. 음식

3. 수면

4. 돈 또는 돈으로 살 수 있는 물건들

5. 죽은 다음의 생명

6. 성적인 만족

7. 자녀들의 행복

8. 인정받고 있다는 느낌

이와 같은 욕구는 대개 충족될 수 있는 것들이다. 단 한 가지를 제외하고 말이다. 이 욕구는 음식이나 수면에 대한 욕구만큼이나 심각하고 중요하지만 쉽사리 충족되기 힘든 것이다. 그것은 바로 '자신의 중요성을 인정받는 것'으로, 프로이트가 제시한 '위대해지고 싶은 욕망'이며 듀이가 지적한 '중요한 인물이 되고 싶은 욕망'이다.

언젠가 에이브러햄 링컨은 편지를 쓸 때, "인간은 누구나 칭찬받기를 좋아한다.”고 말한 적이 있다. 또한 미국의 저명한 심리학자 윌리엄 제임스도 “인간의 기본 성향 가운데 가장 강한 것은 다른 사람에게 인정받고 싶어 하는 갈망이다.”라고 말했다.

여기서 우리는 제임스가 ‘소망’이나 ‘동경’ ‘염원’ 등의 표현을 쓰지 않고 ‘갈망’이라고 표현한 것에 주의해야 한다. 갈망은 인간의 마음을 끊임없이 동요시키는 불타는 듯한 집착이다. 그리고 타인의 이러한 갈망을 충족시켜 줄 수 있는 사람은 극히 드물다. 하지만 그것을 할 수 있는 사람만이 타인의 마음을 사로잡을 수 있게 되는 것이다.

남들로부터 자신의 중요성을 인정받고자 하는 욕구는 인간을 동물과 구별 짓는 가장 분명한 특성이다. 이와 관련한 재미있는 이야기가 있다.

나는 미주리주의 농가에서 자랐다. 내가 어렸을 때 아버지는 두록저지(Duroc Jersey)종의 돼지와 머리털이 흰 순종의 소를 사육하고 있었는데, 그것을 중서부 각지의 경진대회나 품평회에 출품하여 여러 번 일등상을 탔다.

아버지는 그 상이 자랑스러웠는지 흰 모슬린 천에 하늘색 리본들을 잔뜩 꽂아 보관해두었다가 친구나 손님이 찾아오면 그 기다란 모슬린 천을 꺼내오곤 했다. 천의 한쪽 끝은 아버지가, 다른 쪽 끝은 내가 잡고서 손님들에게 펼쳐 자랑하는 것이다.

물론 돼지나 소들은 그런 상에 조금도 관심이 없겠지만, 아버지는 대단한 자부심을 느끼고 있었다. 그 상들은 아버지에게 자신이 사회적으로 중요한 인물이라는 인상을 주었기 때문이다.

만약 우리 선조들이 중요성에 대한 불타는 욕구를 갖고 있지 않았다면 인류 문명도 존재하지 못했을지도 모른다. 그런 욕구가 없다면 우리 인간도 다른 동물과 하등 다를 바가 없기 때문이다.

정규교육도 제대로 받지 못한 식료품 가게의 점원을 분발하게 해서, 50센트를 주고 산 몇 권의 법률 책을 탐독하게 만든 것도 다름 아닌 자신의 중요성을 인정받고자 하는 자각이었다. 그 점원은 바로 훗날 미국의 16대 대통령이 되는 에이브러햄 링컨이다.

영국의 소설가 찰스 디킨스로 하여금 불멸의 소설들을 쓰게 한 것도, 18세기 유명 건축가 크리스토퍼 렌에게 위대한 건축물을 설계하도록 영감을 준 것도, 록펠러에게 평생 동안 다 쓰지 못할 만큼의 거대한 부를 축적하게 한 것도 모두 자신의 중요성에 대한 욕구였다. 부자들이 필요 이상의 호화로운 대저택을 짓는 것도 이와 같은 욕구의 분출이며, 고급 자동차를 몰고, 자기 집 아이들을 자랑하는 것도 다 이 욕구 때문이다. 또 많은 청소년들이 갱단에 들어가 범죄에 가담하도록 유혹하는 것도 따지고 보면 이런 욕구 때문이다.

뉴욕 경찰국장을 역임한 멀루니는 말했다.

"요즘 젊은 범죄자들은 자아가 무척 강한 편이다. 체포된 그들이 처음 하는 말은 자신을 영웅처럼 묘사한 신문을 보여달라는 것이다. 자기 사진이 스포츠 영웅인 베이브 루스나 영화배우나 텔레비전 스타, 정치인들과 나란히 실린 것을 보고 좋아하면서 복역해야 할 형기 따위는 딴 세상 일처럼 생각하는 것이다."

사람들이 자신의 중요성을 어떻게 충족하는지를 살펴보면 그 사람이 어떤 사람인지 금방 알 수 있다. 자신의 욕구를 해결하는 방법에 따라 그 사람의 성격을 규정할 수 있는 것이다.

존 록펠러는 자신의 중요성을 인정받기 위해 중국 베이징에 현대식 병원을 설립하여 그가 단 한 번도 보지 못하고 또 볼 일도 없는 빈민들을 돌보게 했다. 반면에 존 딜린저라는 사내는 절도와 은행털이 그리고 살인까지 저지름으로써 자기 중요성을 쟁취했다. 그는 FBI 수사관들의 추격을 피해 미네소타의 한 농가로 뛰어들면서 소리쳤다.

"나는 딜린저다! 너희를 해칠 생각은 없다. 하지만 내가 딜린저라는 사실 하나만은 잘 기억해두길 바란다!"

그는 자신의 중요성에 대한 욕구를 충족하기 위해 흉악범임을 과시했다.

똑같은 욕구충족을 원했던 이 두 사람의 차이는 무엇인가? 바로 방법이다. 어떻게 자신의 중요성을 획득했느냐 하는 점이다.

역사적으로 유명한 사람들이 자신의 중요성을 인정받기 위해 고심했던 흔적은 쉽게 찾아볼 수 있다. 조지 워싱턴은 자신이 '미합중국 대통령 각하'로 불리기 원했고, 크리스토퍼 콜럼버스 역시 '해군제독 겸 인도총독'이라는 호칭을 탐냈다. 러시아의 한 여제는 편지 첫머리에 '여왕폐하'라는 칭호를 쓰지 않은 편지는 열어보지도 않았다. 또 백악관 시절의 링컨 부인은 그랜트 장군의 부인을 매섭게 노려보며 이렇게 소리쳤다.

"당신은 정말 주제넘은 사람이군요! 내가 앉으라는 말도 안 했는데 감히 내 앞에서 의자에 앉다니!"

1928년 미국의 백만장자들은 탐험가 리처드 에벌린 버드가 이끄는 남극탐험대에 거금을 지원했는데, 새로 발견하는 그곳의 산맥에 자신들의 이름을 붙여준다는 조건 때문이었다. 또 프랑스의 대문호 빅토르 위고는 파리를 자신의 이름과 관련된 명칭으로 변경하려고 했고, 저 위대한 셰익스피어조차도 자신의 명성을 빛내기 위해 돈을 들여 가문을 사들였다.

경우에 따라서는 동정심과 관심을 끌기 위해 환자가 되는 것도 마다하지 않는다. 그렇게 해서라도 자신의 존재가치를 느끼려고 하는 것이다. 미국의 제25대 매킨리 대통령의 부인은 자신의 존재가치를 느끼기 위해 대통령인 남편으로 하여금 중요한 국사를 제쳐두고라도 자신이 잠들 때까지 몇 시간이고 침대 옆에 붙어 간호를 하게 했다. 또 자신이 치과의사한테 진료를 받는 동안에도 남편을 옆에 붙들어둠으로써 주목받고 싶은 강한 욕구를 해결했다. 그러다가 한번은 남편이 국무장관과 급한 면담이 있어 자리를 뜨자 한바탕 큰 소란을 피우기도 했다.

작가인 메리 로버츠 라인하트는 젊고 건강한 한 여성이 자기 중요성을 인정받고 싶은 욕망 때문에 환자가 되었다는 말을 들려주었다.

"그 여성은 어느 날 알 수 없는 어떤 벽에 부딪힌 듯한 기분이 들었어요. 아마도 그 벽은 그녀의 나이였을 거예요. 혼기는 이미 지났고 희망도 없는 고독한 세월이 눈앞에 펼쳐져 있었습니다. 아무런 희망도 남아 있지 않았죠. 결국 그녀는 아무런 외상도 없이 쓰러져 눕고 말았어요. 그날 이후 10년 동안 그녀의 늙은 어머니가 음식을 싸들고 3층 계단을 오르내리면서 딸을 돌봤습니다. 그러다가 어느 날 안타깝게도 그 어머니가 쓰러져 사망하고 말았지요. 환자는 고통스런 슬픔에 휩싸였지만, 몇 주 만에 자리를 털고 일어나 건강한 상태로 되돌아왔습니다."

정신병리학자에 따르면, 현실세계에서 중요성을 인정받지 못하는 사람들은 환상의 세계에서 대리만족을 얻기 위해 실제로 정신이상을 일으키는 경우가 있다고 한다. 그리고 미국에는 정신질환자들이 다른 모든 병을 앓고 있는 환자들을 합친 것보다 더 많다고!

그렇다면 정신질환의 주원인은 무엇일까? 이 막연한 질문에는 누구도 선뜻 대답하기 힘들겠지만, 정신질환자의 절반가량은 뇌 조직 장애, 알코올의 존증, 외상 등 신체적인 원인 때문에 발생한다고 한다. 그러나 나머지 절반의 사람들은 현미경으로 뇌 조직을 검사해봐도 아무런 결함을 찾을 수 없다고 한다. 보통 사람들과 별 차이가 없다는 것이다.

그런 사람들은 왜 갑자기 정신이상을 일으키는 것일까? 나는 이것이 궁금해서 예전에 어느 정신병원 원장에게 알아보았다. 하지만 그 역시 뇌세포에 결함이 없는 사람들이 왜 그런 증상을 보이는지 알 수 없다고 했다. 그 분야의 권위자임에도 정확한 원인을 알 수 없다는 것이다. 그는 현실세계에서 충족할 수 없는 자기 중요성에 대한 욕구를 해결하기 위해 미쳐버리는 경우가 많다고 하면서 이렇게 말해주었다.

"지금 우리 병원에서 치료 중인 환자들 가운데 결혼에 실패한 여성이 한 명 있습니다. 그녀는 달콤하고 근사한 애정, 사랑스러운 아이들, 사회적인 지위 등 벅찬 기대감을 안고 결혼생활을 시작했지요. 하지만 현실은 그녀의 모든 꿈을 산산이 깨뜨려버렸습니다. 남편은 그녀를 사랑해주지 않았어요. 그는 식사도 2층에 있는 자기 방으로 따로 갖다달라고 했습니다. 아이도 없었고 사회적 지위도 신통치 않았지요. 결국 그녀는 정신발작을 일으켰습니다. 지금 그녀는 남편과 이혼한 상태인데, 자신의 처녀 시절의 이름을 사용했습니다. 그리고 환상의 세계에서 자기가 영국 귀족과 결혼했다고 믿고 있어요. 그래서 우리는 그녀를 스미스 후작부인이라고 불러주고 있죠. 게다가 그녀는 밤마다 자신이 아기를 낳는다고 믿고 있습니다. 그래서 내가 찾아가 진찰을 할 때마다 '선생님, 간밤에 제가 아이를 낳았어요.' 이렇게 말하고 있죠."

비록 그녀의 꿈을 실은 배는 현실이라는 암초에 부딪혀 산산조각이 나버렸지만, 환상세계에서 그녀는 순풍에 돛을 달고 즐거운 항해를 계속하고 있는 것이다.

그렇다면 이것은 비극일까? 그 의사도 이렇게 말하고 있다.

"만약 어떻게든 그녀의 정신이상을 고칠 수 있다 하더라도 나는 그렇게 하고 싶지 않습니다. 그녀는 지금 이대로가 더 행복할 테니까요."

정신이상자들은 환상의 세계에서 보통 사람들보다 더 행복한 삶을 누리고 있는 것은 아닐까? 그들은 어쩌면 스스로 창조한 환상 속에서 그토록 갈망하던 자신의 중요성을 인정받으면서 인생을 즐기고 있는지도 모른다.

이렇듯 자신의 중요성을 인정받으려는 갈망의 정도가 너무 강하면, 현실이 아닌 환상의 세계에서라도 그것을 충족하려고 하는 것이 인간이다. 그렇다면 현실 속에서 그 갈망을 충족시켜주면 어떤 기적이라도 일으킬 수 있지 않을까?

찰스 슈와브는 서른여덟의 젊은 나이에 US 스틸(United States Steel Corporation)의 사장이 되면서 산업계 최초로 연봉 100만 달러를 받은 사람이다. 당시에는 소득세가 없었고, 주급 50달러도 높다고 여겨지던 때였다. 앤드류 카네기는 US 스틸을 설립하고 슈와브를 사장으로 뽑아 회사를 맡겼다. 왜 그랬을까? 슈와브가 천재였기 때문에? 결코 그렇지 않다. 그럼 슈와브가 다른 사람보다 강철 제조 분야의 전문가여서? 천만의 말씀이다. 슈와브는 자기 부하들이 자신보다 강철에 대해 훨씬 더 잘 안다고 말했다. 그가 높은 연봉을 받는 것은 그의 사람을 다루는 능력 때문이었다. 그래서 사람을 어떻게 다루느냐는 질문에 그는 이렇게 대답했다.

"나에게는 사람의 열의를 불러일으키는 능력이 있는 것 같습니다. 이것이 나로서는 다른 무엇과도 바꿀 수 없는 가장 큰 자산이지요. 그렇지만 사실 그 비결은 매우 간단합니다. 바로 사람들의 장점을 최대한 끌어내기 위해 칭찬과 격려를 아끼지 않는 것이죠. 상관으로부터 꾸중을 듣거나 비판받는 것만큼 의욕이 꺾이는 것도 없습니다. 나는 누구도 비판하지 않습니다. 다른 사람들로 하여금 열과 성을 다해 일하게 하려면 격려가 필요하다고 믿기 때문이죠. 나는 남을 칭찬하기를 좋아하고 비난하는 것은 매우 싫어합니다. 그리고 언제든 잘한 일이 있으면 진심으로 칭찬하고 찬사를 보냅니다."

이것이 바로 사람을 다룰 줄 아는 슈와브의 비결이다. 그런데 우리들은 어떻게 하고 있는가? 정확히 정반대로 하고 있지 않은가? 한 가지라도 마음에 들지 않으면 닦달하고 야단을 친다. 설사 그 일이 마음에 들더라도 인색해서 칭찬 한마디 해주지 않는다.

슈와브는 단호하게 말했다.

"나는 지금까지 세계 각국의 수많은 사람들을 만나왔습니다. 그런데 어떤 사람도 비난이나 잔소리보다는 칭찬을 들으며 일할 때 더 열심히 일하고 그만큼 일의 능률도 오릅니다. 단 한 번도 그 예외는 본 적이 없습니다."

그러면서 슈와브는 사실 이것이 앤드류 카네기의 성공비결이라고 귀띔해주었다. 앤드류 카네기야말로 공적인 자리에서는 물론 사적인 자리에서도 직원들에 대한 칭찬을 아끼지 않았던 것이다. 카네기는 심지어 자신의 묘비에까지 직원들에 대한 칭찬을 새겨두려고 했다.

자기보다 현명한 사람을 주위에 불러 모을 줄 아는 인간, 이곳에 잠들다.

거대한 부를 축적한 록펠러가 구사한 사람을 다루는 비결은 '진심으로 감사하기'였다.

그에게 에드워드 베드포드라는 파트너가 있었는데, 한번은 그가 남미에서 투자에 실패하는 바람에 회사에 200만 달러의 손해를 입혔다. 아마 다른 사람 같았으면 불같이 화를 내며 당장 책임을 추궁했을 것이다. 하지만 록펠러는 베드포드가 최선을 다했다는 사실을 알고 있었고, 게다가 그 일은 이미 끝나버린 일이었기 때문에 오히려 그를 칭찬할 요소를 찾아냈다. 그래서 베드포드가 투자금의 60퍼센트를 회수했다는 사실에 무게를 실어주며 이렇게 말했다.

"잘했어! 그 정도를 회수한 것도 결코 쉬운 일은 아니야."

그는 베드포드의 실패를 추궁하는 대신 투자액의 일부라도 회수한 점을 고마워했던 것이다.

플로렌츠 지그펠드는 브로드웨이의 유명한 제작자로, 평범한 여성을 신데렐라로 만드는 탁월한 재능으로 명성을 얻었다. 초라한 시골 아가씨를 발굴하여 놀랍도록 매혹적인 모습으로 변모시켜 무대 위에 올렸던 것이다.

그는 상대를 칭찬하고 신뢰하는 것이 얼마나 중요한지 잘 알고 있었다. 상대방에게 정중한 태도와 깊은 배려심을 드러냄으로써 그녀들로 하여금 자신이 아름답다는 자신감을 갖게 해주었다. 그리고 무대 뒤에서 묵묵히 무대를 빛내기 위해 노력하는 조연들에게도 일일이 신경을 써주었다. 그는 또 훌륭한 기사도정신의 소유자이기도 했다. 그래서 초연 때마다 주연급 배우에게 축전을 보내고, 모든 코러스 걸들에게 장미 꽃다발을 선사하는 것도 잊지 않았다.

나는 언젠가 그 당시 유행하던 단식을 해볼 결심을 하고 아무것도 먹지 않고 6일을 버틴 적이 있었다. 그런데 한번 해보니 생각처럼 그렇게 힘들지는 않았다. 단식 이틀째보다 6일째 되는 날이 배가 덜 고팠다.

그런데 만일 누군가가 자기 가족이나 종업원들에게 6일 동안 먹을 것을 주지 않고 굶긴다면 우리는 그가 일종의 범죄를 저지른다고 생각할 것이다. 우리 가족이나 종업원들은 음식을 갈망하듯이 진심에서 우러나는 찬사에 목말라한다. 그런데도 우리는 6일이나 6주 동안, 심지어는 6년 넘게 칭찬 한마디

해주지 않고 방치해서 말려죽이고 있다.

우리는 자녀나 친구나 직원들의 신체에 영양분을 주고 있지만, 그들의 자부심에 영양분을 주는 것에는 너무 인색하게 굴고 있다. 고기나 감자를 주어 체력을 유지하게 하면서도 부드러운 칭찬과 격려로 용기를 북돋아주는 것은 잊고 있는 것이다. 부드러운 칭찬의 말이야말로 새벽을 밝히는 별들이 연주하는 음악처럼 언제까지나 가슴에 남는 마음의 양식이 되는 것이다.

혹자는 이렇게 불평할지도 모른다.

"알랑거리고 비위나 맞추는 것은 이미 낡은 수법이야. 머릿속에 글줄이나 든 친구들한텐 전혀 효과가 없더라고!"

물론 식견깨나 있는 사람들에게 아첨은 거의 통하지 않는다. 천박하고 이기적이며 무성의한 것이다. 그래서 보통은 실패하고 만다. 그러나 세상에는 아사 직전인 사람이 풀잎이나 벌레를 닥치는 대로 먹어치우듯이 칭찬에 굶주린 사람도 있는 법이다.

예를 들어, 결혼 전력이 꽤 화려했던 엠디바니 형제가 여성들에게 엄청난 인기몰이를 하는 이유는 무엇일까? 소위 '황태자'로 불리는 이 두 사람은 어떻게 두 명의 여배우와 세계적인 프리마돈나 그리고 바버라 허턴 같은 백만장자 여성을 차례로 유혹할 수 있었을까? 대체 엠디바니 형제의 어디에 여성을 유혹하는 마력이 숨어 있단 말인가? 세상 물정에 밝고 남자들에 대해서도 꿰뚫고 있는 위대한 예술인 폴라 네그리는 그들의 매력에 대해 이렇게 말한 적이 있다.

"엠디바니 형제는 내가 만나본 남자들 중에서 아부의 기술을 가장 잘 이해하고 있는 사람들이다."

아첨하는 말에 약하기로는 영국의 빅토리아 여왕도 마찬가지였다. 그래서 당시 수상이었던 벤저민 디즈레일리도 여왕 앞에서는 많은 아첨을 했노라고 고백했다. 그의 표현대로라면 디즈레일리는 '흙손으로 벽을 바르듯이' 온갖 아첨으로 자신의 말을 포장했다. 그 디즈레일리는 역대 영국 수상들 중 가장 세련되고 솜씨가 좋으며 영리한 인물이었다. 디즈레일리는 확실히 사교의 천재였고 자기 방식을 활용하는 데 천재적이었다.

그에게 유효했던 방법이 우리에게도 반드시 유효하리란 법은 없다. 긴 안목으로 볼 때 아부나 아첨은 이익보다는 해를 끼칠 것이 분명하다. 그것은 마치 위조지폐와 같아서 유통시키고 나면 언젠가는 결국 문제를 일으키게 된다.

그렇다면 칭찬과 아첨의 차이점은 무엇인가? 그것은 아주 간단하다. 한쪽은 진지하고 다른 한쪽은 무성의한 것이다. 한쪽은 마음에서 우러나는 것이고 다른 한쪽은 입으로만 새어나오는 것이다. 한쪽은 이기적이지 않고 다른 한쪽은 이기적이다. 한쪽은 누구한테나 환영받지만 다른 쪽은 누구한테나 비난받는다.

나는 최근에 멕시코시티의 차풀테펙 궁전을 방문해서 멕시코의 영웅 알바로 오브레곤 장군의 동상을 보았다. 그 동상의 아랫부분에 장군의 철학에서 따온 신조가 새겨져 있었다.

너를 공격하는 적을 두려워하지 말고, 네게 아첨하는 친구를 경계하라.

오해하지 말라. 나는 절대 아첨을 권하는 것이 아니다. 다만 나는 지금 새로운 삶의 방식에 대해 이야기하고 있는 것이다.

영국의 왕 조지 5세는 버킹엄 궁전에 있는 그의 서재의 벽에 6개의 금언을 써서 걸어놓았는데, 그중 하나가 "값싼 칭찬은 하지도 말고 받지도 않게 인도하소서."인데, 이 값싼 칭찬이 바로 아첨인 것이다.

만약 아첨으로 만사가 해결된다면 누구든지 다 아첨을 할 것이고, 세상 모든 사람들이 인간관계의 전문가가 될 것이다.

인간은 어떤 명백한 문제에 대해 골몰하는 경우를 제외하고는 대체로 자기 자신에 대해 생각하는 데 많은 시간을 들인다. 그래서 만약 우리가 잠시라도 자신에 대해 생각하는 것을 멈추고 다른 사람의 장점에 대해 생각한다면 그 싸구려 아첨에 연연하지 않아도 될 것이다.

칭찬은 우리가 살면서 가장 흔하게 무시하기 쉬운 덕목 가운데 하나다. 우리는 이상하게도 자녀가 학교에서 좋은 성적표를 가져왔을 때 칭찬하기를 주저하고, 아이들이 처음으로 쿠키를 굽거나 새집을 만드는 데 성공했을 때도 격려해주지 않는다. 그 아이들한테는 부모의 관심과 칭찬만큼 기쁜 것도 없는데 말이다. 식당에서 맛있는 요리를 먹었을 때는 훌륭한 요리였다고 찬사의 말 한마디쯤 할 일이다. 그리고 판매원이 이례적인 친절을 베풀었다면 잊지 말고 고맙다는 말을 하자.

직업적인 강연자나 대중연설가들은 청중에게 최선을 다하고도 좋은 반응을 얻지 못하면 실망을 느낀다. 직업적인 사람들이 그런데 하물며 사무실이나 상점, 생산현장에서 일하는 사람들, 그 가족이나 친구들은 어떻겠는가? 그들 모두 같은 인간이며 칭찬에 굶주려 있다. 칭찬은 모든 인간이 당연히 받아 마땅한 정당한 요구인 것이다.

부디 일상 속에서 칭찬과 감사의 발자국을 남기려고 노력하자. 그러면 다음번에 그곳을 지날 때, 그것이 어떻게 작은 우정의 불꽃에 불을 붙여 장밋빛 횃불이 되어 길을 비춰주는지 깨닫고 깜짝 놀랄 것이다.

코네티컷주 뉴페어필드에 사는 파멜라 던햄은 일을 하면서 일솜씨가 서툰 종업원을 감독하는 일도 맡고 있었다. 그런데 한 종업원이 어찌나 일이 서툰지 다른 종업원들은 그를 놀려대는 것은 물론이고 그가 만든 제품들을 들고 핀잔을 주기 일쑤였다. 당연히 작업 분위기가 흐려져서 생산라인에 손해가 많았다. 파멜라는 그 종업원에게 자극을 주기 위해 이런저런 방법을 써보았지만 별 효과가 없었다.

파멜라는 그 종업원이 특별히 일을 잘해낼 때가 있다는 점에 주목했다. 파멜라는 그때마다 다른 사람들 앞에서 그를 칭찬하기로 했다. 그러자 날이 갈수록 그의 솜씨가 좋아졌고, 곧 라인의 모든 일을 잘 해낼 수 있게 되었다. 그래서 나중에는 다른 사람들보다 더 뛰어난 능률을 올렸고, 동료들도 그 능력을 인정하기에 이르렀다.

이렇게 정직한 칭찬은 비판이나 조롱이 하지 못하는 뜻밖의 결과를 안겨준다. 누군가의 감정을 상하게 하는 것은 그를 변화시키지도 못할뿐더러 전혀 불필요한 것이다.

내 방 거울 앞에는 아침마다 볼 수 있게 오려서 붙여놓은 격언이 하나 있다.

나는 지금 걷는 이 길을 꼭 한 번만 지나갈 뿐이다. 그래서 다른 사람에게 좋은 일을 하거나 친절을 베풀 수 있다면 지금 당장 실행하자. 늦추거나 게을리하지 말자. 지금 걷는 이 길을 다시는 지나가지 않을 것이므로.

미국의 사상가이자 시인인 랠프 월도 에머슨이 말했다.

"내가 만난 어떤 사람도 어떤 면에서는 나보다 훌륭한 사람들이다. 그 점에서 나는 누구한테나 배울 점이 있다고 생각한다."

에머슨이 이럴진대 하물며 우리 같은 속인들은 말할 나위도 없다. 자신의 장점이나 욕구는 잠시 잊어버리고 다른 사람의 장점을 찾아내려고 노력해보자. 그리고 아첨 따위는 잊어버리고 진솔한 마음으로 칭찬을 아끼지 말자. 진심으로 찬사를 보내고 아낌없이 칭찬해보자. 그러면 상대방은 그것을 마음속 깊이 간직하고 영원히 잊지 않을 것이다. 그리고 당신이 잊은 뒤에도 그는 두고두고 그것을 음미해볼 것이다.

사람을 움직이는 기본 법칙 2
솔직하고 진지하게 칭찬하라.

3장

세상을 얻거나
외로운 길을 가거나

해마다 여름이 되면 나는 메인주로 낚시여행을 떠난다. 개인적으로 나는 딸기 아이스크림을 매우 좋아한다. 그리고 내가 낚으려는 물고기들은 지렁이 미끼를 좋아하는 편이다. 그렇다면 낚시 미끼로 내가 좋아하는 아이스크림을 쓸까? 천만의 말씀이다. 당연히 물고기가 좋아하는 지렁이를 쓴다. 물고기 앞에 지렁이를 매달아놓고 "넌 요걸 좋아하지? 어서 물어라!" 하고 유혹해야 하는 것이다. 마찬가지로 사람을 낚을 때도 당연히 이런 상식을 이용해야 한다.

영국 수상을 지낸 로이드 조지는 바로 이 방법을 활용했다. 제1차 세계대전에서 그와 함께 활약한 연합국의 지도자 우드로 윌슨, 비토리오 올란도, 조르주 클레망소 등은 잊힌 지 오래되었는데 유독 그만은 권좌를 지키고 있는 비결이 무엇이냐고 물었을 때, 로이드 조지는 이렇게 대답했다.

“지금까지 자리를 지키는 방법을 한마디로 표현하라면, 내가 물고기의 종류에 따라 그에 맞는 미끼가 필요하다는 것을 알고 있기 때문이라 할 수 있소.”

인간은 왜 자신이 원하는 것만 이야기할까? 그것은 참으로 유치하고 합리적이지도 못한데 말이다. 물론 당신은 당신이 원하는 것에 관심을 기울일 것이고, 아마도 영원히 그럴 것이다. 그렇지만 다른 어느 누구도 당신이 원하는 것에는 관심이 없다. 마찬가지로 세상의 모든 사람들은 자신이 원하는 것에만 관심을 갖는다. 따라서 다른 사람을 움직이는 유일한 방법은 그들이 원하는 것에 대해 이야기하고 그것을 어떻게 손에 넣을 수 있는지 그 방법을 말해주는 것이다. 이것 말고는 사람을 움직일 방법이 없다.

예를 들어, 만약 자기 아들이 담배 피우는 것이 못마땅할 때 설교를 늘어놓아선 안 된다. 또 부모 입장에서 희망사항만 말하는 것도 좋지 않다. 대신 담배를 피우면 농구 팀에 들어가는 데 문제가 될 수도 있고, 100미터 달리기를 할 때도 불리하다고 말해주는 것이다. 이것은 아이든 송아지든 침팬지든 누구를 다루더라도 꼭 기억해야 할 방법이다.

이런 이야기가 있다. 랠프 월도 에머슨은 어느 날 아들과 함께 송아지 한 마리를 외양간에 몰아넣으려고 애를 쓰고 있었다. 이때 에머슨 부자는 자신들이 원하는 것만 생각하는 상식적 오류를 범하고 있었다. 에머슨은 뒤에서 밀고 아들은 앞에서 잡아당겼다. 송아지도 에머슨 부자와 똑같았다. 송아지도 자신이 원하는 것만 생각했기 때문에 네 발을 힘을 준 채 풀밭을 떠나지 않으려고 했다. 때마침 아일랜드 출신의 하녀가 그 모습을 보고 달려왔다. 그녀는 논문이나 책을 쓸 줄은 몰랐지만, 적어도 이럴 때는 어떻게 해야 하는지 잘 알고 있었다. 그녀는 송아지가 원하는 것이 무엇인지를 알았고, 곧 송아지 입에 자기 손가락을 물려 빨게 하면서 유유히 외양간으로 이끌었다.

인간의 모든 행동은 그 사람이 뭔가를 원했기 때문에 일어난 결과다. 당신이 적십자사에 100달러를 기부한 것은 남을 돕고 싶다는 선한 욕망 때문이다. 즉 당신이 마음 따뜻하고 이타적이며 선행을 베풀고 싶어서 그렇게 한 것이다. 만약 기부함으로써 얻는 기쁨보다 그 돈을 아끼는 것이 더 좋다고 생각하는 사람은 절대 기부하지 않을 것이다. 물론 더러는 거절하기가 곤란해서, 뿌리치기 힘든 강요 때문에 기부할 수도 있다. 그러나 한 가지 사실만은 틀림없다. 당신은 분명히 원하는 것이 있어서 기부를 한 것이라는.

심리학자인 해리 A. 오버스트리트 교수는 《인간의 행동을 지배하는 것》에서 이렇게 기술했다.

인간의 행동은 마음속의 욕구로부터 출발한다. 그러므로 사업에서나 가정에서나, 또 정치에 있어서도 다른 사람을 설득하고자 하는 사람은 다른 사람의 마음에 강한 욕구를 일으킬 수 있어야 한다. 이것이 가능한 사람은 만인의 지지를 얻어 자기편으로 만들고, 이것이 불가능한 사람은 단 한 명의 지지도 받지 못할 것이다.

강철 왕 앤드류 카네기는 스코틀랜드 출신의 가난한 노동자였다. 그는 처음에 시급 2센트밖에 받지 못했지만, 훗날에는 여러 사회단체에 3억 7000만 달러의 기부금을 내는 엄청난 거부가 되었다. 카네기는 젊을 때부터 사람의 마음을 움직이려면 상대가 원하는 것을 얘기해야 한다는 사실을 알았다.

한 가지 일화가 있다. 카네기의 형수는 예일 대학에 다니는 두 아들 때문에 항상 걱정을 하고 있었다. 그들은 학업에 쫓겨 집에 편지 한 통 보내지 않았고, 애가 탄 어머니가 먼저 편지를 써도 답장을 하지 않았다. 그 이야기를 들은 카네기는 자기는 특별히 답장을 요청하지 않으면서도 답장을 받을 수 있다면서 100달러 내기를 하자고 제안했다. 그의 말에 누군가 흥미를 느껴 내기에 응했고, 카네기는 조카들에게 별 내용도 없는 안부 편지를 한 통씩 썼다. 그러고는 편지 말미에 추신으로 이렇게 덧붙였다.

"5달러짜리 지폐 두 장을 동봉하니 유용하게 쓰거라.'"

그러면서도 '깜빡하고' 돈을 넣지는 않았다. 그러자 조카들로부터 바로 감사의 답장이 날아왔다.

"앤드류 숙부님, 감사합니다…."

또 다른 예는 우리 강좌에 참석한 오하이오주 클리블랜드에 사는 스탠 노바크의 이야기다.

스탠이 어느 날 일을 마치고 집에 돌아오니 막내 녀석 팀이 발버둥을 치며 악을 쓰고 있었다. 다음 날부터 유치원에 가기로 되어 있는데 안 가겠다고 투정을 부리는 것이었다. 이럴 때 보통의 대응방법은 아이를 자기 방에 가두어 두고 유치원에 가겠다고 할 때까지 어르고 타이르는 것이었다. 그러나 그날은 그렇게 해봐야 좋은 기분으로 유치원에 보낼 수 없다는 생각이 들었다. 스탠은 곰곰이 생각해보았다.

'아이의 입장에서 생각해보자. 내가 팀이라면 유치원에 가는 것이 정말 즐거울까? 왜?'

스탠과 아내는 함께 머리를 맞댄 끝에 팀이 유치원에서 할 수 있는 일, 이를테면 손가락 그림 그리기, 노래 함께 부르기, 새 친구 만들기 등을 리스트로 만들었다. 그러고는 함께 행동에 옮겼다.

스탠이 말했다.

"우리 식구들 모두가 한 팀이 되어 움직였습니다. 나와 아내 릴, 큰아들 봅은 부엌 식탁 위에다 손가락으로 그림을 그리기 시작했습니다. 그러자 팀이 곁눈질로 우리를 훔쳐보기 시작했지요. 우리가 아주 재밌어 하자 팀은 자기도 끼어달라고 졸랐고요. 우린 말했죠. '안 돼. 손가락으로 그림을 그리려면 먼저 유치원에 가서 그리는 법을 배워야 하니까.' 그런 다음에 팀이 알아들을 수 있는 말로 리스트에 적은 재미있는 일들을 하나하나 이야기해주었습니다. 다음 날 아침 나는 내가 맨 먼저 일어났다고 생각했지만, 아래층에 내려가보니 팀이 거실 의자에 앉아서 졸고 있지 않겠어요? '너 여기서 잔 거니?' '응, 유치원에 가려고 기다리는 거야. 첫날부터 늦긴 싫으니까.' 우리 가족의 열의가 팀에게 억지 설득으로는 불가능한 열렬한 의욕을 불러일으킨 것입니다."

당신은 내일 당장 누군가를 설득해서 뭔가를 시키게 될지 모른다. 그때 말하기 전에 먼저 자기 자신에게 한번 물어보라.

'어떻게 하면 이 사람에게 그 일을 하고 싶게 만들까?'

이런 질문은 괜히 잔소리를 늘어놓거나 자칫 경솔하게 일을 벌이는 것을 예방해준다.

나는 언젠가 한 정규 강연을 위해 뉴욕의 모 호텔 대연회장을 계절마다 20일씩 저녁에만 빌리기로 했다. 그런데 어느 계절에는 사용료를 3배나 인상하겠다는 통보를 해왔다. 이미 티켓 배부가 끝났고 광고까지 나간 뒤였다. 나로서는 당연히 갑자기 인상된 사용료를 지불하고 싶지 않았다. 하지만 항의해봐야 무슨 득이 되겠는가? 나는 강연 이틀 후에 호텔 지배인을 만나러 갔다.

"통지를 받고 무척 놀랐습니다. 하지만 당신을 원망하고 싶진 않습니다. 아마 내가 당신의 입장이라도 그런 통고를 했을 것입니다. 호텔 지배인으로서 호텔의 수익을 생각하는 것이 당연하겠지요. 그런데 당신이 굳이 사용료를 올리겠다면 이 일이 호텔에 얼마만큼의 이익과 손해를 가져오는지 한번 생각해보지 않으시겠습니까?"

나는 준비해간 종이의 절반에 선을 긋고 이익과 손해란을 만들었다. 그리고 이익란의 첫머리에 '연회장이 비다'라고 쓴 다음 말을 계속했다.

"연회장이 비었으니 이곳을 무도회나 모임 장소로 임대하는 이익이 생깁니다. 이것은 틀림없는 이익입니다. 강연용으로 임대하는 것보다 더 좋은 사용료를 챙길 수 있겠지요. 큰 홀을 밤마다 20일 동안이나 내어주는 것은 훨씬 수익이 나는 사업을 놓치는 일이니까요. 자, 그럼 이번에는 어떤 손해가 있을지도 한번 생각해볼까요? 솔직히 저는 인상된 임대료를 지불할 수 없으니, 이 일로 당신의 수입은 제로가 될 것이고 저는 새로운 강연장을 찾아야겠지요. 그런데 그뿐만이 아닙니다. 내 강의는 많은 지식인과 세련된 교양인들을 이곳 호텔로 끌어들이고 있습니다. 이는 호텔 측에 엄청난 광고효과를 안겨주지요. 안 그렇습니까? 실제로 신문에 5000달러짜리 광고를 낸다 해도 내 강연에 참석한 사람들 수만큼은 불러들이지 못할 겁니다. 이것만 해도 호텔 측에 상당히 도움이 되는 일이 아닌가요?"

나는 그렇게 말하면서 두 가지 손해를 해당란에 써넣고 그 종이를 지배인에게 주었다.

"장차 발생하게 될 이익과 손해 양면을 신중히 검토해보고 나서 최종 결정을 내려주시기 바랍니다."

이튿날 지배인으로부터 편지를 받았는데, 내 강연장 사용료를 300퍼센트가 아닌 50퍼센트만 인상하겠다는 것이었다.

여기서 주목할 점은, 내가 무엇을 바라는지 한마디 언급도 없이 원하는 것을 얻어냈다는 사실이다. 나는 처음부터 끝까지 상대방이 원하는 것과 그것을 어떻게 하면 얻을 수 있는가에 대해서만 얘기했다. 이럴 때 내가 사람들이 흔히 하는 방식대로 행동했다고 상상해보라. 다짜고짜 사무실로 뛰어들어 큰 소리부터 치는 것이다.

"여보시오! 사용료를 3배나 인상한다니, 너무하지 않소? 이미 티켓 배부까지 했고 광고도 했는데 갑자기 300퍼센트 인상이라니? 말도 안 되는 소리요! 난 못 내겠소!"

그러면 무슨 일이 벌어질까? 호텔 지배인과 나는 서로 흥분하여 침을 튀겨가며 논쟁만 벌이고, 그 결과도 뻔할 것이다. 설사 그 지배인이 자신의 생각이 틀렸다는 사실을 알게 되더라도 자존심 때문에 선뜻 양보하기도 힘들어졌을 것이다.

여기서 원만한 인간관계를 유지하는 데 도움이 되는 충고가 있는데, '자동차 왕' 헨리 포드가 인간관계에 대해 한 말이다.

"성공의 유일한 비결이 있다면 그것은 바로 다른 사람의 생각을 알아내고, 그 사람의 입장에서 사물을 바라보는 능력이다."

깊이 새겨둘 만한 충고가 아닌가? 실로 간단하고 이해하기 쉬운 말이지만 대부분의 사람들은 그냥 넘겨버리고 만다. 이번 기회를 통해 몇 번이고 되새겨보길 바란다.

비슷한 사례는 얼마든지 있다. 날마다 사무실로 배달되는 광고성 편지가 그것이다. 대부분의 편지는 이 상식적인 원리를 무시하고 있다. 여기서 한 예로, 전국 지사를 거느린 광고회사의 라디오국장이 각 지역 국장 앞으로 보낸 편지를 살펴보자. (괄호 안은 나의 의견이다.)

친애하는 블랭크 씨,

저희 회사는 라디오 광고 분야의 선도적인 광고 대행사로서 그 입지를 확고히 하고 있습니다.

(당신 회사가 뭘 하는지 내가 알 게 뭔가? 지금 난 내 문제만 해도 골치가 아픈데 말야. 은행에 담보 잡힌 집은 곧 경매에 넘어갈 판이고, 마당의 나무는 해충에 말라버렸고, 어제는 주식까지 폭락했단 말이다. 오늘 아침엔 통근버스를 놓쳤고, 간밤에 존스 집에서 열린 댄스파티에는 초대도 못 받았으며, 주치의는 고혈압에 신경통, 머리에 비듬까지 생겼다고 하는데? 근데 뭐라고? 아침부터 웬 편지인가 뜯어보니 어느 주제넘은 놈이 자기네 회사 얘기만 늘어놓는 거야? 흥! 이런 광고성 편지가 어떤 인상을 주는지 안다면 이 친구는 곧바로 광고계를 떠나 구충제나 만들게 될걸!)

전국의 수많은 광고주와 거래하는 당사는 업계 최상의 네트워크를 자랑합니다. 또한 네트워크 방송사의 방송 스케줄도 철저히 파악하고 있기 때문에 매년 최고 광고대행사의 위상을 지키고 있습니다.

(회사 규모도 크고 한창 잘나가는군! 그런데 그게 어쨌단 거지? 설사 당신네 회사가 제너럴 모터스와 제너럴 일렉트릭을 합친 것보다 크다고 한들 뭐 어쩌라고? 당신이 미련한 벌새만큼이라도 눈치라는 게 있다면 당신네가 아니라 내가 어떤 존재인지 관심을 보여야지! 당신네 회사가 엄청나게 잘나간다니까 괜히 나만 더 움츠러들고 하찮은 존재로 느껴지잖아!)

저희 회사는 귀사가 최신 라디오 방송 정보를 서비스하기를 바랍니다.

(바란다고! 이 멍텅구리 인간아! 당신이 뭘 원하는지는 내 알 바 아닐세. 내가

관심을 갖는 건 내가 원하는 일에 대해서란 말이다! 그런데 당신의 이 가당찮은 편지에는 그 점에 대해서는 일언반구도 없구먼!)

귀사의 주간방송 정보를 받아볼 수 있도록 당사를 특별관리 대상에 포함해주십시오. 더불어 광고대행사가 광고시간을 현명하게 예약하는 데 필요한 상세정보를 받아볼 수 있도록 조치해주십시오.

(특별관리 대상이라고? 뻔뻔하기 그지없군! 자기 회사 자랑만 늘어놓고 날 초라하게 하더니 그걸로도 모자라서 특별관리 대상에까지 넣어달라고? 게다가 요청하는 주제에 '부탁드립니다.' 따위의 인사 한마디도 없이?)

귀사의 최근 '방송광고 현황'과 함께 저희 광고대행사에 대한 희망사항을 적어 회신해주시면 상호간에 도움이 될 것입니다.

(뻔뻔스러운 것도 정도가 있어야지! 이런 무성의한 복사 편지를 보내놓고 회신까지 보내달라고? 기가 막혀서! 내가 저당권, 마당의 나무, 고혈압과 신경통에 머리가 터질 지경인데 이 와중에 날더러 회신까지 해달라니? 대체 무슨 권리로 이래라 저래라야? 상호 도움이 된다고? 겨우 이쪽 사정을 봐주니 눈물이 나는군. 하지만 내게 무슨 이득이 된다는 건지 나로서는 통 모르겠단 말이지!)

그럼 이만 줄입니다.

라디오 광고국장 존 도 올림

추신: 동봉한 《브랭크빌 저널》 사본은 귀하께서 관심이 있으실 것 같아 보내드리는 것입니다. 귀사의 방송에 도움이 된다면 정말 기쁘겠습니다.

(말미에서야 겨우 맘에 드는 소릴 하는군. 왜 편지 서두에 진작 이 이야기를 하지 않은 거지? 하긴 뭐 그래봐야 소용도 없겠지만! 당신처럼 이런 실수를 반복하

는 광고장이들은 분명 머리가 어떻게 된 거야. 당신에게 필요한 것은 우리 회사의 최신정보가 아니라 바보에게 효험 있는 특효약일세!)

광고업계에 종사하면서 다른 사람에게 구매를 설득하는 일을 하는 사람이 이런 편지를 쓴다면, 일반 상인이나 자동차 수리공이 쓰는 편지가 어느 정도일지는 능히 짐작할 수 있을 것이다.

여기서 다른 편지 한 통을 소개한다. 우리 강연 코스에 참가했던 에드워드 버밀렌 씨가 화물터미널 소장으로부터 받은 편지다. 이 편지는 받는 사람에게 어떤 효과를 발휘했을까?

생략하옵고,

저희 쪽 상황에 대해 말씀드리면, 취급 화물의 대부분이 오후 늦게야 한꺼번에 저희에게 들이닥칩니다. 따라서 발송업무에 막대한 지장을 주고 있습니다. 이런 사태는 터미널의 체증과 작업 인원들의 초과근무, 하역과 수송 시간의 지연 등의 결과를 초래합니다. 지난 11월 10일에는 귀사로부터 모두 510개나 되는 박스를 실은 트럭이 오후 4시 20분에 저희 터미널에 들어왔습니다. 화물 접수가 늦어짐에 따라 발생하는 이런 여러 가지 문제를 극복하는 데 귀사의 적극적인 협조를 요청드립니다. 화물 트럭을 아침 일찍 보내주시든지, 아니면 일부라도 오전 중에 발주되도록 협조해주십시오. 그런 조치를 취해주심으로써 귀사의 화물을 보다 신속하게 하차할 수 있고 접수 당일에 발송해드릴 수 있습니다.

편지를 읽고 난 A. 제레가즈 선즈 주식회사의 영업부장인 버밀렌 씨는 이렇게 말했다.

"이 편지는 그 의도와는 반대되는 효과를 가져왔습니다. 편지는 전반적으로 우리에게는 별 관심 사항이 못 되는 자기네 화물터미널의 애로사항만 늘어놓고 있습니다. 우리 회사의 사정을 알아보려고도 하지 않은 채 협조만 요청하고 있고, 편지의 말미에 겨우 우리가 협조해준다면 보다 이익이 될 거라고 쓰고 있습니다. 우리가 관심 있어 할 부분을 맨 끝에 써놓음으로써 협조를 구하기보다는 오히려 반발만 불러일으킨 것입니다."

우리는 이 편지를 다시 고쳐 써보기로 했다. 헨리 포드의 말대로, 문제를 장황하게 열거함으로써 괜한 시간을 허비하지 말자. 다른 사람의 입장을 이해하고 그 사람의 입장에서 현상을 바라보는 것이다. 그래서 수정된 편지는 다음과 같았다. 최상은 아니더라도 좀더 나아진 형태의 편지라고 생각된다.

생략하옵고,

귀사는 지난 14년간 저희 회사의 훌륭한 단골 고객이십니다. 귀사의 성원에 늘 깊이 감사드리며, 아울러 한층 더 신속하고 능률적인 서비스로 보답하고자 노력하고 있습니다.

그러나 지난 11월 10일과 같이 귀사의 대규모 화물이 오후 늦게야 도착한다면 저희로서는 성심성의껏 도와드리지 못함을 유감스럽게 생각합니다. 왜냐하면 다른 여러 회사에서 보낸 화물도 늦게야 도착하기 때문입니다. 당연히 저희 쪽에선 큰 혼란을 겪게 되고 귀사의 트럭도 오랫동안 체증을 겪게 됩니다. 어쩔 수 없이 트럭이 하역부두에 서 있게 되고 화물 선적도 지연되게 됩니다. 이것은 참 좋지 못한 일입니다.

하지만 이런 일이 발생하지 않도록 할 수 있습니다. 가능한 한 오전에 트력을 하역부두로 보내주시면 작업이 순조롭게 이루어져 화물도 즉시 선적될 것이고, 인부들도 제시간에 퇴근해서 귀사에서 생산하는 맛있는 마카로니와 국수로 저녁시간을 즐길 수 있을 것입니다.

덧붙여 말씀드리건대, 저희로서는 귀사의 경영방침에 간섭할 생각은 추호도 없습니다. 저희는 어떻게든 귀사께 더 많은 편의를 제공해드리고자 이 편지를 올립니다. 모쪼록 깊이 헤아려주셨으면 합니다.

다시 강조드릴 것도 없이 귀사의 화물이라면 비록 늦더라도 최대한 신속하게 처리하도록 힘쓸 것이니 그 점에 대해서는 안심하셔도 좋습니다. 언제나 성심성의껏 즐거운 마음으로 신속한 서비스를 약속드립니다.

오늘도 수많은 세일즈맨들이 지치고 낙심하고 충분한 수당도 받지 못한 채 기리를 쏘다니고 있다. 왜 그럴까? 그들은 항상 자신들이 원하는 것만 생각하고 있기 때문이다. 그들은 사람들이 필요한 것이 아니면 특별히 어떤 것도 사고 싶어 하지 않는다는 사실을 알지 못한다. 사람들은 자신에게 필요한 것이 있으면 언제든 찾아가서 산다.

사람들은 끊임없이 자신의 문제에 골몰하고 있다. 만일 세일즈맨이 파는 서비스나 상품이 자신들의 문제를 해결하는 데 도움이 된다고 여기면 앞다퉈 돈을 내고 살 것이다. 굳이 팔려고 애쓸 필요도 없다. 그리고 이 점을 알아야만 한다. 고객들은 남이 권해서가 아니라 자기가 사고 싶어서 산다고 생각하고 싶어 한다.

나는 몇 년 동안 뉴욕 중심부에 위치한 포리스트힐스라는 아담한 단독주택 단지에 살았는데, 어느 날 급하게 지하철역 구내로 뛰어들어 갔다가 마을에서 오랫동안 부동산중개업을 하고 있는 남자를 만났다. 그 사람은 포리스트 힐스의 사정을 속속들이 알고 있었다. 나는 그에게 내가 사는 집의 금속 기둥이나 타일 등에 대해, 즉 어떤 건축재료를 썼는지 물어보았다. 그러자 그는 잘 모르겠다고 하면서, 포리스트힐스 주택협회로 전화해서 물어보라고 했다. 그 정도라면 나도 이미 알고 있었다.

그런데 이튿날 그 남자로부터 편지가 왔다. 나는 그 사람이 내 궁금증을 풀어주려고 답장을 보내왔구나 생각했지만, 뜯어보니 그게 아니었다. 그는 전화 한 통화면 1분 만에 알 수 있었을 텐데도 날더러 직접 그 협회로 전화해보라고 거듭 말한 뒤에, 내 보험 문제를 자신에게 맡겨달라고 부탁하고 있었다. 이 부동산업자는 나에게 도움을 주는 일에는 전혀 관심이 없으면서도 자기 잇속 챙기는 일에만 관심이 있었던 것이다. 만약 그가 다른 사람의 일을 자기 일처럼 힘써주고 도움을 줬더라면 보험을 들게 하는 것보다 수천 배의 이익을 얻을 수 있었을 것이다.

소위 전문가라는 사람들도 비슷한 실수를 저지른다. 내가 필라델피아에서 유명한 이비인후과를 방문했을 때, 병원 의사는 내 편도샘을 살펴보기도 전에 내 직업부터 물어보았다. 아무래도 편도샘보다 내 주머니 사정에 관심이 있는 듯했다. 환자 치료보다 돈벌이에 관심이 큰 그 의사의 빤한 속셈에 기분이 상한 나는 결국 치료를 포기하고 그 병원을 나와버렸다.

세상에는 이렇게 눈앞의 자기 이익만 챙기려다 망하는 사람들이 우글우글하다. 그래서 역설적이게도 남을 위해 봉사하는 소수들에게 훨씬 더 유리한 세상이 되었다. 그쪽에는 경쟁자가 거의 없기 때문이다.

오언 D. 영은 이렇게 말했다.

"남의 입장을 이해하고 그 마음이 움직이는 것을 이해하는 사람은 미래를 걱정할 필요가 없다."

당신이 이 책을 읽고, '언제나 상대방의 입장에 서서 사물과 현상을 보고 생각한다'는 한 가지만 배우더라도 성공의 첫발을 내딛는 것이나 다름없다. 대학에서 어려운 라틴어나 미적분을 학습한 사람도 자신의 마음에 대해서는 잘 모르는 부분이 많은 것이다. 다른 사람의 입장에 서서 그로 하여금 어떤 욕구가 생겨나게 하는 것은, 그 사람에게는 이득이 되고 자기는 손해를 본다는 교언영색으로 가능한 일이 아니다. 쌍방 모두가 이해를 통해서 실질적인 이익을 얻어야 한다.

사람들은 보통 자신의 마음이 어떻게 작용하는지도 알지 못한 채 대학에 들어가서 소설 작품을 읽고 미적분을 배운다.

나는 언젠가 뉴저지주 뉴어크에 있는 캐리어 에어컨 제조회사에 화술 강의를 나간 적이 있었다. 수강생은 갓 대학을 졸업한 신입사원들뿐이었다.

그런데 참가생 중 한 명은 동료들과 농구시합을 하고 싶어 했다. 그래서 여러 동료들에게 이렇게 말했다.

"다들 나가서 농구 한 게임 하자고! 난 농구라면 환장해서 체육관에도 가보았지만 항상 인원이 모자라서 게임을 할 수가 없었다고. 며칠 전에는 두세 명이 공을 던지다가 눈가에 시퍼런 멍까지 들었다고. 그러니 내일 저녁엔 다 같이 모여서 농구시합을 했으면 좋겠어."

과연 이 젊은이는 동료들을 설득할 만한 말을 한 걸까? 당신이라면 아무도 가지 않는 체육관에 나가고 싶은가? 그는 동료들이 농구를 하고 싶어 하는지 어떤지에 대해서는 말 한마디 없었다. 아무도 이 젊은이가 원하는 것에는 관심이 없을 것이다. 게다가 체육관에 공을 맞으러 간다니, 말도 안 된다.

젊은이는 동료들에게 체육관을 이용함으로써 얻게 되는 좋은 점을 하나도 얘기하지 않았다. 농구시합을 하면서 땀을 흘리고 나면 몸이 한결 개운해진다거나, 식욕이 왕성해진다거나, 머리가 맑아진다거나, 하다못해 굉장히 재미있을 것이라는 말도 하지 않았다.

여기서 오버스트리트 교수의 충고를 되새겨볼 필요가 있다.

"먼저 상대방의 마음에 열렬한 욕구를 불러일으킬 것. 이것을 할 수 있는 사람은 만인의 지지를 얻는 데 성공하지만, 그렇지 못하는 사람은 홀로 외로울 것이다."

내 강좌에 참석한 어떤 사람은 어린아이 문제로 근심하고 있었다. 워낙 편식이 심해서 또래에 비해 체중도 덜 나가고 몸도 많이 야위었다. 아이의 부모는 어쩔 수 없이 다른 부모들처럼 잔소리를 해댔다.

"엄만 네가 이 음식을 맛있게 먹기를 바란단다."

"아빠는 네가 커서 훌륭한 사람이 되길 원하는구나."

어린아이가 부모의 이런 소원을 들어준다면 정말 신기한 일이다. 30대 부모의 생각을 세 살 난 아이한테 이해시킨다는 것은 불가능하다는 것쯤은 다들 알 것이다. 그런데도 아이의 부모는 그걸 기대하고 있었다. 결국 자신의 잘못을 깨달은 아빠는 다시 한번 생각해보았다.

'이 아이가 원하는 건 뭘까? 어떻게 하면 우리가 원하는 걸 아이도 원하게 할 수 있을까?'

아빠가 입장을 바꿔서 생각하자 문제는 쉽게 풀리기 시작했다.

아이한테 세발자전거가 있는데, 집 앞 도로에서 그 자전거를 타고 놀기를 좋아했다. 그런데 같은 동네에 사는 골목대장 녀석이 툭하면 아이의 자전거를 빼앗아서 마치 제 것처럼 타고 놀았다. 아이가 울면서 집에 들어오고, 엄마가 쫓아나가 자전거를 되찾아주는 일이 매일처럼 반복되었다.

아이가 무엇을 원하는지 생각해보면 금방 알 수가 있다. 아이의 자존심, 분노, 자존감을 느끼고자 하는 감정이 복수심을 일으켜 그 골목대장 녀석의 코를 멋지게 한 방 먹이고 싶다는 욕구를 불러일으켰다.

"뭐든 엄마가 해주는 음식을 맛있게 잘 먹으면 넌 그 골목대장 녀석보다 더 힘이 세질 거야."

아빠의 이 한마디는 아이의 편식 습관을 한 방에 날려버렸다. 아이는 자기가 골목대장을 하고 싶은 마음에 식탁에서 시금치, 양배추무침, 자반고등어 등 뭐든 잘 먹게 되었다.

문제를 해결한 아이의 부모는 또 다른 문제 해결에 나섰다. 아이가 그때까지도 이불에 오줌을 싸는 버릇이 있었다. 아이는 할머니와 함께 자는데, 아침마다 할머니가 "조니 녀석, 너 또 오줌을 쌌구나!" 하고 꾸짖었다. 그러면 아이는 손사래를 치면서 이렇게 둘러댔다.

"치! 아녜요. 내가 안 그랬단 말예요!"

그때마다 할머니가 엉덩이를 때려주면서 타일렀지만 전혀 고쳐지지가 않았다.

아이가 원하는 것은 무엇일까? 첫째, 아이는 할머니가 입고 있는 것과 똑같은 잠옷 대신에 아빠처럼 파자마를 입고 싶어 했다. 할머니는 손주가 버릇을 고치기만 하면 파자마를 사주겠노라고 약속했다. 둘째, 아이는 전용침대를 갖고 싶어 했다. 할머니도 흔쾌히 동의했다.

엄마가 조니를 데리고 브루클린에 있는 백화점에 갔다. 그리고 점원에게 눈짓을 보내면서 이렇게 말했다.

"우리 꼬마가 뭔가 사고 싶어 하는데요?"

눈짓을 받은 점원이 상냥하게 미소 지으며 인사했다.

"어서 오세요, 꼬마도련님. 어떤 물건이 필요하신가요?"

점원은 아이가 중요한 사람이라는 느낌이 들도록 배려해주었고, 아이는 키가 몇 인치라도 더 크게 보이도록 애쓰면서 대답했다.

"내가 쓸 침대를 사고 싶어요."

점원이 침대 하나를 보여주었고, 그 침대는 엄마가 미리 점원에게 귀띔해 둔 것이었다.

집으로 침대가 배달된 다음 날 저녁, 아빠가 퇴근하자 조니가 마당까지 뛰어나가 소리쳤다.

"아빠! 빨리 2층에 가서 제가 산 침대를 좀 보세요!"

아빠는 아들의 침대를 바라보면서 멋진 침대라고 진심 어린 칭찬을 아끼지 않았다.

"이젠 너도 이불에 오줌을 싸지 않겠구나, 그렇지?"

"그럼요. 이제부턴 안 그럴게요."

아이는 굳게 다짐했고, 자기 자존심이 걸려 있기 때문에 그 약속을 잘 지켰다. 이제 자기만의 침대이고, 자신이 직접 골라서 사온 침대였다. 게다가 이젠 어른처럼 파자마도 입게 되었다. 아이는 어른처럼 당당하게 행동하고 싶었고, 이제 그 욕구가 충족되었다.

전화기사 더치만 씨도 세 살 난 딸아이에게 아침밥을 먹이는 일로 속을 태우고 있었다. 꾸짖고 애원하며 달래도 보았지만 소용없었다. 그래서 부모들은 이렇게 자문해보았다.

"어떻게 해야 아침밥을 먹게 할 수 있지?"

그런데 이 꼬마아가씨는 엄마 흉내 내기를 좋아했고, 어른인 것처럼 생각하기를 좋아했다. 그래서 어느 날 아침은 아이를 의자에 앉힌 후 직접 아침식사를 준비하도록 시켜보았다. 아빠가 부엌에 들어왔을 때, 이때를 놓칠세라 자기 손으로 죽을 젓고 있던 아이가 기뻐하며 소리쳤다.

"아빠! 보세요! 오늘 아침엔 제가 죽을 만들었어요!"

그날 아이는 두 접시의 오트밀을 먹었다. 아이는 자신이 직접 죽을 만듦으로써 자기표현의 방법을 발견했고 그 일로 자신의 중요성을 성취했다.

윌리엄 윈터는 "자기표현은 인간성의 중요한 필요요건이다."라고 했다. 우리는 이 심리를 사업상의 거래에 응용할 수 있다. 새로운 아이디어가 떠올랐을 때 다른 사람들에게 그 생각이 우리 것이라는 생각이 들게 하지 말고 오히려 그들의 발상인 것처럼 만들어야 한다. 그러면 그 아이디어가 마치 자신의 것처럼 생각되어 좋아하게 되고 아마도 실행하게 될 것이다.

"먼저 상대방의 마음에 열렬한 욕구를 불러일으킬 것. 이것을 할 수 있는 사람은 만인의 지지를 얻는 데 성공하지만, 그렇지 못하는 사람은 홀로 외로울 것이다."

오버스트리트 교수의 이 대단한 충고를 늘 상기하도록 하자.

사람을 움직이는 기본 법칙 3

상대의 마음속에 강한 욕구를 불러일으켜라.

Part 2
사람들이
당신을
좋아하게
만드는 방법

1장
어디서나 환영받는 방법

당신이 친구를 얻고자 한다면 굳이 이 책을 읽을 필요 없이 그 방면에 특출한 전문가를 찾으면 된다. 그 전문가는 우리 주변에 아주 흔하고 매일 거리에서 만날 수 있다.

만일 당신이 개에게 다가가면 꼬리까지 흔들며 반가워할 것이다. 발걸음을 멈추고 쓰다듬어주기라도 한다면 좋아서 안달하며 발까지 동동 구를 것이다. 이런 애정 표현은 무슨 특별한 의도가 있어서가 아니다. 그 개가 당신에게 부동산을 사달라는 것도 결혼해달라는 것도 아니다. 이 세상에 아무 일도 하지 않고 살아가는 동물은 오직 개뿐이다. 닭은 알을 낳고 소는 우유와 고기를 생산하며 카나리아는 노래를 불러야 하지만, 개는 단지 사람에게 애정을 바침으로써 생존하고 있다.

내가 다섯 살 때 아버지가 50센트를 주고 누런 털북숭이 강아지 한 마리를 사왔다. 그 강아지는 내 어린 시절에 그 어떤 것과도 바꿀 수 없는 소중한 기쁨이었다. 강아지는 매일 오후 4시쯤 되면 꼭 앞뜰에 나와서 천진한 눈망울로 길 쪽을 바라보다가, 내 목소리가 들리거나 밥그릇을 든 모습을 발견하면 총알처럼 튀어나와 미친 듯이 껑충거리고 컹컹 짖기도 하면서 나를 반겨주었다.

그렇게 내 강아지 '티피'는 5년 동안 나에게 둘도 없는 좋은 친구가 돼주었다. 그런데 어느 참담한 밤에, 티피가 다른 곳도 아닌 바로 내 눈앞에서 벼락을 맞아 죽고 말았다. 나는 결코 그날을 잊을 수가 없다. 티피의 죽음은 내 어린 시절에 결코 잊히지 않는 슬픔을 남겨주었다.

나의 강아지 티피는 심리학 서적을 읽은 것도 아니고 또 그럴 필요도 없었다. 단지 타고난 본능을 통해서 상대에게 순수한 관심을 기울이면 친구를 얻게 된다는 것을 본능적으로 알고 있었다. 즉 친구를 얻으려면 상대의 관심을 끌려고 애쓰기보다는 상대에게 순수한 관심을 기울여야 한다.

그러나 당신도 알다시피 세상에는 평생 남의 관심을 끌기 위해 빗나간 노력을 계속하면서 자신의 잘못을 깨닫지 못하는 사람들이 많다. 물론 전혀 부질없는 짓이다. 누구도 남의 일에는 관심을 갖지 않는다. 그들은 단지 자신의 일에만 관심이 있을 뿐이다.

뉴욕의 한 전화회사에서 전화 통화 중에 어떤 단어가 가장 많이 쓰이는지 조사한 적이 있다. 예상대로 가장 많이 쓰이는 단어는 1인칭 대명사인 '나는' '내가'였다. 이 말은 500건의 통화 중에서 3900회나 쓰였다.

당신은 사람들과 함께 찍은 단체사진을 볼 때 누구를 가장 먼저 찾아보는가? 또 남에게 관심을 주고 있다고 생각하는 사람은 이 질문에 한번 대답해보라.

"만약 오늘밤에 내가 죽는다면 과연 몇 명이나 조문을 올까?"

또 이런 질문에도 답해보기 바란다.

"내가 상대방에게 먼저 관심을 갖지 않는데, 상대방이 어떻게 나에게 관심을 가질까?"

만일 당신에게 관심을 갖게 할 목적으로 다른 사람에게 깊은 인상을 남기기 위해 애쓴다면, 당신은 결코 진실한 친구를 사귈 수 없다. 진정한 친구는 그런 방법으로 얻을 수 없다.

오스트리아의 유명한 심리학자 알프레드 아들러는 《당신에게 인생의 의미는 무엇인가》라는 책에서 이렇게 말했다.

"타인에게 관심을 갖지 않는 사람들은 인생을 살면서 큰 고난을 겪고 타인에게도 큰 상처를 준다. 인류의 모든 실패는 이런 유형의 사람들로부터 기인한다."

심리학 책들은 수없이 많지만 어느 책을 읽어봐도 의미심장한 글을 찾기 힘든데, 아들러의 이 말은 깊이 새겨둘 만하다.

나는 언젠가 뉴욕 대학에서 단편소설 창작에 관한 강의를 들은 적이 있는데, 그때 《콜리어스》의 편집장이 초청 강사로 왔다. 그는 매일 책상 위에 수북이 쌓이는 단편들 중 하나를 집어들고 몇 구절만 읽어보면 그 작가가 사람들을 좋아하는지 아닌지를 알 수 있다고 말했다.

"만약 작가가 사람들을 싫어하는 인물이라면 세상 사람들도 그 사람의 작품을 좋아하지 않을 것입니다."

그 편집장은 강의가 끝나갈 때쯤 두 번이나 중단하고 이렇게 말했다.

"목사가 설교하는 것 같아서 미안합니다만, 여러분이 꼭 명심해야 할 대목입니다. 여러분이 소설가로서 성공하려면 반드시 사람들에게 관심을 기울여야만 합니다."

나는 사람을 상대하는 경우에는 이것보다 세 배는 더 노력해야 한다고 생각한다.

얼마 전 마술사 하워드 서스턴 씨가 브로드웨이에 온 날에 나는 분장실로 그를 만나러 갔다. 서스턴 씨는 자타가 공인하는 마술계의 황제로, 40년 동안 전 세계를 순회공연하면서 엄청난 환상세계를 펼쳐 보였고, 청중들로 하여금 탄성을 자아내고 손에 땀을 쥐게 했으며, 청중들의 마음을 뒤흔들며 현혹시켰다. 6000만 명 이상이 그의 공연을 보았고 그는 200만 달러가 넘는 수익을 챙겼다. 나는 그런 서스턴 씨에게 성공의 비결에 대해 질문했다.

확실히 그가 학교에서 받은 짧은 교육은 그의 성공과 아무 관련이 없었다. 그는 어릴 때 집을 뛰쳐나와 부랑아가 되었고, 화차에 들어가 건초더미에서 잠을 자기도 했다. 문전걸식하면서 무전여행을 했으며, 철둑길에 세워져 있는 표시판을 보며 글자를 익혔다고 했다.

그가 남들보다 뛰어난 마술기법을 터득했는가 하면 그렇지도 않다. 마술의 트릭을 다룬 책들이 수없이 많이 나와 있기 때문에 그런 정도의 테크닉을 알고 있는 사람들은 많았다. 그러나 서스턴 씨는 다른 사람이 갖고 있지 않은 두 가지를 갖고 있었다.

먼저 서스턴 씨는 관객을 끌어들이는 사람 됨됨이를 갖추고 있었다. 그리고 최고의 실력을 갖춘 마술사였다. 게다가 그는 사람의 본성도 간파하고 있었다. 그가 취하는 모든 제스처와 화법, 얼굴 표정 하나하나가 모두 사전에 치밀하게 연습된 것들이었다. 그래서 동작 하나하나는 몇 분의 1초까지 세밀하게 계산되었다. 그뿐 아니라 그는 진심으로 사람들에게 관심을 갖고 있었다.

그의 말에 따르면, 대부분의 마술사들은 청중석을 내려다보면서 속으로 '하하하, 멍청이들이 우르르 몰려왔군. 이런 멍청이들쯤 속여 먹는 건 식은 죽 먹기지!' 하고 생각한다고 한다. 그러나 서스턴 씨는 달랐다. 그는 무대에 설 때마다 항상 이렇게 다짐한다고 한다.

'오늘도 내 하찮은 재주를 보기 위해 이렇게 많은 관객이 찾아주셨구나. 정말 감사한 일이다. 이 관객들이야말로 내가 지금 하고 싶어 하는 일을 하면서 살게 해주시고 있으니 오늘도 최선을 다해야지!'

그리고 무대에 서기 전에 항상 마음속으로 '나는 관중을 사랑해, 관중을 사랑하고 있어!'라고 되풀이한 뒤에 비로소 공연을 시작한다고 한다.

이 말을 듣고 웃기는 짓이라고, 시시껄렁한 소리라고 해도 상관없다. 나는 그저 위대한 마술사가 전하는 비결을 사실 그대로 말해주고 싶을 따름인 것이다.

에르네슈티네 슈만하잉크 여사도 나에게 서스턴처럼 말한 적이 있다. 굶주림과 상심 등으로 슬픔에 잠긴 그녀는 사랑하는 자식들과 동반자살을 꿈꾼 적도 있었다. 그럼에도 그녀는 계속 노래를 했고, 온갖 역경을 극복하고 마침내 청중을 전율케 하는 세계적인 바그너 가수가 되었다. 그녀의 성공 역시 인간에 대한 깊은 관심에서 비롯된 것이었다.

시어도어 루스벨트 대통령이 절대적인 인기를 누린 비결도 이것이다. 말단 심부름꾼까지 진심으로 그를 사랑했고, 시중을 들었던 흑인 사환 제임스 아모스는 《사환의 눈으로 본 루스벨트》라는 책까지 썼다. 그 책에는 다음과 같은 감동적인 일화를 소개하고 있다.

한번은 아내가 대통령에게 메추라기에 대해 질문한 적이 있다. 아내는 한 번도 메추라기를 본 적이 없어 궁금해했는데, 대통령께서는 아내에게 메추라기를 직접 눈으로 보고 만지는 듯이 흉내까지 내면서 자상하게 가르쳐주셨다. 얼마 후 우리 집으로 전화가 한 통 걸려왔다. (아모스 부부는 대통령 관저 안의 작은 집에 살고 있었다.) 아내가 받더니 대통령의 전화라고 했다. 지금 막 우리 집 쪽으로 메추라기 한 마리가 날아갔으니, 창문을 열고 내다보면 그 새를 볼 수 있을 거라고 말씀하셨다.

이렇게 작고 사소한 일까지 세심하게 배려해준 사람이 바로 루스벨트 대통령이다. 대통령께서는 우리 집 근처를 지나시다가도 우리 모습이 보이든 그렇지 않든 간에 "여보게, 애니!" 또는 "어이, 제임스!" 하고 다정하게 이름을 불러주시곤 했다.

고용인들이 어떻게 이런 사람을 좋아하지 않을 수 있겠는가? 아니, 어느 누가 이런 사람을 마다하겠는가?

하루는 퇴임한 루스벨트가 태프트 대통령 내외가 출타 중일 때 백악관을 방문했다. 그러고는 재임 시 자신이 데리고 있던 하인들, 심지어는 주방에서 허드렛일을 하는 하녀까지도 그 이름을 불러주면서 다정하게 인사를 나누었다. 루스벨트가 신분이 낮은 사람한테까지도 진솔한 애정을 품고 있었다는 사실을 짐작할 수 있는 대목이다.

역시 그의 하인 중 한 명이었던 아치 버트는 그날의 일을 이렇게 회고했다.

그분께서는 주방 하녀인 앨리스를 보시자 그녀가 요즘도 옥수수빵을 만드는지 물으셨다. 앨리스는 "가끔 저희 하인들이 먹기 위해 굽지만, 2층에 계신 분들은 드시지 않는다."라고 말했다. 루스벨트 대통령은 우렁찬 목소리로 이렇게 말씀하셨다.

"진짜 맛을 모르는 사람들이구먼. 대통령을 만나면 그렇게 말해주겠네."

앨리스가 접시에 빵을 올려 드리면 루스벨트는 그 빵을 드시면서 걸어가다가 도중에 만나는 정원사나 일꾼들에게 인사를 건네곤 하셨다. 아, 물론 옛날에 그랬듯이 조금도 변함없는 다정한 얼굴로 한 사람 한 사람 이름을 부르면서 말이다. 그들은 아직도 그 일에 대해 이야기한다. 수석집사를 지낸 아이작 후버는 눈물을 글썽이며 이렇게 말했다.

"최근 2년 동안 그렇게 행복한 날은 없었습니다. 억만금을 준다 해도 그날과 바꿀 사람은 아무도 없을 것입니다."

찰스 윌리엄 엘리엇 박사가 대학총장으로서 명성을 떨치게 된 것도 역시 다른 사람의 문제에 대한 깊은 관심 때문이었다. 엘리엇은 남북전쟁이 끝난 지 4년이 되는 1869년부터 제1차 세계대전이 일어나기 5년 전인 1909년까지 하버드 대학 총장을 역임했다.

크랜든이라는 신입생이 학자금 50달러를 빌리러 총장실을 방문했다. 다음은 당사자인 크랜든의 말이다.

"감사의 인사를 하고 나오는데 엘리엇 총장님이 저를 불러 세웠습니다. '아, 자네 여기 좀 앉아보게.' 무슨 일인가 의아해하며 자리에 앉자, 총장님이 물으셨죠. '자넨 자취를 하고 있나?' 나는 깜짝 놀라 멍하니 총장님을 바라보는데, 총장님이 계속해서 말씀하셨죠. '편식하지 않고 잘 먹을 수 있다면 자취도 그렇게 나쁘진 않지. 나도 학교 다닐 때 자취를 한 적이 있거든. 자네 요리 솜씬 어떤가?' 총장님은 그러면서 고기를 다지고 써는 방법부터 곁들여 먹는 법까지 자세히 말씀해주셨습니다."

내 경험에 따르면, 아무리 바쁜 사람들이라고 해도 진정으로 그에게 관심을 가지면 그 사람으로부터 관심과 시간, 그리고 협조를 얻을 수 있다. 그 경험에 대해 얘기해보겠다.

몇 년 전에 나는 브루클린의 예술과학재단에서 소설작법 강의를 주관했다. 나와 학생들은 많은 작가들의 경험에서 교훈을 얻기 위해 캐슬린 노리스, 패니 허스트, 아이다 타벨, 앨버트 페이슨 터휸, 루퍼트 휴즈처럼 유명한 작가들을 초청하고 싶었다. 그래서 우리는 그 작가들에게 '우리는 작가님의 작품을 좋아하며 작가님의 귀중한 조언과 성공의 비결을 듣고 싶다'는 내용의 편지를 썼다. 각각의 편지마다 150명의 학생들이 서명을 했다. 그리고 그들이 너무 바쁜 분들이라 강의를 준비하기란 무리임을 잘 알기에, 그들이 자신과 소설작법에 대해 답을 할 수 있도록 일련의 설문지를 동봉했다. 확실히 이 방법은 그들의 마음에 들었던 모양이었다. 그들은 우리의 성의를 생각해서 멀리 브루클린까지 방문하여 우리에게 큰 도움을 주고 돌아갔다.

나는 같은 방법으로 루스벨트 내각의 재무장관이었던 레슬리 M. 쇼, 태프트 내각의 법무장관 조지 W. 위커셤, 윌리엄 제닝스 브라이언, 프랭클린 D. 루스벨트 등 많은 저명인사들을 초청해 강의를 진행했다.

인간은 누구나 자기를 칭찬해주는 사람을 좋아하기 마련이다. 독일 황제 빌헬름 2세를 예로 들어보자. 제1차 세계대전이 끝나갈 무렵에 그는 아마도 세상에서 가장 경멸받은 사람이었을 것이다. 그가 자신의 목숨을 부지하겠다고 네덜란드로 도망쳤을 때는 독일 국민까지도 그를 외면했다. 그에 대한 증오심이 불타올라 수백만 명이 그의 사지를 찢어 죽이거나 화형에 처하고 싶어할 정도였다. 그런데 이런 격렬한 분노 속에서도 한 소년은 황제에게 친절과 존경이 담긴 편지를 보냈다.

"세상 모든 이들이 다 폐하를 원망해도 저는 폐하를 영원히 저의 황제로서 경애합니다."

이 편지에 크게 감동한 황제는 소년을 자기 집으로 초청했다. 이때 소년과 그의 어머니가 함께 찾아갔는데, 그 일이 인연이 되어 훗날 황제가 그 소년의 어머니와 결혼까지 하게 되었다. 이 소년은 사람을 사귀고 설득하는 방법에 관한 책을 읽을 필요가 없었다. 본능적으로 '사람을 다루는 법'을 알고 있었기 때문이다.

만약 친구를 얻고 싶다면 자신을 버리고 다른 사람을 위해 뭔가를 해줘야 한다. 이런 일에는 자기 노력과 희생이 필요하고 진심 어린 마음이 필요하다.

윈저 공이 영국 왕세자였을 당시 남미를 순방할 계획이 잡혔다. 윈저 공은 여행에 앞서 방문국 언어로 연설을 하기 위해 몇 달 동안 스페인어를 배웠다. 남미 사람들이 그를 좋아하게 된 것은 두말할 나위도 없다.

나는 몇 년 전부터 친구들의 생일을 꼬박꼬박 기억해왔다. 나는 점성술 따위는 믿지 않지만 친구들의 생년월일이 그들의 인격이나 기질과 어떤 관련이 있는지를 물어본다. 그리고 상대방의 생년월일을 물어본다. 예를 들어 11월 24일이라면 나는 마음속으로 '11월 24일'을 계속 되풀이해본다. 그리고 그 친구와 헤어진 다음 그 이름과 생년월일을 노트에 기록해둔다. 새해가 되면 친구들의 생일을 까먹지 않도록 탁상달력에 표시해둔다. 그래서 그 친구들의 생일이 다가오면 편지나 축전을 띄운다. 이것은 굉장히 효과적이었다. 어떤 경우엔 그 친구의 생일을 기억해준 사람이 나 혼자뿐이었다는 말도 있었다.

친구를 사귀고 싶으면 먼저 성의 있는 태도를 보여야 한다. 전화가 걸려왔을 때도 밝고 반가운 목소리로 응해야 한다. 모처럼 전화해줘서 무척 고맙다는 투로 인사하며 수화기를 든다. 그러면 상대방도 이쪽에서 자기한테 관심을 갖고 있다고 믿게 된다.

다른 사람들에게 진심에서 우러나는 관심을 보이면 친구도 사귈 수 있을 뿐만 아니라, 고객을 좀더 충실한 고객으로 끌어들일 수 있다.

뉴욕에 있는 대형 은행에 근무하고 있는 찰스 R. 월터스는 거래 회사에 대한 기밀을 조사하라는 지시를 받았다. 월터스는 그 회사의 내부정보에 대해 잘 알고 있는 사람을 알고 있었는데, 어느 공업회사의 사장이었다.

월터스가 그 회사 사장실에 들어섰을 때 젊은 여비서가 말했다.

"죄송합니다만, 오늘은 드릴 우표가 없습니다."

사장이 때마침 안으로 들어서는 월터스를 아는 체하며 말했다.

"어, 우리 열두 살 난 아들 녀석이 요즘 우표 수집을 하고 있어서…."

월터스는 자신이 찾아간 목적을 말했지만, 사장은 앞뒤가 맞지 않는 말을 하고 있었다. 그는 화제에 별 관심이 없어 보였고, 월터스는 그로부터 정보를 얻어내기란 불가능하다고 판단했다. 그래서 그날의 대화는 별 소득 없이 끝났다.

"솔직히 어떻게 해야 할지 막막하기만 했습니다."

월터스는 그날의 일을 떠올리며 말했다.

"그러다가 문득 그 여비서가 사장에게 했던 말이 생각나더군요. 우표, 열두 살 난 아들…. 문득 머릿속으로 우리 은행 외환계가 생각났습니다. 외환계에는 세계 각국에서 온갖 우표가 붙은 편지가 온다는 것을…. 이튿날 나는 그 사장을 다시 찾아가서 그 아들을 위해 우표를 좀 모아왔다고 말했습니다. 당연히 열렬한 환영을 받았지요. 아마 그가 국회 선출직에 입후보하더라도 그처럼 열렬한 악수는 할 수 없었을 겁니다. 사장은 더없는 호의를 보이고 나서, 내가 모아다 준 우표를 조심스레 만지작거리면서 말했습니다. '이건 우리 조지가 정말 좋아하겠는걸? 야! 이 우표는 정말 가치가 있겠어!' 우리는 반시간 정도 우표 이야기를 하고 아들 이야기도 나눴습니다. 그런 다음에 그 사장은 무려 한 시간이 넘도록 내가 원하는 정보를 아주 자세하게 들려주었습니다. 내가 애써 부탁하지 않았는데도 말입니다. 사장은 자기가 알고 있던 모든 내용을 다 말해주었고, 심지어 부하직원을 호출해 물어보기도 하고, 친구에게 전화해서 정확한 사실을 확인해주기까지 했습니다. 그래서 나는 원하는 모든 정보를 얻어 목적을 달성할 수 있었죠. 소위 기자들이 말하는 특종을 얻어 낸 셈이죠."

또 한 가지 예가 더 있다.

필라델피아에 사는 크나플 씨는 벌써 수년째 대형 연쇄점에 연료를 팔기 위해 애쓰고 있었다. 그러나 연쇄점에서는 외부 상인으로부터 연료를 구입하고 그 빈 드럼통을 크나플 씨 사무실 앞에 보란 듯이 놓아두었다. 나의 화술 강좌에 참석한 크나플 씨는 너무 화가 치민 나머지, 미국의 연쇄점들은 하나같이 암적 존재라고 악담을 퍼부어댔다.

크나플 씨는 그때까지도 자신이 왜 그 연쇄점에 연료를 팔지 못했는지 그 이유를 모르고 있었다. 나는 그에게 방법을 달리해보는 것이 어떻겠느냐고 제안했다. 우리 수강생들끼리 이 연쇄점의 확장이 지역 발전에 득이 되는지 손해가 되는지를 두고 토론을 벌인 것이다. 내 제안에 크나플 씨는 즉시 연쇄점 반대 입장에 섰다. 그리고 자신이 경멸하는 연쇄점 간부를 찾아가서 이렇게 말했다.

"오늘은 거래를 해달라고 찾아온 것이 아닙니다. 다만 한 가지 부탁을 들어주십사 하고 찾아왔습니다."

그러고는 우리 강좌에서 있었던 토론에 대해 설명한 다음 이렇게 말했다.

"제가 알고 있는 사람들 중에 조언을 해줄 사람이 당신뿐이라서 도움을 청하러 왔습니다. 저는 이번 토론회에서 반드시 이기고 싶습니다. 그래서 당신이 절 도와주신다면 크게 도움이 될 것 같습니다."

나머지 이야기는 크나플 씨의 말을 그대로 옮겨본다.

"나는 그 간부에게 잠시라도 시간을 내어달라고 부탁했지요. 내가 솔직하게 용건을 말하자 간부는 의자를 내어주며 앉으라고 하더군요. 그리고 정확히 한 시간 47분 동안 이야기를 했습니다. 그 사람은 연쇄점에 대한 책을 쓴 적이 있는 다른 간부를 불렀습니다. 그 사람은 내게 자기가 쓴 책을 한 권 주었습니다.

그는 연쇄점이 소비자들에게 정말 좋은 서비스를 하고 있다고 믿고 있었습니다. 그는 자신이 하고 있는 일을 매우 자랑스럽게 여기고 있었죠. 말을 할 때마다 그의 눈은 밝게 빛났고, 나로서는 한 번도 생각해본 적이 없는 일에 눈을 뜨게 해주었습니다. 연쇄점 간부는 그 일로 내 정신적인 태도에 큰 변화를 주었습니다.

그리고 내가 그곳을 떠날 때, 그는 문까지 따라나와 내 어깨에 손을 얹으면서 토론회에서 이기도록 기도하겠다면서 꼭 결과를 알려달라고 말했습니다. 그리고 이렇게 덧붙였지요. '봄에 다시 한번 들러주시오. 그때면 당신한테 연료를 주문할 수 있을 겁니다.' 나로서는 정말 눈앞에서 기적이 일어난 것만 같

있습니다. 부탁 한마디 하지 않았는데 연료를 사주겠다니! 더욱이 내가 우리 제품에 대해 관심을 가져달라고 지난 10년 동안 쫓아다녀도 불가능했던 일이, 그의 관심사에 대해 내가 관심을 보이자 겨우 두 시간 만에 해결된 것입니다."

크나플 씨가 새로운 진리를 터득한 것은 아니다. 일찍이 로마의 시인 푸블 릴리우스 시루스는 이렇게 말했다.

"우리는 우리에게 관심을 갖는 사람에게만 관심을 갖는다."

사람들이 당신을 좋아하게 만드는 방법 1
다른 사람에게 진심으로 관심을 가져라.

2장

첫인상을 좋게 하는 방법

언젠가 뉴욕에서 열린 한 파티에 초대되었을 때, 손님 가운데 막대한 유산을 상속받은 부인이 있었다. 그녀는 어떻게든 사람들에게 좋은 인상을 주려고 애쓰고 있었다. 그녀는 값비싼 모피코트에 다이아몬드와 진주 등의 온갖 보석으로 몸을 치장하고 있었지만 얼굴에는 신경을 쓰지 못하는 것 같았다. 왜냐하면 부인의 얼굴은 이기심으로 꽉 차 있었기 때문이다. 그녀는 몸을 치장한 옷이나 보석보다도 얼굴로 드러나는 표정이 더 중요하다는 사실을 깨닫지 못하고 있었다.

언젠가 찰스 슈와브 씨는 나에게, 자신의 미소가 100만 달러짜리라고 말한 적이 있다. 아마 슈와브 씨는 그 사실을 잘 알고 있었던 것 같다. 사실 슈와브 씨가 큰 성공을 거둔 것은 그의 인품과 매력, 다른 사람의 호감을 사는 능력 때문인데 특히 매력적인 미소는 큰 성공 요인이 되었다.

확실히 말보다는 행동이 더 큰 설득력을 갖는다. 그리고 미소는 "나는 당신을 좋아합니다." "당신이 나를 행복하게 해주는군요. 뵙게 되어 반가워요."라고 말하는 것과 같다.

애완견들이 사람들에게 사랑받는 이유도 바로 그 때문이다. 사람을 보면 무척 반가워하면서 껑충껑충 뛴다. 그래서 우리도 그런 개를 보면 반가운 마음이 든다. 아기가 짓는 미소에도 똑같은 효과가 있다.

당신은 병원 대기실에서 뚱한 얼굴로 초조하게 차례를 기다리는 사람들을 살펴본 일이 있는가? 미주리주 레이타운에 사는 스테판 스포롤 씨는 수의사인데, 강아지에게 예방접종을 하기 위해 온 사람들로 붐비던 병원 대기실의 봄날에 대해서 이야기해주었다.

"한 젊은 부인이 9개월 된 아이와 고양이 한 마리를 데리고 대기실에 들어왔을 때, 거기에는 대여섯 명의 손님들이 앉아 있었습니다. 이 부인은 한 신사 옆에 앉았고, 그 신사는 이미 오랫동안 기다리고 있었으므로 약간 짜증이 나 있었지요. 그때 부인이 데리고 온 아이가 그 신사를 보더니 함박꽃 같은 미소를 지었어요. 그러자 그 신사는 어떻게 했을까요? 물론 우리가 예상하는 것과 똑같은 행동을 했습니다. 신사도 아이한테 환한 미소를 보냈지요. 그리고 신사는 그 부인과 부인의 아이와 자기 손주들에 대해 담소를 나누게 되었고, 차츰 대기실에 있던 다른 사람들까지 합세해서 지루하고 긴장된 분위기가 한결 즐겁고 흥미롭게 바뀌었습니다."

마음에도 없는 얼굴 표정, 그런 것에 속을 사람은 아무도 없다. 그런 형식적인 것에는 오히려 신경질이 난다. 나는 지금 진실한 미소와 마음을 따뜻하게 녹여주는 미소, 천금보다도 값진 미소에 대해서 말하는 것이다.

나는 언젠가 배우이자 가수인 모리스 슈발리에와 오후를 보낸 적이 있는데, 그를 처음 본 나는 솔직히 약간 실망하고 말았다. 침울하고 말수도 적은 그의 모습은 내가 생각했던 것과는 전혀 달라 보였다. 적어도 그가 미소 짓기 전까지는 그렇게 생각했다. 그러나 어느 순간 그가 미소를 짓자 마치 구름 속에서 햇살이 비치는 듯한 느낌이 들었다. 만약 그런 미소가 없었더라면 모리스 슈발리에는 지금까지도 파리 뒷골목에서 그의 아버지와 형제들처럼 가구를 만들고 있었을 것이다.

미시간 대학의 제임스 매코널 심리학 교수는 미소에 대한 느낌을 이렇게 표현했다.

"미소 지을 줄 아는 사람은 경영이나 남을 가르치는 일이나 상품을 파는 일 등을 모두 효과적으로 할 수 있고, 아이들도 더 행복하게 키울 수 있다. 찡그린 얼굴보다 미소 띤 얼굴이 더 큰 의미가 있다. 따라서 벌을 주는 것보다는 웃어주고 격려해주는 것이 훨씬 더 효과적인 교육방법이다."

뉴욕의 한 백화점의 지배인은, 무뚝뚝한 표정을 한 대졸 출신보다는 초등학교 출신이지만 상냥하게 미소 짓는 판매원을 뽑고 싶다고 말했다.

미국 최대 고무 제조회사의 회장은 "일에 재미를 느끼지 않고 성공하는 사람은 없다."고 했다. 이 공업계의 거물은 '근면은 희망의 문을 여는 유일한 열쇠'라는 옛 금언을 믿지 않는 듯했다.

"나는 신나게 일을 즐기고 그래서 성공한 사람들을 잘 알고 있습니다. 나중에 그 일에 대한 흥미가 떨어지자 사람도 변하더군요. 그들은 일이 재미가 없어지고 일에 대한 즐거움도 사라져서 실패한 것입니다."

만약 다른 사람들이 당신을 만나 즐거운 시간을 갖기를 원한다면 당신이 먼저 상대방과 즐거운 시간을 보내야 한다.

나는 내 강좌에 출석한 수천 명의 사업가들에게, 한 사람을 선택한 다음 일주일 동안 그 사람에게 계속해서 미소를 지어 보이고 다음 번 강의에서 그 결과를 알려달라고 요청했다. 과연 어떤 결과가 나왔을까?

다음은 뉴욕의 증권거래인 윌리엄 B. 스타인하트가 쓴 편지다. 사실 이런 사례는 수백 명이 겪은 것과 아주 비슷한 전형적인 케이스라고 볼 수 있다.

나는 결혼한 지 18년이 되었습니다. 그동안 나는 아침에 일어나서 출근할 때까지 아내에게 웃음을 보인 적도, 말을 많이 해본 적도 거의 없었습니다. 한마디로 지독하게 까다롭고 무뚝뚝한 사람이었지요. 카네기 선생께서 나에게 미소에 관한 경험담을 말해보라고 했을 때, 나는 일주일 동안 노력을 좀 해봐야겠다는 생각이 들더군요. 그래서 다음 날 아침 머리를 빗으면서 거울 속에 비친 무뚝뚝한 내 얼굴을 보고 말했습니다.

"이봐, 빌. 오늘부턴 제발 그 뚱한 얼굴은 좀 집어치우게나. 자넨 이제 웃을 거야. 곧 웃게 될 거라고. 어서!"

나는 곧 아침 식탁에 앉으면서 아내에게 "여보, 잘 잤소?" 하고 말하며 미소를 지었지요. 선생께선 상대가 깜짝 놀랄지도 모른다고 경고했지요? 그런데 그건 아내의 반응을 너무 과소평가하신 겁니다. 아내는 당황하고 큰 충격을 받은 듯했습니다. 나는 아내에게 앞으로 이런 일이 예사가 될 것이라고 말했고, 지금도 매일 아침 거르지 않고 인사를 하고 있습니다. 그 결과 불과 두 달 만에 우리 집에는 지난 결혼생활 동안보다 더 많은 행복이 넘쳐나고 있지요.

출근할 때도 아파트 경비원에게 미소 지으며 인사하고, 지하철 매표원에게서 잔돈을 받을 때도 그에게 미소를 짓습니다. 사무실에 도착해서도 최근까지 내가 한 번도 웃어 보인 적 없는 사람들에게 또 미소를 짓습니다. 그러면 그 사람들도 모두들 나에게 웃는 얼굴로 답례를 해왔습니다.

근무시간에도 나는 불평이나 애로사항을 들고 찾아오는 사람들에게 아주 밝은 표정으로 대합니다. 상대방의 말을 미소 지으면서 들어주다 보니 문제해결도 한결 쉬워지는 것을 느꼈습니다. 미소 덕분에 나의 수입도 훨씬 좋아졌고요.

나는 사무실을 다른 중개인과 같이 쓰고 있는데, 그 사람의 고객 중에 호감을 주는 청년이 한 명 있었습니다. '미소철학'을 알고 있는 나는 그 청년에게 인간관계에 대해 새롭게 느낀 내 철학을 말해주었습니다. 그러자 그는 처음에 나를 볼 때는 굉장히 까다롭다고 느꼈는데 최근에는 완전히 다른 사람처럼 보인다고 말하더군요. 내가 웃을 때 정말 인간적으로 보인다고요. 아무래도 내 미소에 알 수 없는 열정이 묻어 있는 모양입니다.

이제 나는 남을 비난하지 않기로 했습니다. 대신에 칭찬 같은 감사의 말을 많이 합니다. 그리고 내가 원하는 것을 말하는 대신에 다른 사람의 입장에서 사물을 바라보려고 애를 씁니다. 이런 일들이 말 그대로 내 인상을 바꿔놓았습니다. 나는 이제 전과는 전혀 다른 사람이 되었고, 훨씬 더 부유하며 행복에 겨워 있습니다.

이 글을 쓴 사람이 뉴욕 주식시장의 장외 중개인이라는 점에 주의하기 바란다. 주식시장의 장외 중개인은 대단히 어려운 직업으로 99퍼센트가 실패하는 업종이다. 이 위험한 전문분야에서 외줄타기를 하고 있는 사람의 진솔한 이야기여서 의미가 있다.

당신도 살며시 미소를 짓고 싶지 않은가? 미소를 지으려면 어떻게 해야 하는가? 다음 두 가지를 실천해보자.

우선 억지로라도 미소를 지어본다. 혼자 있을 때 일부러 휘파람을 불거나 콧노래를 해본다. 즐거워서 도저히 못 참겠다는 듯이 행동한다. 당신이 이미 행복한 것처럼 꾸민다면 진짜 행복해질 것이다. 심리학자인 윌리엄 제임스는 이렇게 말했다.

"인간은 느낌에 따라 행동하는 것처럼 보이지만 사실은 행동과 느낌은 거의 동시적이다. 행동은 의지로 직접 통제할 수 있지만 감정은 그렇게 되지 않는다. 그런데 감정은 행동을 간접적으로 조절할 수가 있다. 따라서 쾌활함을 잃었을 때 그것을 회복하는 최선의 방법은 매우 즐거운 듯이 행동하고 일부러라도 쾌활하게 지껄이는 것이다."

세상 사람들 모두가 행복을 추구한다. 그런데 이 행복을 구하는 매우 확실한 방법이 한 가지 있다. 당신의 생각을 컨트롤하는 것이다. 행복은 외부 조건에 달려 있는 것이 아니라 자신의 내적 조건에 달려 있기 때문이다. 당신이 행복한가, 불행한가는 당신이 갖고 있는 재산이나 지위, 거주지나 직업에 달려 있는 것이 아니라 마음가짐에 달려 있는 것이다.

예를 들면 이렇다. 여기 같은 장소에서 같은 일을 하는 두 사람이 있다. 두 사람 모두 비슷한 재산과 명성을 지니고 있다. 그런데도 한 사람은 불행하고 다른 사람은 행복하다고 한다. 왜 그럴까? 서로의 마음가짐이 다르기 때문이다.

열대지방을 여행할 때 열악한 조건에서도 하루 7센트를 벌기 위해서 종일

땡볕에서 힘들게 일하는 농부들의 얼굴에서 본 무한한 행복을 지금도 기억하고 있다. 그들은 마치 뉴욕이나 시카고 또는 로스앤젤레스에 있는 냉방시설 좋은 사무실에서 본 것 같은 행복한 얼굴을 하고 있었다. 그러나 지금 뉴욕의 번화가를 산책해봐도 그렇게 행복한 표정을 한 사람들을 만나기란 매우 힘들다.

셰익스피어는 "사물에는 본래 선악이 없다. 무엇이든 생각하기에 따라 좋기도 하고 나쁘기도 한 것이다."라고 했고, 에이브러햄 링컨도 "대부분의 사람들은 마음먹기에 따라 행복해진다."라고 말한 적이 있다. 나는 이 말을 입증할 만한 확실한 사례를 목격한 적이 있다.

내가 뉴욕의 롱아일랜드 역내의 계단을 올라가고 있을 때 내 앞에 삼사십 명쯤 되는 장애 소년들이 지팡이나 목발을 짚으면서 계단을 오르려고 애를 쓰고 있었다. 그중 한 명은 누군가에게 업혀 있었다. 나는 그 소년들의 천진난만한 웃음소리와 즐거워하는 모습에 놀라움을 금치 못했다. 나는 소년들을 인솔하고 있던 사람에게 말을 걸어보았고, 그는 이렇게 대답했다.

"물론 이 아이들도 처음에는 일생을 불구자로 살아야 한다는 사실에 큰 충격을 받았겠죠. 하지만 그 충격을 극복하고 나면 대부분 자신의 운명을 수긍하며 정상적인 아이들과 마찬가지로 행복해지게 됩니다."

나는 지금도 그 소년들에게 무한한 경의를 표하고 싶다. 그들은 나에게 결코 잊지 못할 교훈을 가르쳐주었기 때문이다.

나는 배우 메리 픽포드가 역시 배우인 더글러스 페어뱅크스와 이혼을 준비하고 있을 때 그녀를 만난 적이 있다. 때가 때인 만큼 나는 그녀가 매우 우울한 나날을 보내고 있으리라 생각했다. 하지만 그녀는 예상과는 달리 아주 차분하고 침착해서 오히려 승자처럼 보였고 매우 행복해 보였다. 그녀는 나중에 그 비결을 《신을 의지하며》라는 38쪽짜리 작은 책자에 담아 펴냈다.

원래 세인트루이스 카디널스의 3루수로 활약하다가 지금은 굴지의 보험회사 영업이사가 된 프랭크 베트거도 웃는 얼굴은 언제나 환영받는다는 사실을 잘 알고 있었다. 그래서 누군가를 방문할 때 반드시 입구에 멈춰 서서 자신이 감사해야 할 여러 가지 일들을 떠올리며 얼굴에 진심 어린 미소를 가득 담고 서 안으로 들어선다고 한다. 지금도 그는 자신이 보험 영업으로 크게 성공한 것은 바로 이 간단한 테크닉 때문이라고 말하고 있다.

다음에 인용하는 글은 수필가이자 출판인인 엘버트 허버드의 충고인데, 잘 음미해보고 꼭 실천해보길 바란다.

집을 나설 때마다 턱을 바싹 당기고 머리를 꼿꼿이 세운 다음 숨을 크게 들이마셔라. 친구를 미소 띤 얼굴로 대하고 악수를 나눌 때도 정성을 다해라. 오해받을까 두려워 말고 부정적인 생각을 하느라고 단 1분도 허비하지 마라. 그리고 무엇을 하고 싶은지 마음속에 확실하게 새겨둬라. 그런 다음 곁눈질하지 말고 목표를 향해 곧장 나아가라. 당신이 하고 싶어 하는 위대하고 찬란한 목표에 대해 끊임없이 생각하라. 그렇게 하다 보면 언젠가는 당신이 꿈꾸는 목표를 이루기 위해 필요한 기회가 당신 손안에 들어 있음을 알게 된다. 마치 산호가 조류에서 필요한 양분을 취하듯이 자신도 모르는 사이에 꿈을 이루는 데 필요한 기회를 잡고 있는 당신을 보게 될 것이다.

마음속으로 당신이 되고 싶어 하는 유능하고 성실하며 남에게 도움을 줄 수 있는 사람이 될 수 있도록 노력하라. 그러다 보면 자연스럽게 당신이 그런 사람으로 변해갈 것이다.

마음가짐이 가장 중요하다. 올바른 정신 상태를 유지하라. 즉 용기와 정직, 명랑한 정신자세를 유지하도록 힘쓰라. 올바른 정신 상태는 무언가를 창조하는 일이다. 모든 것은 욕망에서 탄생하며, 모든 진실한 기도는 응답을 받는다. 우리는 우리의 마음에 따라 변한다. 턱을 잡아당기고 고개를 꼿꼿이 세워라. 우리 인간은 고치 안에 들어 있는 작은 미완성의 신들이다.

옛 중국인들은 처세술에 관한 지혜가 탁월했는데, 그들은 우리가 항상 기억해야 할 만큼 귀중한 금언을 남겼다.

"웃지 않는 사람은 장사를 하면 안 된다."

당신의 미소는 호의를 전달하는 심부름꾼이다. 또 그 미소를 바라보는 사람들의 인생을 빛내준다. 당신의 미소는 인상을 찌푸리며 외면하는 얼굴을 보아온 사람들에게 마치 구름 속을 뚫고 나오는 햇살과도 같은 것이다. 특히 직장의 상사, 고객들, 선생님들이나 부모님들, 아이들에게 시달림을 당하고 있는 사람들에게 미소란 이 세상에는 절망적인 것만 있는 것은 아니며 그중에는 더러 기쁨도 섞여 있다는 사실을 일깨워준다.

몇 년 전에 뉴욕에 있는 어느 백화점이 크리스마스 쇼핑으로 붐비는 동안 판매원들이 시달리는 것을 깨닫고 다음과 같은 소박한 철학이 담긴 광고를 냈다.

크리스마스에 보내는 미소의 가치
미소는 돈이 들지 않지만 많은 것을 이루어냅니다.

미소는 받는 사람의 마음을 풍족하게 해주지만, 주는 사람의 마음을 가난하게 만들지는 않습니다.

미소는 순간적으로 일어나지만, 그 미소에 대한 기억은 때때로 영원히 지속됩니다.

미소 없이도 살아갈 수 있을 만큼 부자인 사람도 없고, 그 혜택을 누리지 못할 만큼 가난한 사람도 없습니다.

미소는 가정에서는 행복을 빚어내며, 사업에서는 호의를 베풀게 하고, 우정의 표식이기도 합니다.

미소는 지친 사람들에게는 안식이며, 절망에 빠진 사람에게는 햇살이고, 슬픈 사람에게는 태양이며, 또한 모든 문제에 대한 자연의 묘약이기도 합니다.

그러나 미소는 살 수도 없고, 구걸할 수도 없으며, 빌리거나 훔칠 수가 없습니다. 왜냐하면 미소는 누군가에게 주기 전에는 아무에게도 쓸모가 없는 것이기 때문입니다.

그러므로 만일 크리스마스 쇼핑의 막바지 혼잡 때문에 저희 판매원들 중 누군가가 너무 지친 나머지 미소를 보내드리지 못하게 되면 그들에게 당신의 미소를 보내주시지 않으시겠어요?

왜냐하면 너무나 많은 미소를 내어준 나머지, 더 이상 줄 수 있는 미소가 없는 이들이야말로 누구보다도 미소를 필요로 하기 때문입니다.

사람들이 당신을 좋아하게 만드는 방법 2
웃는 얼굴을 보여라. 언제나 미소 지어라.

3장

이것을 실천하지 못하면
곤란해진다

1898년 뉴욕주 로클랜드의 한 작은 마을에서 안타까운 사건이 발생했다. 마을 사람들은 그날 예정된 한 아이의 장례식에 참석할 준비를 하고 있었다. 짐 팔리는 마구간에서 마차를 끌 말 한 필을 끌어냈다. 눈이 내려 쌓이고 매우 추운 날씨였다. 며칠째 마구간에만 갇혀 있던 말이 갑자기 난폭해졌다. 펄쩍펄쩍 날뛰다가 느닷없이 뒷발질을 해 주인을 걷어찼고, 짐 팔리는 그 자리에서 즉사하고 말았다. 그래서 스토니포인트라는 그 작은 마을에서는 그 주에 두 차례의 장례를 치르게 되었다.

짐 팔리가 부인과 세 아들에게 남긴 것은 몇 백 달러의 보험금이 전부였다. 아버지의 이름을 물려받은 장남 짐은 그때 겨우 열 살이었다. 짐은 어린 나이에 벽돌공장에서 모래를 나르고 반죽하여 벽돌을 찍어내는 일을 했다.

짐에게는 교육을 받을 기회가 전혀 없었다. 그러나 아일랜드인 특유의 상냥함과 사람들이 자신을 좋아하게 만드는 특별한 재능을 갖고 있었다. 그래서 훗날 정계에까지 진출했다. 그리고 세월이 흐르면서 그는 사람들의 이름을 외우는 데 놀라운 능력을 발휘했다. 그는 고등학교 문턱에도 가보지 못했지만 46세가 되기 전에 4개의 대학에서 명예박사 학위를 수여받았고, 민주당 전국위원회 의장과 우정공사 총재를 역임했다.

나는 언젠가 그를 인터뷰하며 성공의 비결에 대해 물어보았다.

"열심히 일하는 것이지요."

"에이, 농담이시죠? 아무리 사실이 그렇더라도 좀더 구체적으로 말씀해주시겠습니까?"

그러자 그는 오히려 나에게 되물었다.

"그럼, 당신은 뭐라고 생각합니까?"

"당신은 1만 명의 첫 이름자만 대도 그 사람들의 얼굴을 모두 기억할 수 있다고 들었습니다."

내 말에 그는 바로 정정했다.

"아니, 틀렸습니다. 나는 5만 명의 이름을 외우고 있습니다."

짐 팔리의 이런 초인적인 능력은 프랭클린 루스벨트를 대통령 자리에 올려놓는 데 큰 도움을 주었다.

그는 석고 판매원으로 지방을 떠돌던 시절과 스토니포인트에서 공공기관의 서기로 일하던 시절에 사람들의 이름을 기억하는 자신만의 방법을 고안했다.

처음에는 무척 간단했다. 짐은 새로운 사람을 만날 때마다 그 사람의 성과 이름, 가족, 직업, 정치적인 성향 등을 알아냈다. 그리고 그것들을 모두 마음속에 그림을 그리듯이 새겨넣었다가 다음번에 그를 만날 때, 비록 1년 후라도 그와 악수를 나누면서 그의 가족들의 안부를 묻거나 뒤뜰에 심은 나무에 대해서도 물어볼 수 있었다. 그의 지지자들이 생긴 것은 지극히 당연한 일이었다.

짐은 루스벨트가 대통령 선거에 뛰어들기 수개월 전부터 하루 수백 통의 편지를 서북지역으로 발송했다. 그런 다음 19일 동안 20개 주를 모두 방문했다. 기차와 마차, 자동차와 배를 갈아타고 무려 1만 2000마일을 여행한 것이다. 그는 아무 마을에나 들러서 그곳 사람들과 아침식사나 점심식사를 같이 하며 허심탄회한 대화를 주고받았다. 그런 다음 또 다른 마을로 옮겨갔다.

긴 여행을 마치고 동부로 돌아온 그는 자신이 방문했던 마을의 대표자들에게 편지를 써서, 그와 대화했던 사람들의 목록을 만들어달라고 부탁했다. 이렇게 해서 회신된 편지에는 수천 명의 이름이 적혀 있었고, 그 사람들 모두 민주당 전국위원장 제임스 팔리의 다정한 서신을 받는 즐거움을 맛보았다. '친애하는 빌' '친애하는 제인'으로 시작되는 편지 말미에는 자신의 애칭인 '짐'이라는 서명도 빼놓지 않았다.

사람들은 다른 사람의 이름에는 별 관심이 없으면서도 자신의 이름에는 크게 관심을 보인다. 누군가가 자신을 알고 이름을 불러준다는 것은 참으로 기분 좋은 일이다. 이것은 과분한 아부나 찬사보다 더 큰 효과를 발휘한다.

반대로, 상대방의 이름을 잘못 쓸 경우에는 매우 곤란한 상황이 벌어진다. 나는 언젠가 파리에서 대중화술 강좌를 개설하고 그곳에 사는 미국인들에게 편지를 보냈다. 그런데 영어를 잘 모르는 프랑스인 타이피스트가 미국인들의 이름을 잘못 타이핑하는 실수를 했고, 그 일로 파리 주재 미국은행의 한 임원은 자기 이름이 틀렸다고 항의 편지를 보내오기도 했다.

흔히 앤드류 카네기를 일컬어 '강철왕'이라고 하지만, 정작 본인은 강철 제조에 관해서 아는 바가 거의 없었다. 그는 단지 자신보다 제강기술이 월등히 뛰어난 수백 명의 사람들을 고용했을 뿐이다. 카네기는 사람을 다룰 줄 알았고 그 비결로 엄청난 부를 거머쥘 수 있었다.

카네기는 어릴 때부터 조직을 운영하는 능력과 리더십에 탁월한 실력을 발휘했다. 그는 열 살에 이미 사람들이 자신의 이름에 대해 매우 중요한 의미를 부여하고 있음을 알고 그 점을 이용하여 다른 사람의 협력을 이끌어냈다.

그의 어린 시절 일화를 살펴보자. 스코틀랜드에서 유년시절을 보내던 카네기는 어느 날 토끼 한 마리를 갖게 되었는데, 새끼를 밴 암놈이었다. 얼마 후 토끼장 안은 새끼들로 가득 찼고 곧 토끼의 먹이가 부족하게 되었다. 바로 그때 그의 머릿속에 기발한 생각이 떠올랐다. 카네기는 동네의 또래아이들에게, 토끼풀을 뜯어오는 사람한테는 토끼들에게 그 친구의 이름을 붙여주겠다고 했다. 이 발상은 곧 마술 같은 효과를 발휘했고, 카네기는 당시의 일을 결코 잊지 않았다. 그리고 몇 년 후 실제 사업에서도 사람들의 이런 심리를 이용하여 큰돈을 벌었다.

카네기는 펜실베이니아 철도회사에 강철 레일을 납품하고 싶었다. 당시의 그 회사 사장은 J. 에드거 톰슨이었다. 카네기는 먼저 피츠버그에 거대한 제철 공장을 세우고 그 공장의 이름을 '에드거 톰슨 제철소'라고 불렀다. 펜실베이니아 철도회사가 레일을 어디에서 구입했을지는 뻔하지 않겠는가?

카네기와 조지 M. 풀먼이 침대열차 판매 건으로 사활을 건 경쟁을 벌일 때도 카네기는 어릴 적 토끼에 얽힌 교훈을 다시 떠올렸다. 카네기의 센트럴 철도회사와 풀먼의 회사는 유니언 퍼시픽 철도회사의 침대열차 사업 건을 따내려고 서로 입찰 가격을 깎아내리면서 출혈경쟁을 벌였다. 상대측의 비밀을 폭로하는 등 온갖 추잡한 싸움을 계속했다. 카네기와 풀먼은 유니언 퍼시픽

사의 이사들을 만나러 뉴욕으로 갔다. 그래서 한 호텔에서 풀먼을 만난 카네기는 이렇게 말했다.

"풀먼 씨, 가만히 생각해보면 우리가 서로 바보짓을 하고 있는 것 같지 않습니까?"

"그게 무슨 말씀이오?"

풀먼이 의아해하자 카네기는 자신이 전부터 구상해오던 일, 즉 두 회사의 합병안을 이야기했다. 서로 반목하고 경쟁을 계속하기보다는 협조함으로써 얻을 수 있는 상호간의 이익에 대해서 진지하게 말했다. 풀먼은 주의 깊게 들었지만 완전히 확신하는 표정은 아니었다. 이야기를 다 듣고 난 그가 카네기에게 물었다.

"그렇게 하면 새로운 회사의 이름은 뭐라고 할 작정입니까?"

카네기는 기다렸다는 듯이 즉시 대답했다.

"그거야 물론 '풀먼 객차회사'죠."

풀만이 금세 반색을 하면서 말했다.

"그러면 제 방에 가서 좀더 이야기를 합시다."

이렇듯 친구들과 사업 파트너의 이름을 기억하고 존중해주는 일이야말로 카네기가 크게 성공할 수 있었던 마법의 비결이었다. 카네기는 자기 공장에서 일하는 인부들의 이름만 대도 그의 얼굴을 똑똑히 기억하는 것을 자랑으로 여겼고, 또 그가 업계 선두를 지키고 있을 때 공장에서 한 번도 파업이 일어나지 않은 것을 자랑했다.

한편, 폴란드 출신의 유명한 피아니스트 이그나치 얀 파데레프스키는 침대열차의 흑인 요리사에게 늘 '미스터 카퍼'라는 정중한 호칭을 사용해서 그의 자부심을 높여주었다. 파데레프스키는 미국에서 15차례나 연주회를 열어 미국의 관객들을 열광시켰다. 그럴 때마다 그는 전용열차를 이용했고, 공연 후에는 늘 같은 요리사가 야식을 준비해주었다. 파데레프스키는 그 흑인 요리사를 미국에서 흔히 부르는 식의 '조지'라고 부르지 않았다. 늘 유럽의 격식대로 '미스터 카퍼'라고 호칭했다. 그것이 당사자인 카퍼에게는 더없는 영광이자 즐거움이었다.

사람들은 자신의 이름에 강한 자부심을 느끼기 때문에 어떤 대가를 치르더라도 자신의 이름을 영원히 남기고 싶어 한다. 그래서 당대 최고의 쇼맨으로 허풍 세고 고집불통인 피니어스 테일러 바넘은 그의 이름을 물려줄 아들이 없는 것에 실망한 나머지 외손자 C. H. 실리에게 '바넘 실리'로 개명하면 2만 5000달러를 물려주겠다고 제안하기까지 했다.

오랜 세월 동안 부유한 귀족과 명사들은 화가와 음악가나 작가들에게 돈을 지불하고 '이 책을 ○○씨께 바친다.'라는 헌사를 받아냈다. 도서관이나 박물관에 초호화 소장품들이 있는 것은 자신의 이름을 세상에 남기기를 원하는 사람들이 기증했기 때문이다. 뉴욕 공립도서관의 레녹스와 에스터 컬렉션이 그렇고, 메트로폴리탄 박물관에는 벤저민 올트먼과 J. P. 모건의 이름이 새겨져 있다. 그리고 거의 모든 성당에는 헌금자의 이름을 새긴 스테인드글라스 창문이 붙어 있다. 물론 각 대학의 건물에도 거액을 기증한 사람들의 이름이 새겨져 있다.

대부분의 사람들은 다른 사람의 이름을 잘 기억하지 못한다. 항상 바쁘다는 핑계를 대면서 누군가를 기억하는 데 필요한 노력을 기울이지 않기 때문이다. 하지만 아무리 바쁘더라도 프랭클린 D. 루스벨트처럼 바쁘지는 않을 것이다. 루스벨트는 우연히 만난 기계공들의 이름까지도 외우려고 시간을 할애했다.

크라이슬러사는 소아마비를 앓아 다리가 불편한 루스벨트를 위해 특별한 차를 제작했다. W. F 체임벌린 씨와 한 명의 기계공이 그 차를 대통령 관저로 배달했다. 당시의 상황에 대해 체임벌레인 씨가 나에게 들려주었다.

나는 루스벨트 대통령에게 여러 가지 특수장치가 부착된 차를 운전하는 법을 가르쳐주었습니다만, 그분은 나에게 사람을 다루는 방법에 대해 많은 것을 가르쳐주셨습니다.

우리가 관저를 방문했을 때 대통령은 매우 유쾌하고 기분이 좋으셨습니다. 대통령은 친히 내 이름을 불러가며 나를 편안하게 해주셨고, 우리가 준비해간 차에 큰 관심을 보이셨습니다. 그 자동차는 모두 손으로 조작할 수 있도록 고안된 것이었죠.

차를 구경하러 사람들이 모여들자 대통령은 "아주 훌륭해! 버튼만 누르면 움직이니 힘이 하나도 들지 않겠어. 정말 굉장하지 않아? 어떻게 이런 차를 만들었는지 정말 궁금하구먼. 어떻게 작동되는 건지 한번 속을 뜯어봤으면 좋겠는걸?" 하고 말씀하셨습니다.

대통령은 차를 구경하고 있던 사람들 앞에서 나에게 말씀하셨죠. "체임벌린 씨, 이 차를 개발하느라 당신이 애쓴 시간과 노력에 진심으로 감사드립니다. 정말 감탄했습니다!" 그러고는 라디에이터, 특별히 제작된 백미러와 시계, 조명등, 실내장식, 운전석, 대통령의 이름 첫 글자를 새긴 트렁크의 수트케이스 등을 칭찬하셨습니다. 즉 그분은 내가 신경을 쓴 세세한 부분 하나하나를 놓치지 않으셨던 것입니다. 대통령은 이런 여러 가지에 대해서 영부인과 퍼킨슨 양, 노동부장관 그리고 여러 비서진들의 관심을 끌게 만들었습니다. 심지어는 수위까지 불러서 말했습니다. "이봐, 조지. 이 특제 수트케이스는 조심해서 다뤄야겠는걸?"

잠깐의 운전교육이 끝나자 대통령은 제게 말씀하셨습니다. "체임벌린 씨, 내가 연방준비위원회를 30분이나 기다리게 했군요. 오늘은 이만하도록 합시다."

나는 그날 기계공 한 명을 대동하고 백악관을 방문했고, 처음 도착했을 때 그 젊은이를 대통령께 인사시켰죠. 그 이후에는 대통령과 그 친구가 대화를 나눈 적이 없으니 대통령은 그의 이름을 단 한 번 들으셨을 뿐이고, 숫기가 없는 그 젊은이는 끝까지 사람들 뒤에 숨어 있다시피 했습니다. 하지만 우리가 그곳을 떠나기 전에 대통령은 그 친구를 찾아 친히 이름을 부르시고 악수를 나누시고는 워싱턴에 와줘서 고맙다고 말씀하셨습니다. 그분은 진심에서 우러나오는 감사의 인사를 전하셨습니다. 저는 그것을 분명히 느낄 수 있었지요.

뉴욕으로 돌아온 며칠 후, 저는 우편으로 루스벨트 대통령의 친필 서명이 담긴 사진과 함께 진심으로 감사한다는 메모를 받았습니다. 대통령께서 어떻게 이런 사소한 일까지 신경을 쓰시는지 그저 신기할 뿐이었죠.

프랭클린 D. 루스벨트는 타인의 호의를 얻는 가장 단순하고 명확하며 중요한 방법이 상대의 이름을 기억하고 그를 중요한 사람이라고 느끼게 하는 것임을 잘 알고 있었다. 그런데 우리 중에는 과연 그렇게 하는 사람이 얼마나 될까?

우리는 낯선 사람과 인사를 하고 몇 분 동안 짧게 이런저런 잡담을 하다가 헤어질 때는 그 사람의 이름도 기억하지 못할 때가 종종 있다. 정치가의 첫 번째 덕목은 '유권자의 이름을 기억하는 것'이다. 유권자의 이름을 잊는 것은 그들로부터 자신이 잊히는 것이다. 마찬가지로 이름을 기억한다는 것은 정치뿐만 아니라 기업 활동과 사교적인 면에서도 매우 중요하다.

나폴레옹 보나파르트의 조카이자 프랑스 황제인 나폴레옹 3세는 바쁜 일상에도 만나는 사람들의 이름을 모두 기억할 수 있음을 자랑했다. 그런데 그 비결이 매우 간단했다. 상대방의 이름을 똑똑히 듣지 못했을 때, "미안하네. 자네의 이름을 잘못 들었네."라고 되묻는 것이었다. 또 더러 특이한 이름인 경우에는 "스펠링이 어떻게 되나?" 하고 철자까지 물었다. 그리고 상대방과 대화하면서도 속으로 몇 번씩 그 이름을 되뇌면서 그의 인상이나 표정, 전체적인 모습을 연관시키려고 노력했다. 만일 그가 중요한 인물이라면 더 많은 노력을 기울였다. 그런 다음 혼자 있게 되자마자 그의 이름을 종이에 써서 정신을 집중하여 단단히 기억한 뒤 그 메모를 찢었다. 귀를 통해서뿐만 아니라 눈을 통해서도 그 이름에 대한 인상을 심어두려 했던 것이다. 이런 모든 일에는 제법 시간이 걸리지만, 에머슨의 말처럼 '훌륭한 습관은 작은 것들을 희생함으로써 만들어지는' 것이다.

누군가를 기억하는 것은 왕이나 기업 경영자들에게만 중요한 것이 아니라 우리 모두에게 꼭 필요한 것이다.

인디애나주 제너럴모터스사에 근무하는 켄 노팅엄은 주로 회사 구내식당에서 점심을 해결했다. 그런데 계산대에 서 있는 종업원이 항상 얼굴을 찡그리고 있었다.

"그녀는 점심시간에 샌드위치를 만들고 있었고, 나는 그녀에게 다가가 내가 원하는 것을 말했습니다. 그녀는 조그만 저울에다 햄을 달아보더니 상추한 장과 포테이토칩을 몇 개 담아주더군요. 그다음 날도 똑같았습니다. 똑같은 여자가 똑같은 표정으로 말이죠. 다른 점이 있다면 그날은 가슴에 이름표를 달고 있더군요. 나는 활짝 웃으면서 '안녕, 유니스?' 하면서 내 주문을 말했습니다. 그러자 그녀는 저울에 달아보지도 않고 햄을 건네주면서 상추 이파리석 장에다 포테이토칩도 접시가 넘칠 정도로 가득 담아주었습니다."

사람들이 당신을 좋아하게 만드는 방법 3
상대방의 이름을 불러줘라.

4장
남의 말을 잘 들어주는 사람이 되어라

얼마 전에 나는 한 브리지(카드놀이의 일종) 모임에 초대되었다. 나는 브리지를 할 줄 몰랐는데, 나처럼 브리지를 하지 못하는 금발의 부인이 그곳에 있었다. 그 부인은 내가 라디오 방송계에 진출하기 이전의 로웰 토머스의 매니저로 있으면서 함께 유럽 여행을 다녔다는 사실을 알고 있었다.

"카네기 씨, 당신이 여행한 멋진 장소와 아름다운 경치에 대해 이야기해주세요."

그렇게 해서 나와 그녀는 나란히 소파에 앉게 되었고, 부인은 자기 부부가 최근에 아프리카 여행을 하고 돌아왔다고 말했다.

"아프리카라고요!"

나는 큰 소리로 말했다.

"그것 참 굉장했겠네요! 저는 항상 아프리카에 가보는 것이 꿈이었어요. 그런데 아프리카에 가본 적이라곤 언젠가 알제리에서 하룻밤 잔 것이 전부입니다. 정말 맹수들이 우글거리는 것도 봤습니까? 보셨다고요? 아, 정말 대단했겠네요! 너무 부럽습니다. 저한테 아프리카 얘기를 들려주시겠어요?"

부인은 그 후 한 시간 가까이 나에게 아프리카 이야기를 들려주었다. 단 한 번도 내가 가본 유럽 여행담이나 경치에 대해서는 언급하지 않았다. 부인이 정작 원했던 것은 자기 이야기에 귀 기울여주고 자신에게 관심을 보여줄 단 한 명의 청중이었던 것이다. 이 부인이 과연 이상한 사람일까? 결코 아니다. 지극히 평범한 여성이다. 많은 사람들이 이 부인과 비슷한 행동을 취한다.

또 한번은, 뉴욕의 한 출판인이 주최한 만찬회장에서 유명한 식물학자를 만났다. 나는 그 사람을 그날 처음 보았다. 하지만 난생처음 식물학자를 만난 나는 그의 이야기에 흠뻑 매료되었다. 마취제로 쓰이는 대마 이야기며 이국적인 풍취의 식물들, 새 품종을 개량하기 위한 실험과 실내정원 등에 대해서 얘기하는 동안 나는 넋을 잃고 듣고 있었다. 마침 우리 집에도 작은 실내정원이 있었는데, 그의 이야기를 들으니 정원에 관련한 몇 가지 문제점들도 해결할 수 있을 것 같았다.

그 만찬회장에는 우리 말고도 10여 명의 손님들이 있었지만, 나는 다른 손님을 제쳐놓고 몇 시간 동안 그 식물학자하고만 이야기를 나누었다. 그리고 밤이 꽤 깊어서야 나는 모든 손님들과 작별인사를 하고 그곳을 떠났다.

그 후 그 식물학자는 그날 밤의 주인에게 나에 대해 약간의 칭찬하는 말을 남겼다. 나를 매우 흥미 있는 사람이라고 말하고, 자신이 지금까지 만난 사람 중에서 내가 가장 말주변이 좋은 사람이라고 말한 것이다.

말주변이 좋은 사람이라니? 나는 정말 어이가 없었다. 실제로 나는 거의 아무 말도 하지 않았다. 아니, 식물에 관해서는 거의 아는 것이 없었으니 화제를 바꾸지 않고는 딱히 뭐라고 할 이야기가 없었던 것이다. 그러나 한 가지만은 정말 열심히 했다. 사뭇 진지한 태도로 그의 이야기를 들어준 것이다. 진심으로 흥미를 느꼈기 때문에 최대한 관심을 갖고 들어주었다. 그리고 그 식물학자도 그것을 알고 있었다. 그래서 우리의 긴 대화가 전혀 지루하지 않고 즐거울 수 있었다. 이렇게 상대방의 말을 잘 들어주는 경청의 태도야말로 우리가 그 사람에게 보여줄 수 있는 최고의 찬사인 것이다.

잭 우드퍼드는 《사랑의 이방인》에 이렇게 썼다.

"어떤 칭찬에도 흔들리지 않는 사람이라도 자신의 이야기에 마음을 빼앗기는 상대방에게는 마음이 쏠린다."

나는 식물학자의 이야기를 열중해서 들은 정도가 아니라 완전히 빠져들었다. 나는 그 사람에게 이야기가 굉장히 재미있었고, 새롭게 알게 된 것이 많았다고 말했으며, 또 실제로도 그랬다. 나는 또 그처럼 많은 지식을 갖고 싶다고 했고, 실제로 그렇게 생각했다. 또 그와 함께 들판을 탐색해보고 싶다고 했고, 진심으로 그렇게 생각했다. 나는 그를 꼭 다시 만나고 싶다고 말했고, 또 그렇게 되었다. 그래서 실제로는 계속 듣기만 하고 다음 말을 독려했을 뿐인데도 그에게 나를 말주변이 좋은 사람이라고 믿게 만들었다.

비즈니스 상담을 성공으로 이끄는 비결은 무엇일까? 하버드 대학 총장이었던 찰스 W. 엘리엇 박사는 이렇게 말했다.

"성공적인 사업 상담에 대한 특별한 비결은 없다. 당신에게 말하고 있는 사람에게 주의를 집중하는 것이 무엇보다 중요하다. 상대방이 하는 말을 열심히 들어주는 것이다. 그것보다 상대방을 기분 좋게 만드는 것도 없다."

사실은 엘리엇 자신이 남의 말을 경청하기로 소문난 명수였다. 작가인 헨리 제임스는 이렇게 회상했다.

"엘리엇 박사의 경청하는 태도는 단순한 침묵이 아니라 활동의 일종이었습니다. 허리를 똑바로 펴고 꼿꼿이 앉아 양손을 무릎 위에 포개 잡고 깍지를 낀 엄지손가락을 천천히 또는 빠르게 원을 그리듯 움직이는 것 외에는 아무런 동작도 하지 않은 채, 박사는 말하는 사람을 마주보고서 귀뿐만 아니라 눈으로도 얘기를 듣는 것처럼 보였습니다. 그분은 마음으로 상대방의 이야기를 들었고, 말하는 사람이 말하고 싶은 것을 충분히 말할 수 있도록 세심한 주의를 기울였습니다. 그래서 면담이 끝날 때쯤이면 그분과 얘기한 사람은 자신이 하고 싶은 말을 다 했다고 느끼게 됩니다."

사실 이것은 지극히 당연한 일이며 누구나 다 알고 있는 사실이다. 그러나 비싼 점포를 얻고 좋은 상품으로 쇼윈도를 멋지게 장식하고 광고에 수백 달러를 들이는 사장이 어떤 종업원들을 데리고 있는가? 고객의 목소리에 귀 기울이지 않고, 고객의 말을 가로막고 툭하면 반박하여 실랑이를 벌이고, 짜증나게 만들어서 결국엔 그 고객을 쫓아내고 마는 점원들을 태연하게 고용하고 있지 않은가?

다음은 우리 화술 강좌에 참석한 J. C. 우튼이 들려준 경험담이다.

우튼은 뉴저지주 뉴어크시의 한 백화점에서 양복 한 벌을 샀다. 그런데 집에 와서 보니 양복이 영 신통치가 않았다. 정장 상의에서 물이 빠져 와이셔츠 깃에 얼룩이 진 것이다.

그는 양복을 들고 백화점에 가서 물건을 판매한 직원에게 전후 사정을 이야기하려고 했다. 하지만 그 점원은 그의 말을 가로막았다.

"우리 백화점은 지금까지 똑같은 양복을 수천 벌이나 팔았습니다. 하지만 불평을 하시는 분은 고객께서 처음입니다."

점잖게 표현한 것이지만 그 점원의 속내는 마치 '거짓말하지 마라. 내가 너 따위 놈에게 속을 것 같으냐!'라고 말하는 것만 같았다.

둘이 티격태격하고 있을 때 또 한 명의 점원이 다가왔다.

"검정색 양복은 처음에 다 조금씩 물이 빠집니다. 그 가격대 제품은 어쩔 수가 없어요. 염색 공정상의 문제니까요."

이렇게 되자 우튼은 더 이상 참을 수가 없게 되었다. 첫 번째 점원은 우튼이 거짓말을 한다고 의심했고, 그다음의 점원은 싸구려 옷을 샀기 때문에 어쩔 수 없다고 했다. 우튼은 너무 화가 나서 당장 옷을 집어던지고 한바탕 욕을 퍼붓고 싶었다. 그런데 바로 그때 백화점 지배인이 나타났다.

그 지배인은 객장 영업의 중요성을 아는 사람인 듯 단번에 우튼의 기분을 풀어주었다. 화내는 사람을 단번에 만족해하는 고객으로 바꿔놓은 것이다. 그 지배인이 취한 조치는 다음의 세 가지였다.

첫째, 그는 우튼의 이야기를 끝까지 들어주었다. 둘째, 우튼의 이야기가 끝나고 점원들이 자신들의 의견을 말할 때 그는 우튼의 편에 서서 그들에게 말했다. 와이셔츠 깃은 분명히 정장 때문에 얼룩졌음을 지적했고, 백화점에서는 고객이 100퍼센트 만족하지 않는 제품을 팔면 안 된다고 주장했다. 셋째, 우튼에게 자신들의 제품에 그런 결함이 있는 줄은 미처 몰랐다고 잘못을 시인했다. 그러고는 이렇게 물어보았다.

"손님, 양복은 어떻게 할까요? 저흰 고객님의 의견대로 조치하겠습니다."

우튼은 방금 전까지만 해도 그 정장을 반품할 생각이었다. 하지만 이렇게 말하고 말았다.

"한 가지 궁금한데, 이 물 빠짐 현상이 일시적인 게 확실하죠? 혹시 방지할 방법이 있으면 알려주시겠어요?"

지배인은 일주일만 더 입어볼 것을 권하면서 이렇게 말했다.

"그래도 이상이 있으면 그때 다시 돌려주십시오. 손님 마음에 드는 것으로 바꿔드리겠습니다. 아무튼 여러모로 번거롭게 해드려서 정말 죄송합니다."

지배인의 말을 듣고 우튼은 흡족한 마음으로 그 백화점을 나섰다. 일주일 뒤에는 정말 물이 빠지지 않았고, 그 백화점에 대한 우튼의 신뢰도 완전히 회복되었다.

그 지배인은 판매자의 자격을 갖춘 사람이었다. 그가 백화점 사장이 되었다고 해도 그리 놀랄 일은 아니다. 그에 비해 두 점원은 마음가짐을 달리하지 않는 한 평생 말단 직원으로 머물 것이 분명하다. 아니, 어쩌면 고객과 대면할 일이 전혀 없는 포장 파트 같은 곳으로 옮기게 될지도 모른다.

아주 사소한 일에도 발끈해서 목소리를 높이는 사람이 있다. 그중에는 상습적인 불평분자나 유난히 까다로운 사람도 있지만, 대개는 역지사지의 입장에서 참을성 있게 이야기를 들어주다 보면 점차 유순해지고 성질도 가라앉는 법이다.

몇 년 전에는 이런 일도 있었다. 뉴욕 전화회사는 거친 욕을 해대는 한 포악한 가입자와 갈등을 겪고 있었다. 그 사람은 전화에 대고 고함을 지르며 차마 듣기 민망한 욕설도 주저하지 않았다. 심지어는 전화선을 몽땅 잘라버리겠다고 협박했고, 요금 청구도 잘못됐다며 납부를 거부했다. 신문사에 투서를 하고 공공사업위원회에 수많은 불만을 접수시켰으며, 이미 전화회사를 상대로 몇 건의 소송도 제기해놓은 상태였다.

결국 전화회사 직원 중에서 분쟁 해결 솜씨가 좋은 사람이 그를 만나보기로 했다. 그 분쟁조정 전문가는 잠자코 얘기를 들어주면서 상대방으로 하여금 비난에 가까운 장광설을 충분히 늘어놓게 했다. 더러는 그의 주장이 맞는다는 듯이 고개를 끄덕이면서 그 불만에 동조해주었다. 그 직원은 나중에 우리 강연회에 나와서 이렇게 말했다.

"그 사람은 계속해서 고함을 지르고 화를 냈습니다. 저는 거의 세 시간이나 묵묵히 들어주기만 했습니다. 그다음에도 나는 그를 찾아가서 몇 시간이고 그가 욕하는 것을 듣기만 했습니다. 나는 그를 네 번이나 만나러 갔는데, 네 번째 면담이 끝나기 전에 나는 그가 시작하는 모임의 회원이 되어 있었습니다. 바로 '전화가입자보호협회'라는 것이었지요. 저는 지금도 그 모임의 회원이고, 제가 아는 한 그 사람을 빼고는 아마 제가 유일한 회원일 것입니다."

그 직원이 말을 이었다.

"저는 면담을 진행하는 내내 상대방의 이야기를 그의 입장에서 들어주었습니다. 그는 이전에는 그런 태도를 보인 전화국 직원을 만난 적이 없었지요. 그래서 차츰 우호적인 태도를 보이기 시작했습니다. 나는 네 번이나 그를 만났지만 맨 처음을 빼고는 그를 찾아간 목적을 말하지 않았습니다. 두 번째, 세 번째도 일절 언급하지 않았습니다. 하지만 네 번째 그를 찾아갔을 때 목적을 달성했습니다. 그가 밀린 전화요금을 모두 납부해주었고, 공공사업위원회에 재기했던 소송도 자진해서 모두 취하했지요."

이 껄끄러운 상대는 자기 자신을 가혹한 착취로부터 시민권을 방어하는 성스러운 십자군으로 여겼을 것이다. 그러나 현실에서 그가 원했던 것은 자신이 중요한 사람이라는 존재감이었다. 그는 처음에 불평불만을 늘어놓음으로

써 그런 기분을 느꼈다. 그러나 자신을 찾아온 회사의 대표자가 자신의 존재
감을 인정하고 있다고 느끼자 그의 상상 속 불만들도 눈 녹듯이 사라지고 만
것이다.

데트머 모직회사가 창립된 지 얼마 안 되었을 때, 거래처의 한 젊은 사장이
줄리언 F. 데트머의 사무실로 찾아왔다.

"그 고객은 우리 회사에 15달러의 외상이 있었습니다."

데트머 사장은 당시의 일을 이렇게 이야기했다.

"그 사람은 부인했지만, 우리는 그가 착각하고 있다고 확신했기 때문에 계
속 독촉장을 보냈던 것이죠. 그런데 오히려 그가 화를 참지 못하고 시카고의
사무실까지 찾아온 것입니다. 그는 절대 그 돈을 지불할 수 없고, 우리와는 더
이상 거래하지 않겠다고 큰소리쳤습니다. 나는 처음부터 끝까지 그가 하는 말
을 묵묵히 듣기만 했습니다. 도중에 몇 번이고 반박을 할까 했지만 좋은 방법
은 아니라고 생각했지요. 그 사람이 자기 할 말을 모두 퍼붓고 나서, 다소나마
안정된 분위기가 되었을 때 내가 조용히 입을 열었습니다."

데트머 사장이 그 젊은 사장에게 말했다.

"그런 일로 멀리 이곳 시카고까지 와주셔서 고맙습니다. 당신은 참 좋은 말
씀을 해주셨습니다. 만약 우리 담당직원이 그렇게 폐를 끼쳤다면, 다른 고객
분들한테도 비슷한 실수를 범하고 있는지 모르겠군요. 정말 큰일입니다. 당
장 우리 쪽에서 먼저 알아봐야 할 문제입니다."

그 젊은 사장은 데트머 사장한테서 그런 말을 들으리라곤 상상도 하지 못했
다. 한바탕 난리라도 쳐서 화풀이를 하기 위해 달려왔다가 오히려 고맙다는
말을 듣고는 적잖이 누그러지고 말았다.

데트머 사장이 한결 너그러운 표정으로 말했다.

"그깟 몇 푼 안 되는 돈은 장부에서 지워버리면 그만입니다. 우리 사무실 직원들은 수천 개의 거래처 계산서를 취급하고 있습니다. 당신은 굉장히 꼼꼼한 편이고, 청구서도 저희 것만을 취급하니 아무래도 우리 쪽에 착오가 있었던 것 같군요."

데트머 사장은 그의 입장을 충분히 이해하고, 만일 똑같은 처지였다면 자신도 그런 말을 했을 것이라고 말했다. 또 더 이상 거래를 하지 않겠다고 했으므로 그에게 몇몇 다른 모직회사를 추천해주기까지 했다. 그리고 멀리서 오셨으니 점심식사나 같이 하자고 제안했다. 젊은 사장은 매우 계면쩍어하면서도 순순히 응해주었다.

점심식사를 하고 나서 사무실까지 따라온 그는 이전보다 훨씬 많은 양의 제품을 주문했다. 그는 가벼운 발걸음으로 돌아갔고, 데트머 사장이 그랬듯이 공정하기를 원하는 마음에서 재차 서류를 검토해보다가 잘못 계산된 문제의 청구서를 찾아냈다. 그는 곧 진솔한 사과의 편지와 함께 15불짜리 소액환을 보내주었다.

"그 후 그 친구는 아들을 낳았는데, 그 아들의 미들네임을 데트머라고 했지 뭡니까? 우리 둘은 22년째 좋은 친구이고, 지금도 훌륭한 거래처 고객으로서 아주 가깝게 지내고 있습니다."

아주 오래전에 네덜란드에서 이민 온 한 소년이 방과 후 가족의 생계를 돕기 위해 주 50센트를 받고 빵집 창문을 닦고 있었다. 그의 집은 너무 가난해서 땔감을 살 돈도 없었다. 그래서 빵집 일을 마친 소년은 매일 자루를 메고 거리에 나가 석탄마차가 흘린 탄 부스러기를 주워 담았다. 그 소년 '에드워드 보크'

는 정규교육을 6년도 받지 못했지만, 훗날 굴지의 잡지사 편집자가 되었다.

에드워드 보크가 어떻게 성공했는가는 긴 이야기가 되겠지만, 그가 어떻게 출발했는가는 간단히 요약할 수 있다. 그의 출발점은 이 장에서 언급하고 있는 원칙들을 활용하는 것이었다.

13세가 된 보크는 학교를 그만두고 웨스턴 유니언 전신회사의 사환으로 취직했다. 가난 때문에 학교를 중퇴했지만 향학열만은 포기할 수 없었다. 보크는 곧 독학을 시작했다.

보크는 차비와 점심값을 아껴 저축한 돈으로 미국 유명 인사들의 전기전집을 구입했다. 그러고는 누구도 생각하지 못한 일을 시작했다. 보크는 언제나 듣는 입장이었다. 그는 유명인들의 전기를 읽고 그들의 어린 시절에 대하여 좀더 자세한 이야기를 들려달라고 그들에게 편지를 썼다.

그는 그 당시 대통령 선거에 입후보한 제임스 어브램 가필드 장군에게 편지를 써서, 젊은 시절 운하에서 배를 끄는 인부로 일한 것이 사실이냐고 물었다. 그러자 가필드한테서 즉시 답장이 왔다.

그는 또 남북전쟁 때 북군 총사령관이었던 그랜트 장군(제18대 미국 대통령)에게 편지를 써서, 어떤 전투에 관한 이야기를 해달라고 요청했다. 그랜트 장군은 지도까지 곁들여서 보크에게 답장을 했고, 어린 소년을 자기 집에 초대해서 여러 영웅담을 들려주었다.

얼마 후 웨스턴 유니언의 사환인 보크 소년은 미국의 유명인사들과 편지를 주고받는 사이가 되었다. 랠프 월도 에머슨을 비롯하여 성직자 필립스 브룩스, 법학자 올리버 웬들 홈스, 시인 헨리 롱펠로, 에이브러햄 링컨 부인, 소설가 루이자 메이 올컷, 윌리엄 셔먼 장군, 정치가 제퍼슨 데이비스 같은 인사들이었다. 그는 이들과 서신을 주고받았을 뿐만 아니라 휴가 때마다 그들을 찾아가 극진한 손님 대접을 받았다.

소년 시절의 이 경험은 그에게 엄청난 자신감을 불어넣어주었다. 그들 유명인사들은 소년의 꿈과 희망을 키워주었고 나중에는 그의 생애를 결정짓게 만들었다. 그리고 이 모든 것은 여기에서 말하는 원칙을 충실히 실행했기 때문에 가능했다.

많은 저명인사를 인터뷰한 저널리스트 아이작 F. 마커슨은 사람들이 좋은 인상을 주는 데 실패하는 것은 상대방의 얘기를 주의 깊게 들어주지 않기 때문이라고 한다.

"그들은 다음에 자신이 무슨 말을 할까에 집중한 나머지 남의 이야기는 거의 듣지도 않습니다. 하지만 중요한 지위에 있는 사람들 대부분은 말을 잘하는 사람보다는 남의 말을 잘 듣는 사람을 좋아하며, 남의 말을 경청하는 능력이야말로 다른 어떤 특성보다도 훌륭하다고 생각합니다."

남북전쟁 당시 불리한 상황에 직면해 있던 링컨 대통령은 일리노이주 스프링필드에 사는 고향 친구에게 편지를 보내 워싱턴으로 와달라고 부탁했다. 몇 가지 문제가 생겼는데 함께 의논하고 싶다고 말이다.

옛 친구가 백악관에 도착하자 링컨은 긴 시간에 걸쳐 자신이 노예해방 선언을 하는 것이 좋은지 어떤지에 대해 이야기했다. 링컨은 그것에 반대하는 움직임과 찬성하는 움직임에 대해 설명해준 다음, 자신을 비난하는 편지들과 신문기사들을 차례로 읽어주었다. 그렇게 몇 시간 동안 쉬지 않고 떠들어댄 링컨은 친구의 의견은 일절 물어보지도 않은 채 그를 돌려보냈다. 링컨은 처음부터 끝까지 혼자서만 일방적으로 이야기했는데, 그렇게 함으로써 어느 정도 기분이 좋아진 것처럼 보였다. 그 고향 친구도 똑같은 말을 했다.

"얘기를 하고 나서 얼굴이 처음보다 훨씬 밝아진 것처럼 보였습니다."

링컨은 옛 친구의 조언이나 충고를 듣고 싶었던 것이 아니었다. 그는 단지 자신의 무거운 마음을 털어놓을 수 있는 우호적이고 자기편인 사람이 필요했다.

우리도 마찬가지다. 어떤 고민이 있을 때, 곤경에 처했을 때 우리가 원하는 것은 자기 이야기를 털어놓을 수 있는 '내 편'인 것이다. 이것이 모든 화난 고객들이 원하는 것이고, 감정이 상한 친구가 원하는 것이다.

사람들로 하여금 당신을 피하고, 등 뒤에서 비웃고, 경멸하게 만들기를 원한다면 여기에 그 비결이 있다. 상대방의 말을 끝까지 듣지 말고 쉴 새 없이 당신 얘기만 떠들어대면 된다. 남이 말할 때 좋은 생각이 떠오르면 그 즉시 끊어버린다. 그리고 자기 말을 하면 된다.

세상에는 이런 유의 인간이 제법 많다는 것을 당신도 알 것이다. 불행하게도 나도 여럿 알고 있다. 더욱 놀라운 것은 그들 중 몇몇은 사회적으로 명망 높은 사람들이다. 그런 사람을 상대하는 일은 여간 지루하고 힘든 게 아니다. 자기 자신에게만 빠져 있고 자기만이 제일인 줄 아는 사람들은 정말 구제불능이다.

컬럼비아 대학의 총장을 역임한 니컬러스 머리 버틀러 박사는, "자기 자신만 생각하는 사람은 교양을 쌓을 가망이 없는 사람들이다. 이런 사람들은 아무리 교육을 받더라도 교양이 생기지 않는다."라고 단언했다.

그러므로 당신이 말을 잘하는 사람이 되려면 먼저 남의 이야기를 잘 들어주는 경청자가 돼야 한다. 그리고 관심을 끌려면 먼저 남에게 관심을 가져야 한다. 그런 다음 그 사람이 기꺼이 답해줄 수 있는 질문을 던지고, 상대방이 자신과 자신이 성취한 일에 대해 얘기하도록 이끌어야 한다.

당신이 대화를 나누고 있는 사람은 당신이나 당신의 문제보다 자신과 자신의 희망, 자신의 문제에 수백 배나 더 관심이 있다. 어떤 사람의 치통은 그 사람에게, 수백만 명을 굶어죽게 만드는 지구의 기근보다 더 긴박하고 중요한 것이다. 부디 다른 사람과 이야기할 때는 이 점을 유념하도록 하자.

사람들이 당신을 좋아하게 만드는 방법 4

상대방이 자기 이야기를 하도록 유도해라.

5장
사람들의 관심을 끄는 방법

한번은 뉴욕 8번가의 한 우체국에서 사람들 사이에 끼어 차례를 기다리고 있었다. 나는 우체국 직원의 얼굴에서 날마다 반복되는 우편물의 계량, 우표 판매, 거스름돈, 영수증 발급 등의 자질구레한 일에 짜증을 느끼고 있다고 생각했다.

'이 사람이 나에게 호감을 갖게 해보자. 그러려면 내 일이 아니라 그에 대해서 다정한 말을 건네야겠지. 그렇다면 이 사람에 대해서 내가 감탄할 일이 뭐가 있지?'

이것은 매우 어려운 문제다. 더욱이 상대가 처음 보는 사람이라면 더더욱 그럴 것이다. 그러나 나의 경우에는 다행히 그것이 난해하지 않았다. 아주 쉽게 감탄할 부분을 찾아낸 것이다. 그 직원이 저울에 내 등기우편물의 무게를 달고 있을 때 나는 이렇게 말했다.

"당신의 아름다운 머리카락, 정말 부럽군요."

깜짝 놀라 나를 쳐다보는 그의 얼굴에 얼핏 미소가 번졌다. 그가 조용히 대꾸했다.

"아닙니다. 요즘엔 많이 나빠졌는걸요."

이전에는 어땠는지 몰라도 나는 굉장히 아름답다고 진심으로 감탄했고, 그도 무척 좋아했다. 그 후에도 우리는 그 머리카락을 두고 몇 마디를 더 주고받았는데, 맨 마지막에 보인 그의 본심은 이랬다.

"실은, 많은 친구들이 그렇게 말합니다."

그 사람은 그날 여느 때보다 들뜬 기분으로 점심을 먹으로 갔고, 집에 돌아가서도 자기 아내에게 자랑했을 것이다. 혹은 거울을 들여다보면서, "역시, 난 멋져!" 하고 혼잣말을 중얼거렸을지도 모른다.

내가 언젠가 이 이야기를 들려주었을 때 누군가가 물었다.

"그때 당신은 그 사람에게서 무얼 기대하고 있었습니까?"

내가 뭘 기대하다니, 이건 무슨 소린가? 남을 칭찬하여 기쁘게 해주었으니 뭔가 대가를 원한다는 생각은 위험하다. 그런 인색한 생각을 하는 사람은 남을 기쁘게 해주기도 전에 먼저 실패하고 만다. 아니, 사실은 나도 그때 어떤 대가를 원하고 있었다. 그런데 내가 원했던 것은 돈으로는 살 수 없는 것이었다. 그리고 나는 분명히 그것을 손에 넣었다. 그의 찡그린 얼굴을 펴게 해주었지만 그에게는 아무런 부담도 주지 않았다는 홀가분한 마음이 바로 그것이다. 언제까지나 즐거운 추억으로 남을 수 있는 그런 기분 말이다.

인간의 행위에 관한 중요한 법칙이 있다. 이것을 지키면 인생사 대부분의 분쟁은 피할 수가 있다. 이것을 지키면 친구는 한없이 늘어나고 항상 행복감을 맛볼 수 있다. 그러나 이 법칙을 지키지 않는다면 끊임없는 분쟁의 소용돌이에 휘말린다. 그 법칙이란 항상 상대방으로 하여금 자신이 중요한 존재라는 인식을 갖게 하는 것이다.

앞서 언급했듯 존 듀이 교수는 중요한 인물이 되고 싶어 하는 것이 인간의 가장 뿌리 깊은 욕구라고 했다. 또 윌리엄 제임스 교수도 인간성의 근원은 남에게 인정받고 싶어 하는 욕망이라고 말했다. 이 욕망이야말로 인간을 동물과 구별 짓는 것이고 세계 문명도 이런 욕망에 의해서 진보해온 것이다.

철학자들은 인간관계의 법칙에 대하여 수천 년에 걸쳐 고민해왔다. 그래서 오직 하나의 중요한 교훈을 얻어냈다. 이것은 결코 시시한 교훈이 아니다. 인간의 역사만큼이나 오래된 것이다. 3000년 전의 페르시아 종교가 자라투스트라는 이 교훈을 자신의 교도들에게 전파했다. 중국에서는 반세기 전에 공자가 이것을 설파했다. 도가(道家)의 시조인 노자도 제자들에게 이것을 가르쳤고, 싯다르타는 그리스도보다 500년이나 앞서 갠지스 강가에서 이것을 설파했다. 물론 그보다 앞선 힌두 성전에도 이것이 언급되어 있다. 그리스도는 2000년 전에 바위산에서 같은 말로 설파했다. 이쯤 되면 가히 세상 최고의 법칙이라 할 수 있지 않을까?

비난받지 않으려면 남을 비난하지 말라.

인간은 누구나 남에게 인정받고 싶어 하고, 자신의 가치를 인정받고 싶어 한다. 작지만 자신의 세계에서는 자기가 중요한 존재라고 생각한다. 진심에서 우러난 칭찬을 듣고 싶어 한다. 찰스 슈와브가 말했듯 누구나 '진심으로 인정받고 아낌없이 칭찬받고 싶은' 것이다.

그렇다면 우리는 어떻게 해야 하는가? 이 황금률에 따라 다른 사람한테서 원하는 것을 내가 먼저 남에게 해주면 되지 않을까? 그렇다면 언제 어떤 방법으로? 내 대답은 언제 어디서든 우선 시도해보라는 것이다!

한번은 이런 일이 있었다. 어느 날 나는 라디오 시티(뉴욕의 록펠러 센터에 있는 세계적인 관광지)의 안내원에게 헨리 수벤의 사무실 번호를 물어보았다. 산뜻한 유니폼을 차려입은 안내원은 자신 있는 목소리로 말했다.

"헨리 수벤… 18층… 1816호실입니다."

그녀는 약간의 간격을 두고 또박또박 말했다. 나는 급히 승강기 쪽으로 가다가 되돌아와서 그 안내원에게 말했다.

"방금 전의 그 멘트, 참 훌륭했어요. 명료하고 정확하며 마치 예술 같았습니다. 함부로 흉내 낼 수 없겠는걸요!"

그 말을 들은 안내원은 부끄러움에 얼굴을 붉히면서도, 자신이 왜 간격을 두고 그렇게 발음했는지 그 이유를 말해주었다. 그녀는 나의 대수롭지 않은 한마디 말에 가슴이 뛰었던 것이다. 나는 승강기를 타고 18층까지 올라가면서, 내가 인류 행복의 총량을 조금이나마 늘렸다는 기분에 속으로 적잖이 뿌듯했다.

이런 '칭찬의 철학'을 외교관이나 단체의 회장이 되기 전에는 응용할 수 없다고 생각하면 안 된다. 항상 응용하면 큰 효과를 거둘 수 있는 것이다.

예를 들어 식당에서 종업원이 실수로 다른 것을 서비스했을 때, "수고스럽겠지만 난 커피보다는 홍차를 좋아합니다." 하고 정중하게 말한다면 그 사람은 기분 좋게 원하는 것으로 바꾸어줄 것이다. 상대에게 경의를 표했기 때문이다. 이렇게 정중한 마음이 담긴 언행은 일상생활에 윤활유가 되고 인간성의 아름다움을 입증하는 것이다.

또 하나의 예를 들어보자. 영국의 작가 홀 케인의 소설 《크리스천》《맨섬의 재판관》《맨섬 사람들》 중 어느 한 권이라도 읽어본 적이 있는가? 이 소설의 독자는 수백만 명이 넘는다.

작가 홀 케인은 대장장이 아들로 태어났다. 그는 학교를 8년밖에 다니지 못했지만 죽을 때는 당대 문인 중 가장 부유한 문인이 되었다.

그 출발은 이렇다. 홀 케인은 소네트나 민요를 매우 좋아해서 영국의 시인 단테 가브리엘 로세티의 시를 전부 섭렵했다. 그래서 그의 예술적 성취를 밝히는 논문을 썼고, 그 사본을 로세티에게 보냈다. 로세티는 무척 기뻐했다. 그는 아마 이렇게 혼잣말을 했을 것이다.

"이렇게 내 작품을 알아주는 청년이라면 반드시 훌륭한 인물일 거야."

그래서 로세티는 이 대장장이 아들을 런던으로 불러들여 비서로 채용했다. 그리고 이것은 홀 케인의 생애에 커다란 전기가 되었다. 홀 케인은 당대의 유명 문인들과 교류하게 되었고, 그들의 충고와 격려에 힘입어 창작이라는 새로운 항해를 시작했으며 세상에 명성을 떨칠 수 있었다.

이제 맨섬에 있는 그의 저택 그리바 캐슬은 전 세계에서 몰려든 관광객들의 성지가 되었고, 그는 200만 달러의 유산을 남겼다. 만약 그가 젊은 날에 한 유명 시인을 찬양하는 글을 쓰지 않았더라면 무명의 가난뱅이로 생을 마쳤을지도 모를 일이다.

마음에서 우러나온 참된 칭찬은 이토록 가공할 위력을 지니고 있다. 로세티는 자신을 중요한 존재로 여겼다. 그것은 결코 이상한 일이 아니다. 거의 모든 사람이 자기 자신을 매우 중요한 존재로 여기기 때문이다.

전 세계의 모든 국가 또한 개인과 마찬가지다. 미국 백인들 중에는 동양인에 대해 우월감을 가지는 사람들이 많다. 또 백인 남성이 일본 여자와 춤을 추고 있는 것을 보고 화를 내는 보수적인 일본인도 많다. 일본인도 미국인 못지않게 우월감을 갖고 있기 때문이다. 또 힌두교도들은 음식에 이교도의 그림자가 닿으면 부정 탔다고 해서 손도 대지 않는다. 에스키모는 백인을 좋게 생각할까? 에스키모 사회에도 부랑자는 있다. 그들은 그런 게으름뱅이, 쓸모없는 인간을 '백인 같은 인간'이라고 욕한다. 이렇듯 어느 나라 국민이라도 자신들이 다른 나라 사람보다 잘나고 우수하다고 믿고 있다. 이것이 애국심을 낳고 전쟁까지도 일으키는 것이다.

사실 우리가 만나는 사람들 대부분이 저마다 자신이 상대보다 어떤 면에서 우월하다고 느낀다. 따라서 상대의 마음을 사로잡는 확실한 방법은 당신이 그들의 중요성을 진심으로 인정하고 있다는 사실을 은연중에 깨닫게 하는 것이다.

에머슨이 말한, "어떤 사람이든 나보다 훌륭한 점을 갖고 있기 때문에 나는 그 점을 본받으려고 노력한다."는 말을 기억하자.

유감스럽게도 성취감을 느낄 이유가 전혀 없는 사람들이 남에게 불쾌감과 혐오감을 주는 발언과 요란하고 우쭐대는 행동으로 자신의 열등감을 해소하려는 경우가 허다하다. 셰익스피어는 이렇게 표현했다.

"오만불손한 인간이여! 알량한 재주를 가지고 천사까지 속여 넘길 속임수를 쓰고 있구나!"

이제부터 내 강좌를 듣고 이러한 원칙들을 실생활에 적용하여 놀라운 성과를 거둔 사업가 세 명의 사례를 들려주려고 한다. 먼저 코네티컷에 살고 있는 변호사 R의 이야기다. (그가 익명을 요구했다.)

R은 강좌에 참석한 지 얼마 안 되어 부인과 함께 롱아일랜드에 있는 아내의

친척집을 방문했다. 나이 많은 숙모 댁에 도착하자 아내는 남편을 숙모의 말 벗으로 남겨두고 자기는 또 다른 친척집으로 가버렸다. R은 강좌에서 칭찬의 원리를 실험한 결과를 발표하기로 되어 있었으므로 먼저 이 노부인을 칭찬하는 것부터 시작해야겠다고 생각했다. 그래서 자신이 진심으로 감탄할 만한 것이 없을까 하고 집 안을 둘러보았다.

"이 집은 1890년경에 지어졌다죠?"

숙모가 대답했다.

"그렇지. 이 집을 지은 게 그해였지."

"이 집을 보면 제가 태어난 집이 생각납니다. 아름답고 여간 잘 지은 집이 아닙니다. 게다가 널찍널찍하고…. 요즘엔 집을 이렇게 안 짓거든요."

그 말에 숙모는 반색을 하며 맞장구를 쳤다.

"그렇고말고! 요즘 젊은이들은 도무지 아름다운 집에는 관심이 없어. 좁고 답답한 아파트에 냉장고만 있으면 그만이잖아. 차 타고 놀러 나가서 집에 붙어 있질 않으니까 말이야."

지난날을 회상하듯 그녀의 목소리에는 그리움이 서려 있었다.

"이 집은 내 꿈의 보금자리인 셈이지. 사랑이 깃들어 있거든. 나는 남편과 집을 짓기 훨씬 전부터 머릿속으로 수없이 그려보았지. 그래서 설계도 건축가의 손을 빌리지 않고 우리가 직접 했다네."

숙모는 R을 안내하여 집구경도 시켜주었다. 숙모가 여기저기 여행하면서 사들여 평생 소중하게 간직해온 아름다운 기념품들을 본 R은 진심으로 감탄했다. 스코틀랜드의 페이즐리 무늬가 있는 숄과 오래된 영국제 찻잔 세트, 웨지우드의 도자기, 프랑스풍 침대와 의자, 이탈리아 그림, 한때 프랑스의 어떤 성에 걸렸다던 비단 커튼을 보고 진심 어린 찬사를 보냈다.

집구경을 마치자 숙모는 R을 차고로 안내했다. 그곳에는 새것이나 다름없는 패커드 한 대가 벽돌로 받쳐져 있었다. 숙모가 그것을 가리키며 부드러운 목소리로 말했다.

"남편이 세상을 떠나기 전에 이 차를 구입했는데, 남편이 죽은 뒤에는 한 번도 타지 않았어…. 자네는 안목이 있는 사람이야. 그래서 이 차를 자네한테 주고 싶네."

그 말에 R이 깜짝 놀라며 두 손을 내저었다.

"뭐라고요? 숙모님, 그건 곤란해요. 아, 물론 호의는 감사하지만 저는 이 차를 받을 수 없습니다. 저는 숙모님과 피 한 방울 섞이지 않았는걸요. 저한테는 새 차가 있기도 하고 숙모님 친척 중에도 이 패커드를 원하는 사람이 많을 텐데요?"

"흥, 친척은 무슨!"

갑자기 숙모의 목소리가 높아졌다.

"친척들이야 있지! 이 차를 차지하고 싶어서 내가 하루 빨리 죽길 원하는 친척들 말이야! 하지만 난 그런 놈들한텐 주지 않겠어!"

"친척들한테 물려주고 싶지 않으시면 중고로 팔면 되지 않겠어요?"

숙모가 펄쩍 뛰었다.

"차를 팔라고? 자넨 내가 이 차를 팔 것 같은가? 생판 모르는 남이 이 차를 몰고 거리를 오가는 모습을 내가 눈을 뜨고 볼 수 있을 것 같냐고! 남편이 생전에 날 위해 선물한 차야. 남에게 판다는 건 상상도 할 수 없는 일이야. 난 자네에게 주고 싶어. 자넨 아름다운 물건의 가치를 아는 사람이거든!"

R은 어떻게든지 그녀의 마음을 상하지 않게 거절하려고 노력했지만 소용없었다. 커다란 저택에 덩그러니 홀로 남겨져서 아름다웠던 시절만을 회상하

며 살아온 숙모는 타인의 관심에 굶주려 있었다. 그녀에게도 젊고 아름다웠던 전성기가 있었다. 사랑의 보금자리를 마련하고 멋진 장식품으로 집 안을 장식하던 아름다운 시절이었다. 그러나 이제는 다 늙어서 외로움에 시달리다 보니 사소한 관심이나 칭찬에도 큰 감명을 받게 되었다. 더군다나 주변에 그렇게 해주는 사람이 없을 때는 더욱 고맙고 소중히 느껴지는 모양이었다. 사막에서 오아시스를 만난 것처럼 마침내 그 갈증이 해소되자, 그녀는 자신이 가장 아끼는 패커드를 선뜻 내어주고 싶어졌던 것이다.

다음은 도널드 M. 맥마흔의 이야기다. 뉴욕주 라이에 있는 루이스앤밸런타인 조경회사의 관리자인 맥마흔은 내 강의 '사람을 다루는 비결'을 듣고 얼마 안 되어 어느 유명 판사의 집에서 정원 일을 하게 되었다.

집주인이 정원에 나와서 맥마흔에게 석류와 철쭉꽃 심을 장소를 정해주었다. 맥마흔이 그에게 말했다.

"선생님은 참 좋으시겠어요. 집에 훌륭한 개들을 키우고 계시니까요. 매디슨 스퀘어 가든에서 열린 도그쇼에서 최우수상을 탔다는 말을 들었습니다."

"아니, 그걸 어떻게 알아요?"

맥마흔은 그 작은 관심에 대한 집주인의 반응을 보고 깜짝 놀랐다. 주인이 아주 기쁜 듯이 말했다.

"정말 대단한 기쁨이죠. 개를 좀 안다면, 우리 개장을 한번 구경해보겠소?"

그는 그 후 한 시간 넘게 자랑스러운 개들과 거실의 수많은 상패들을 차례로 맥마흔에게 구경시키고, 혈통서까지 내보이면서 개의 우열을 구별하는 혈통에 대해 설명해주었다. 그리고 마지막에는 이렇게 물어보았다.

"자네 집에는 사내아이가 있나?"

"한 놈 있습니다."

"그 아이가 개를 좋아하는가?"

"그럼요. 개라면 죽고 못 살죠."

"좋아! 그럼 내 자네 아들한테 강아지 한 마리 선물하지!"

그러면서 강아지 돌보는 법을 설명하다가, "말로는 잊어버리기 쉬우니까 종이에 적어주지." 하고는 거실로 들어갔다. 그리고 잠시 후 혈통서와 사육법을 타이핑한 종이와 함께, 100달러나 하는 강아지 한 마리를 맥마흔에게 주었다. 그 사람의 취미와 키우는 개에 대해 진심 어린 칭찬을 해준 고마운 마음에 대한 답례품이었다.

코닥 사진기를 발명한 조지 이스트먼은 롤필름을 대중화하여 거부의 반열에 오른 실업가다. 이렇게 큰 업적을 이룬 사람도 우리 일반인처럼 작은 칭찬에도 크게 감동한다.

아주 오래전, 그가 로체스터에 음악학교와 자기 모친을 기념하는 킬번 홀을 지을 때의 일이다. 그때 뉴욕 슈퍼리어 의자회사의 사장인 제임스 애덤슨은 두 건물에 들어갈 극장 좌석의 납품 계약을 따내고 싶었다. 애덤슨 사장은 곧 건축가에게 전화를 해서 로체스터에서 이스트먼과 만날 약속을 잡았다.

먼저 나온 건축가가 애덤슨 사장에게 말했다.

"당신이 이번 주문을 따내고 싶으면 이스트먼 씨의 시간을 5분 이상 뺏으면 안 됩니다. 만약 그 시간을 경과하면 수주 가능성은 제로라고 보면 됩니다. 이스트먼 씨는 여간 까다로운 사람이 아니고 또 굉장히 바쁜 분이니까요. 최대한 상담을 빨리 끝내셔야 합니다."

애덤슨 사장은 그렇게 하겠노라 다짐했다.

방으로 안내되었을 때 이스트먼 씨는 책상에 앉아서 산더미 같은 서류를 보고 있었다. 그가 안경을 벗고 건축가와 애덤슨 사장에게 다가왔다.

"다들 안녕하시오. 그런데 용건은?"

건축가가 용건을 말하면서 이스트먼에게 애덤슨 사장을 소개했다.

애덤슨이 정중한 어조로 말했다.

"저는 밖에서 기다리는 동안 사무실을 구경했는데 감탄이 절로 나오더군요. 이런 좋은 사무실에서라면 일하는 것이 즐겁겠다고 생각했을 정도였습니다. 저도 실내장식에 몸담고 있는 몸이지만 지금껏 이렇게 아름다운 사무실은 보지 못했습니다."

조지 이스트먼이 대답했다.

"그렇게 말하니까 이 사무실을 지을 때가 생각나는군요. 이만하면 정말 멋진 사무실이지요. 그땐 나도 무척이나 자랑스러웠습니다만, 요즘은 일에 쫓기고 바쁘다 보니 오랫동안 잊고 있었군요."

애덤슨이 벽에 붙은 판자를 쓰다듬으며 말했다.

"이건 영국산 떡갈나무군요. 이탈리아산 떡갈나무와는 무늬가 많이 다르지요."

"그렇소. 영국에서 수입한 것입니다. 목재에 대해 잘 아는 친구가 날 위해 특별히 골라준 것이지요."

잠시 후 이스트먼이 애덤슨에게 사무실을 구경시켜주면서 전체적인 균형이나 도색 부분, 손으로 조각한 부분을 포함하여 자신이 직접 설계와 시공에 참여한 부분에 대해서 이런저런 이야기를 들려주었다.

두 사람은 꼼꼼하게 신경 쓴 이곳저곳을 둘러보다가 창문 앞에 멈춰 섰다. 조지 이스트먼은 겸손하고 차분한 목소리로 자신이 사회 환원의 일환으로 후

원하고 있는 몇몇 기관에 대해 말했다. 로체스터 대학교, 종합병원, 동종요법 병원, 요양병원, 아동병원의 이름을 언급했다. 애덤슨은 불우한 이웃의 고통을 덜어주기 위해 자신의 부를 나누려는 그의 훌륭한 인생관에 깊은 존경과 진심 어린 찬사를 보냈다.

이스트먼이 유리 진열관을 열더니 자신이 난생처음 가졌던 사진기를 꺼내 보였다. 그 사진기는 어느 영국인에게서 사들인 발명품이라고 했다.

애덤슨은 이스트먼에게 사업 초창기에 부딪혔던 난관들에 대해 이것저것 자세히 물어보았다. 이스트먼은 가난했던 어린 시절을 회상하면서 홀어머니가 싸구려 하숙을 쳤고, 자기는 50센트를 받으며 한 보험회사에서 일하던 시절을 실감나게 이야기했다. 그는 어떻게든 가난을 뿌리치고 어머니를 하숙의 중노동에서 해방시켜드리고 싶었다.

이스트먼은 건판(乾板)을 가지고 했던 실험 이야기도 들려주었다. 낮에는 보험회사 사무실에서 일하면서 밤을 새워가며 실험을 했는데, 잠은 약품이 화학작용을 일으키는 동안 쪽잠을 잤고, 어떤 때는 72시간 동안 옷도 갈아입지 못한 채 일했다는 말도 들려주었다.

제임스 애덤슨이 처음 이스트먼을 만난 것은 10시 15분, 그는 처음에 5분을 넘기지 말라는 말을 들었다. 그러나 이미 두 시간이 넘게 흘렀고, 이스트먼의 이야기는 끊일 줄 몰랐다.

"지난번 일본에 갔을 때 의자 몇 개를 사다가 집 베란다에 놓았습니다. 그런데 햇볕에 페인트가 벗겨져서 보기 흉하지 뭡니까? 그래서 일전에 시내에서 페인트를 사다가 직접 칠을 했는데, 어떻습니까? 내 페인트칠 솜씨가 어떤지 한번 봐주시겠습니까?"

"물론이지요."

"그럼 우리 집에 가서 같이 점심을 먹고 보여드리지요."

두 사람은 점심식사를 함께 했고, 이스트먼이 그 의자를 보여주었다. 1달러 50센트짜리 평범한 의자로 억만장자에게 어울릴 만한 물건은 아니었지만 그는 자신이 직접 페인트칠을 했다는 사실을 자랑하고 싶었던 것이다.

새로 짓는 두 건물에 납품한 좌석의 수주 금액은 9만 달러에 달했지만, 제임스 애덤슨 사장은 그 부분에 대해서는 단 한마디도 언급할 필요가 없었다. 그날의 만남 이후 이스트먼이 죽을 때까지 두 사람은 가장 가까운 친구가 되었다.

나는 '칭찬의 법칙'을 무엇보다 먼저 자신의 가정에서 실천해볼 것을 권한다. 칭찬을 가정보다 필요로 하는 곳이 없고, 그만큼 우리가 등한시해왔기 때문이다. 어느 누구의 아내이든 그녀에게는 반드시 좋은 점이 있기 마련이다. 적어도 그 집 남편은 그 점을 알고 있기에 결혼했다. 그럼에도 남편들은 이제 자기 아내한테는 아무런 찬사도 해주지 않고 있다!

오래전에 나는 뉴브런즈윅주에 있는 미러미시강 상류로 낚시를 간 일이 있었다. 캐나다의 깊은 산림 속으로 들어가 캠프를 쳤다. 외딴 야영지에는 오직 나뿐이었고 읽을거리라곤 지역신문밖에 없었다. 신문을 펼쳐들고 작은 광고까지 몽땅 다 읽었는데, 그중에 도로시 딕스 여사가 쓴 기사가 눈에 띄었다. 우연히 마주친 그 글이 마음에 쏙 들었다. 그래서 나는 지금도 보관하고 있다.

기사에 따르면, 여사는 신부에게 하는 충고는 귀에 못이 박이도록 들었지만, 새신랑에게는 그런 것이 없으니 다음과 같은 충고를 해야 한다고 말했다.

남자는 칭찬을 자연스럽게 할 수 있을 때까지 절대 결혼해서는 안 된다. 독신일 경우에는 여성을 칭찬하든 말든 상관없지만, 일단 결혼한 이상 상대를 칭찬해주는 것이 필수적이다. 이것은 자신을 위해서라도 반드시 필요하다.

솔직한 말은 절대 삼가야 한다. 결혼생활은 일종의 외교의 장이다. 하루하루 호강을 누리고 싶다면 절대로 아내의 살림솜씨에 트집을 잡거나 자기 어머니와 비교해서도 안 된다. 이와 입에 침이 마르도록 아내의 살림솜씨를 칭찬하고 현모양처의 아름다운 여성과 결혼한 행운에 감사해야 한다. 스테이크가 가죽처럼 질기고 토스트가 숯처럼 타버려도 결코 불평해서는 안 된다. 불만이 있더라도 "오늘은 어제보다 좀 덜 익었군." 하는 정도에서 멈춰라. 그러면 아내는 분명히 남편의 기대에 보답하고자 노력할 것이다.

하루아침에 태도를 바꾸지는 마라. 아무래도 아내가 이상하게 생각할 테니까. 대신 오늘 밤이나 내일 밤에 아내에게 꽃이나 초콜릿 상자를 선물하는 것이 좋을 것이다. "하긴 해야겠는데…" 하고 말만 하지 말고 당장 실천해라. 또한 선물을 줄 때는 미소와 애정이 담긴 따뜻한 말 한마디를 곁들여라.

여자를 사랑하는 법이 궁금한가?

도로시 여사는 언젠가 교도소를 방문하여 무려 스물세 명이나 되는 여자들을 유혹하고 돈을 갈취한 사기꾼과 인터뷰한 일이 있었다. 여자들에게 사랑받는 비법에 대한 그 사기꾼의 답변은 이랬다.

"별로 어려운 일은 아닙니다. 상대에 관해서만 이야기하면 되거든요."

사람들이 당신을 좋아하게 만드는 방법 5
상대방이 인정받고 있음을 느끼게 하라.

Part 3
상대방을
설득하는
12가지 방법

1장
가급적 논쟁은 피하라

제1차 세계대전 직후 런던에 머물고 있던 나는 한 가지 소중한 교훈을 얻었다.

당시 나는 로스 스미스 경의 매니저였다. 그는 전시에 팔레스타인에서 맹활약을 펼친 호주 출신의 조종사로, 종전 후 30일 동안 세계의 절반을 비행하여 전 세계를 깜짝 놀라게 한 인물이다. 이는 일찍이 아무도 시도해보지 않은 위업으로서 큰 화제를 불러일으켰다. 호주 정부는 스미스 경에게 5만 달러의 상금을 수여했고 영국 국왕은 기사 작위를 수여했다.

어느 날 나는 그를 위해 마련한 만찬장에 참석했는데, 그때 내 옆에 앉은 한 사람이 "인간이 대충해두면 그 뒤는 신이 완성한다."는 말을 하면서, 이 말이 성경에 나오는 말이라고 했다. 하지만 그 말의 정확한 출처를 알고 있던 나는 그냥 넘어갈 수 없었다. 그래서 함부로 그의 오류를 지적하고 말았다.

"그 말이 셰익스피어의 문구라고요? 절대 그럴 리가 없어요!"

"틀림없다니까!"

남자는 자신의 오류를 인정하지 않고 핏대를 올렸다.

그때 그 남자는 내 오른쪽에 있었고, 왼쪽에는 내 오랜 친구인 프랭크 가몬드가 앉아 있었다. 마침 그 친구는 오랫동안 셰익스피어를 연구해왔기 때문에 나는 가몬드의 의견을 들어보기로 했다. 그런데 가몬드는 테이블 밑으로 내 발을 툭툭 차면서 이렇게 말했다.

"데일, 자네가 틀렸네. 저 신사분 말이 맞아. 그 말은 성경에 나온 말일세."

그날 연회를 마치고 귀가하는 길에 나는 그 친구에게 따졌다.

"프랭크, 대체 어찌 된 일인가? 그건 셰익스피어의 〈햄릿〉에 나오는 문장이 틀림없네. 자네도 잘 알 텐데?"

가몬드가 말했다.

"물론 〈햄릿〉의 5막 2장에 나오는 말이지. 하지만 데일, 우리는 경사스런 축하 자리에 초대된 손님일세. 뭣 때문에 남의 잘못을 지적해서 분란을 일으키나? 그래봐야 상대의 미움만 살 뿐인데 말이야. 그의 체면도 생각해줘야지 않겠어? 더군다나 상대가 자네한테 의견을 물은 것도 아닌데, 쓸데없이 논쟁할 필요가 어디 있나? 어떤 경우에도 모나는 일은 피하는 게 좋지 않겠어?"

'어떤 경우에도 모나는 일을 피하는 게 좋다'는 교훈은 지금도 내 가슴속 깊이 새겨져 있다.

나는 원래 논쟁하기를 좋아해서 젊은 시절부터 세상 모든 일에 대해 논쟁을 벌였다. 대학에 진학했을 때는 논리학과 토론법을 연구해서 토론대회에 나가기도 했다. 나는 대단히 논리적이어서 눈앞에 증거를 들이밀지 않는 한 웬만

해선 항복하지 않았다. 그래서 나중에는 토론과 대중연설을 가르치는 교사가 된 것이다. 하늘을 찌르던 그 오만함은 이제 와 생각하면 한없이 부끄럽고 등에 식은땀이 흐른다.

만찬장에서 그런 일이 있은 뒤부터 나는 다수의 토론을 경청하거나 비판하고 직접 뛰어들어 참여하면서 논쟁의 결과를 지켜보게 되었다. 이 모든 것을 종합해본 결과, 논쟁에서 이기는 최선의 방법은 오직 하나뿐이라는 결론에 도달했다. 그 방법은 다름 아닌 논쟁을 피하는 것이었다!

논쟁은 십중팔구 참여자로 하여금 자신의 의견을 전보다 더 확신하게 만드는 결과만을 초래한다. 누군가를 논쟁에서 이기기란 사실상 불가능하다. 논쟁에서 지면 당연히 진 것이고, 만약 이긴다 해도 그 역시 진 것이나 마찬가지다. 토론으로 상대를 완벽하게 제압하더라도 패한 쪽은 열패감을 갖게 되고 자존심이 상해서 분개할 것이기 때문이다. 이럴 경우 그는 아무리 설득해도 끝내 납득하려 하지 않는다.

벤 상호생명보험회사는 영업사원들에게 다음과 같은 명확한 기준을 제시하며 그것을 지키게 한다.

고객과 논쟁을 벌이지 말 것! 훌륭한 판매원의 자격은 논쟁을 잘하는 데 있는 것이 아니다. 논쟁의 '논'자도 거론하지 말라. 사람의 마음은 논쟁으로 바뀌지 않는다.

몇 년 전 우리 강습회에 패트릭 J. 오헤어라는 아일랜드인이 참석했다. 그는 많은 교육을 받지는 않았지만 논쟁하기를 좋아했다. 그는 원래 자가용차의 운전기사였는데 트럭 세일즈를 시작했다가 별 성과가 없자 우리 강습교실을 찾아온 것이다.

나는 그에게 몇 가지 질문을 해보다가, 그가 고객에게 툭하면 시비를 걸거나 억지를 부린다는 사실을 알게 되었다. 손님이 자신이 팔려고 하는 트럭에 대해 조금이라도 섭섭한 말을 하면 무섭게 흥분했다. 그리고 일단 한번 논쟁을 벌이면 거의 일방적으로 상대를 제압했다. 그는 이렇게 말했다.

"고객의 사무실을 물러나올 때쯤 '어때, 한 방 먹었지?'라고 혼잣말을 중얼거립니다. 분명히 한 방 먹이긴 했는데 트럭은 한 대도 팔지 못했지요."

내가 처음 한 일은 그에게 화술을 가르친 것이 아니라, 아무 말도 하지 않고 논쟁을 벌이지 않는 것을 가르치는 일이었다. 그 오헤어가 지금은 뉴욕 화이트 모터사의 가장 인기 있는 세일즈맨이 되어 있다. 여기서 그가 들려준 방법을 소개해본다.

오헤어가 차를 팔러 갔을 때 상대방은 이렇게 나왔다.

"화이트 트럭? 그건 그냥 줘도 안 타겠어. 푸드잇 트럭이 최고지!"

"지당하십니다. 트럭은 푸드잇 트럭이 좋지요! 틀림없습니다. 회사도 좋고 영업하시는 분들도 다들 좋은 분들이거든요."

오헤어가 이렇게 맞장구를 치고 나오면 상대방도 달리 할 말이 없어진다. 토론의 여지가 사라지는 것이다. 상대가 푸드잇이 최고라고 했고, 이쪽에서도 그 점을 인정했으니 논쟁 자체가 무의미해졌다. 이쪽에서 동의하는데 재차 '푸드잇이 낫다, 그게 제일 좋다'라고 우길 수는 없는 것이다. 하지만 그렇게 수긍만 하고 돌아서는 것은 영업자의 태도가 아니다. 오헤어는 화제를 돌려서 화이트사 트럭의 장점에 대해 하나하나 이야기했다.

과거의 오헤어 같았으면 곧바로 흥분해서 푸드잇의 결점을 하나하나 들추고 헐뜯었을 것이다. 그리고 그가 화를 내면 낼수록 상대방은 반발하며 점점 더 푸드잇 편을 들었을 것이다. 지금 생각해보면 그렇게 해서 어떻게 장사를 했는지 오헤어 스스로도 의아해지는 것이다. 그는 오랫동안 논쟁과 시비를 벌이며 손해만 보았다. 그러나 지금은 입을 꾹 다물고 상대의 의견을 경청하는 자세를 갖추었고, 덕분에 그의 세일즈 실력은 나날이 좋아졌다.

벤저민 프랭클린이 말했다.

"논쟁을 하거나 반박하는 동안에는 자기가 이기는 듯한 느낌이 든다. 그러나 그것은 아무런 성과도 없는 거짓 승리일 뿐이다. 결코 상대방의 호의를 얻을 수 없다."

그러므로 여기서 한번 짚고 넘어가자. 이론투쟁으로 인한 껍데기뿐인 승리를 쟁취할 것인가, 아니면 상대방의 호의를 이끌어내 실질적인 이득을 취할 것인가? 이 둘은 절대 병행할 수 없는 법이다.

언젠가 《보스턴 트랜스크립트》지에 농담 같으면서도 제법 의미심장한 글이 실렸다.

> 죽을 때까지 자신이 옳다고 우기던 사람,
> 윌리엄 제이, 여기 묻히다.
> 일생동안 그는 옳았다. 완벽하게 옳았다.
> 하지만 옳건 그르건 죽으니 그만.

아무리 똑똑하게 따지고 논쟁을 벌인다 해도 상대방의 마음은 조금도 바뀌지 않는다. 당신이 논쟁에서 옳을 수도 있고, 한평생 계속 그럴 수도 있다. 하지만 그것이 누군가의 마음을 바꾸기 위해 벌인 논쟁이라면 당신이 옳았든 틀렸든 다 무의미한 일임은 마찬가지다.

세무사인 프레더릭 S. 파슨슨은 정부의 세무사정관과 한 시간가량 논쟁을 벌이고 있었다. 장부상의 9000달러가 문제가 된 것이다. 파슨슨의 주장은 이 9000달러가 빌려주고 나서 회수가 불가능한 자금이기 때문에 과세대상이 될 수 없다는 것이었다. 하지만 사정관은 들은 체도 하지 않았다.

"어림없어요. 당연히 과세대상이 돼야 합니다."

파슨슨의 입장에서 보면 그 사정관은 냉혹하고 교만하며 고집불통이어서, 아무리 변명을 하고 있는 사실을 늘어놓아도 전혀 소용이 없었다. 언쟁을 벌이면 벌일수록 오기만 더해갔다. 그래서 파슨슨은 일단 논쟁을 중단하고 화제를 바꿔 상대방을 칭찬하고 나섰다.

"당신이 하는 일은 정말 힘들겠군요. 이런 정도 문제는 아주 사소한 일일 테고, 더 크고 중요한 업무가 많겠지요. 나도 업체들을 상대로 영업을 하기 위해 세금 관련 공부를 하고 있지만, 그건 어디까지나 책에서 얻은 지식일 뿐이죠. 당신처럼 실제 현장에서 산지식을 쌓지는 못합니다. 나도 당신처럼 실질적인 일을 해보고 싶은 마음이 굴뚝같습니다."

파슨슨은 진심으로 그렇게 말했다. 그러자 사정관이 천천히 자세를 고쳐 앉더니 의기양양하게 자신의 내밀한 업무 이야기를 늘어놓았다. 자신이 적발해낸 교묘한 탈세사건을 이야기하는 동안 그의 말투도 차츰 부드러워졌고, 나중에는 자기 아이들 이야기까지 들려주었다.

사정관은 사무실을 떠나면서, 문제를 다시 한번 들여다보고 조만간 결론을 내겠다고 말했다. 그리고 3일 뒤에는 다시 한번 파슨슨의 사무실로 찾아와서 세금 고지가 파슨슨의 신고대로 결정되었다고 통고했다.

그 세무사정관은 인간이 갖고 있는 가장 흔한 취약점을 보여주고 있다. 그는 자신이 중요한 인물이라는 기분을 느끼고 싶었던 것이다. 그래서 파슨슨과 논쟁을 벌이면서 큰 소리로 자신의 권위를 주장하며 핏대를 올릴 수밖에 없었다. 그러나 자신의 중요성을 인정받고 있다고 느끼는 순간, 논쟁은 중단되고 자부심을 펼칠 수 있게 되자 곧 이쪽의 사정을 헤아릴 줄 아는 호의적인 인간으로 되돌아온 것이다.

나폴레옹의 집사장을 지낸 앙리 B. 콩스탕은 조제핀 황후의 당구 상대였다. 그가 저술한 《나폴레옹의 사생활》에는 이런 대목이 있다.

> 내 당구 실력이 조금 더 좋았지만, 나는 항상 황후에게 승리를 양보했다. 그것이 황후에게는 큰 즐거움이었다.

우리 모두 콩스탕의 말에서 한 가지 불변의 교훈을 배우자. 사소한 말다툼이 벌어졌을 때 고객이나 연인, 아내나 남편이 이기게 해주는 것이다. 부처님도 "미움은 결코 미움으로 해결되지 않는다. 자비와 사랑으로 대할 때 비로소 없어진다."라고 하지 않았던가. 특히 오해는 논쟁으로는 해결되지 않는다. 상대방의 마음을 헤아려 적절히 대응할 때, 상대방의 마음을 따뜻하게 위로할 때, 그리고 그 사람의 입장에서 생각할 줄 아는 역지사지의 마음가짐이야말로 해결의 열쇠가 된다.

링컨이 한번은 동료와 다투기만 하는 청년 장교를 꾸짖은 일이 있다.

"자기 자신에게 최선을 다하는 사람은 사사로운 논쟁 따위에 시간을 낭비하지 않는다네. 논쟁을 하고 나면 기분만 나빠지고 자칫 자제력을 잃기도 하지. 그러니 둘 다 옳다면 자네가 먼저 양보하게. 설사 저쪽이 틀리고 자네가 옳다고 해도 말일세. 좁은 골목길에서 개와 마주쳤을 때 서로 먼저 지나가겠다고 권리를 주장하는 꼴이 아닌가? 개와 싸워서 물릴 바에야 개가 먼저 지나가게 해주는 편이 훨씬 낫지 않겠나? 물린 후에 그 개를 죽인다 해도 상처는 남는 법일세."

상대방을 설득하는 12가지 방법 1
논쟁에서 이기는 유일한 방법은 논쟁을 피하는 것이다.

2장 ____
다른 사람의 잘못을
지적하지 말라

시어도어 루스벨트는 대통령 임기 중에 자신의 생각 중 75퍼센트가 옳다면 그것은 자신의 최고 기대치에 근접하는 것이라고 고백한 바 있다.

20세기 가장 위대한 인물 중 한 사람의 최고치가 이 정도라면 당신과 나처럼 평범한 사람의 경우는 어떻겠는가? 생각의 55퍼센트만이라도 옳다고 확신할 수 있으면 당신은 월스트리트에 가서 하루에 수백만 달러를 벌 수 있을 뿐 아니라 그 돈으로 요트도 사고 예쁜 여자와 결혼할 수도 있을 것이다. 그런데 이 55퍼센트도 확신할 수 없으면서 어떻게 당신이 다른 사람의 잘못을 지적하겠다고 나서는가?

꼭 말이 아니더라도 당신의 표정이나 억양, 몸짓으로 상대가 틀렸다는 의미를 전달할 수 있다. 그런데 그런다고 상대가 당신의 의견에 동의하겠는가? 절대 불가능하다. 그런 경우 상대는 자신의 생각을 바꾸기는커녕 더욱 반박하게 된다. 당신이 그 사람의 지능, 판단력, 자부심, 자존심에 상처를 입혔기 때문이다. 제아무리 칸트나 플라톤의 논리를 앞세워 주장해도 그는 변하지 않는다. 상처받는 것은 이성이 아니라 감정이기 때문이다.

"내가 그 이유를 설명해주지."

이런 식의 말투는 절대 금해야 한다. 이것은, "난 너보다 똑똑하다. 그러니 내가 잘 타일러서 네 생각을 고쳐놓겠다."라고 엄포를 놓는 것과 마찬가지다. 일종의 선전포고다. 상대방으로 하여금 저항감을 불러일으켜 전투태세를 갖추게 하는 행위다. 심지어 가장 유리한 조건에서도 다른 사람의 생각을 고치는 것은 매우 힘든 일이다. 도대체 무엇 때문에 이런 상황을 자초하는가? 왜 스스로 자신의 손발을 묶으려 하는가? 다른 사람의 생각이나 언행을 바꾸고 싶다면 상대방이 눈치채지 못하게 조심해야 한다. 아무도 눈치채지 못하도록 교묘하고 능숙하게!

영국의 시인이자 비평가 알렉산더 포프는 말했다.

"가르치지 않는 듯이 가르쳐라. 또한 상대가 잠시 잊고 있었던 것을 생각나게 하는 것처럼 제안하라."

또 영국의 외교관이자 정치가인 필립 체스터필드 경은 아들에게 이런 충고를 남겼다.

"할 수 있다면 다른 사람보다 더 현명해져라. 그러나 네가 더 현명하다고 상대방에게 말하지는 말아라."

나는 내가 20년 전에 믿었던 사실들을 지금은 대부분 믿지 않는다. 지금까지 변함없이 믿는 것이 있다면 구구단 정도라고나 할까? 하지만 아인슈타인을 읽고 나서는 그마저도 의심스러워졌다. 그리고 아마도 20년이 더 지난 후에는 내가 이 책에 쓰고 있는 내용도 믿지 않게 될지 모르겠다. 그 정도로 나는 예전에 확신했던 모든 것들에 대해 지금은 확신할 수 없다. 고대 그리스의 철학자 소크라테스는 자신의 제자들에게 끊임없이 이렇게 말했다.

"내가 아는 것은 오직 하나, 나는 아무것도 모른다는 것이다."

만약 상대방이 틀렸다고 생각될 때, 즉 자신의 일방적인 견해뿐만 아니라 그것이 사실적으로 잘못되었을 때는 이렇게 말하는 것이 좋을 것이다.

"잠시만요. 제 생각은 조금 다릅니다만 제가 틀릴 수도 있겠지요. 전 자주 그런 실수를 하거든요. 만약 제가 틀렸다면 바로잡아주십시오. 아무튼 이 문제는 다시 한번 신중하게 생각해보도록 합시다."

이런 식의 화법은 의외로 큰 효과를 발휘한다. 아마 이것조차 반대할 사람은 아무도 없을 것이다. "아마 제 잘못일 겁니다." 이렇게 말한다고 해서 귀찮은 일은 절대 발생하지 않는다. 오히려 그것으로 논쟁이 수습되고 상대로 하여금 한걸음 물러나 관대해지고 싶은 마음이 들게 하며, 혹시 자신의 잘못은 아닌가 하는 반성의 마음이 생기게 한다.

상대방의 잘못이 틀림없다고 해서 그것을 노골적으로 지적했을 때 무슨 일이 일어나는지 예를 들어 살펴보자.

뉴욕의 젊은 변호사 S는 연방대법원에서 굉장히 중요한 변론을 맡고 있었다. 상당한 액수의 돈과 법률상의 쟁점이 달려 있는 중요한 사건이었다.

논쟁이 한창일 때 판사 한명이 S에게 질문했다.

"해사법(海事法) 법정 기한이 6년 아닙니까?"

이 말에 S는 가만히 재판관의 얼굴을 쳐다보고는 퉁명스럽게 대답했다.

"판사님, 해사법에는 법정 기한에 관한 규정이 없습니다."

그러자 갑자기 법정 안은 찬물을 끼얹은 듯이 조용해졌고 냉기가 감돌았다.

S는 정확한 사실을 지적했다. 판사는 잘못 알고 있었고, S는 그것을 지적했을 따름이다. 하지만 판사는 어떻게 받아들일까? S는 지금까지도 자신이 옳았다 믿고 있다. 그의 변론은 더없이 훌륭했다. 그러나 상대를 설득하지 못했다. 설득은커녕 잘못을 지적해서 재판에 영향력을 미치는 판사를 모욕했다.

이론대로 행동하고 말하는 사람은 절대로 없다. 대부분의 사람들은 자기 편견과 선입견, 질투심, 시기심, 공포심, 원한, 자부심으로 인해 제대로 사고하기가 어렵다. 그리고 대다수 사람들은 자신들의 주장과 종교. 헤어스타일, 사회주의, 혹은 클라크 게이블 같은 영화배우에 대한 자신의 생각을 바꾸고 싶어 하지 않는다. 그럼에도 어떤 사람의 잘못을 지적하고 싶다면 다음의 문장을 읽고 나서 해도 늦지 않다고 생각한다. 미국의 역사가 제임스 하비 로빈슨의 《정신의 형성과정》에 있는 구절이 있다.

우리는 때로 아무런 저항이나 심적 동요 없이 마음을 바꾸기도 한다. 하지만 남들로부터 자신이 틀렸다는 말을 들으면 불같이 화를 내며 자신의 견해를 고집한다. 인간은 실로 하찮은 계기로 이런저런 신념을 획득한다. 그리고 자신의 믿음을 형성하는 데는 믿기 힘들 정도로 무덤덤하다가도, 막상 누군가 그 믿음을 빼앗으려 하면 전에 없던 강한 집착을 보인다. 인간이 소중하게 여기는 것은 그 신념 자체가 아니라 위협받는 자신의 자존감이다. 그래서 '나'라고 하는 아무것도 아닌 이 말이 사실은 세상에서 가장 중요한 말이 된다. 따라서 이 말을 잘 생각해보는 것이 지혜의 출발점이다.

'나의 식사' '나의 개' '나의 집' '나의 아버지' '나의 나라' '나의 종교'…. 뒤에 어떤 단어가 붙든 이 '나'라고 하는 말은 강한 위력을 지닌다.

또 인간은 화성에 운하가 있는지, 에픽테토스라는 단어를 어떻게 발음해야 하는지, 해열진통제인 살리신이 과연 의학적으로 효과가 있는지, 사르곤 1세가 살았던 시기는 언제인지 등과 같은 문제를 두고도 자기주장이 틀렸다는 말을 들으면 화를 낸다. 자신이 옳은 것이라고 생각했던 것들을 습관적으로 계속 믿고 싶어 하는 것이다. 그래서 자신이 신뢰했던 것들에 대한 의문이 제기되면 화를 낼 뿐만 아니라 기존의 생각을 고수하기 위해 온갖 이유를 갖다 붙인다. 그 결과 소위 논증이라고 일컫는 것은 우리가 이미 믿고 있는 것을 계속 유지하기 위해 논리를 찾는 행위에 불과하다고 볼 수 있다.

언젠가 나는 인테리어업자에게 커튼을 주문했다가 청구서를 받아들고 깜짝 놀란 일이 있다.

며칠 후 우리 집에 한 부인이 놀러왔다가, 그 커튼을 보고 값을 묻기에 말해줬더니 그녀는 대단한 것이라도 발견한 듯이 말했다.

"어머! 너무 비싸게 사셨네요. 바가지를 쓰셨습니다."

사실 그녀의 말이 맞았다. 그러나 자신의 어리석음을 폭로당하는 것 같은 말을 듣고 좋아할 사람이 어디 있겠는가? 결국 자신을 변호하기 마련이다. 비싼 것은 뭐가 달라도 다르다는 둥, 귀한 물건은 기성품보다 비싼 것이 당연하다는 둥 이런저런 변명을 늘어놓았다.

다음 날 또 다른 부인이 찾아왔는데, 그녀는 그 커튼을 보고 입에 침이 마르도록 칭찬을 했다. 그러고는 자기도 돈만 있으면 꼭 같은 것을 사고 싶다고까지 했다. 그 부인의 말에 대한 내 반응은 전혀 달랐다.

"사실 저한테도 너무 과한 물건입니다. 너무 비싸게 맞추지 않았나 후회가 되는걸요."

우리가 뭔가 잘못했을 때 스스로는 그 사실을 인정할 수 있다. 만약 다른 사람이 그것을 지적할 때도 부드럽고 은근한 방법으로 말해준다면 잘못을 수긍할 수 있고 상대방의 지적도 받아들일 수가 있다. 그래서 자신의 솔직함과 관대함을 자랑스럽게 생각할 수도 있는 것이다. 그러나 누군가가 무리하게 강요할 때는 아무도 쉽게 인정하기가 힘든 것이다.

남북전쟁 당시 유명 언론인이었던 호러스 그릴리는 링컨의 정책에 대해 절대적인 반대론자였다. 그는 조롱하고 비난하고 논박하는 기사로 링컨을 공격했다. 심지어는 링컨이 존 윌크스 부스의 흉탄에 쓰러진 날에도 오만불손한 인신공격을 멈추지 않았다. 그렇다면 그 신랄한 공격이 과연 효과가 있었을까? 전혀 없었다. 누군가를 향한 비난과 조롱만으로는 아무도 설득할 수 없는 것이다.

사람을 다루고 자신의 인격을 고양시키는 방법에 관해서는 벤저민 프랭클린의 자서전이 큰 도움이 된다. 그 책을 읽다 보면 차츰 생각이 바뀔 것이다. 프랭클린이 어떻게 해서 논쟁하기를 좋아하는 자신을 극복했고, 어떻게 외교적 수완을 발휘하여 최고의 인물이 되었는지 보여주고 있다.

프랭클린이 젊었을 때 친구 중에 퀘이커교도가 한 명 있었다. 어느 날 그 친구가 그를 한쪽으로 데려가더니 아픈 곳을 찌르는 통렬한 충고를 해주었다.

"벤, 자넨 정말 구제불능이야. 자넨 생각이 다른 친구들과 마치 싸울 듯이 논쟁을 하지만 아무도 자네 의견에 귀 기울이지 않네. 아마 그 친구들은 자네가 곁에 없는 걸 더 좋아할 거야. 자넨 자네가 제일 똑똑하고 잘났다고 생각해. 그래서 아무도 자네한테는 말을 안 거는 거야. 사실 자네와 얘기해봐야 기분만 나빠질 뿐이지. 다들 자넬 상대하지 않겠다고 야단들이야. 자네가 똑똑하다고는 하지만 우리가 알면 또 얼마나 알겠나? 이런 상황이 지속되면 자네의 지식수준은 지금보다 더 나아질 가망이 없는 거라고.”

친구의 이 통렬한 충고를 진심으로 받아들인 것이 프랭클린의 위대한 점이다. 그는 친구의 말이 사실이고, 그것을 순순히 받아들일 정도로 그릇이 크고 현명했다. 그는 자신이 파멸의 문턱에 서 있음을 절감하고 이대로 계속했다가는 실패의 나락으로 추락하는 일만 남았다는 것도 깨달았다. 그래서 즉시 자신의 거만하고 독선적인 태도를 바꾸기 시작했다. 프랭클린은 말했다.

그날 이후로 나는 다른 사람의 의견을 그 즉시 비판하거나 단정적으로 내 주장을 펼치지 않기로 했다. 단언하는 말, 즉 ‘확실히’ ‘의심할 여지없이’ 같은 말을 자제하고 그 대신 ‘나로서는 이렇게 생각하지만…’이라거나 ‘내가 이해하기로는…’ ‘내가 추정컨대…’ 같은 말을 사용했다. 또 내가 생각하기에 틀린 주장을 하는 누군가가 있더라도 대놓고 반박하거나 그 즉시 그 오류를 지적해서 지적 쾌락을 찾으려 하지도 않았다. 대신에 ‘하긴 그럴 수도 있겠지만, 그러나 이 경우에는 조금 다른 것 같은데…’ 정도로 말하게 되었다.

내가 이렇게 지금까지와는 딴판으로 태도를 바꾸자 굉장한 효과가 있었다. 다른 사람과의 대화가 지금까지와는 달리 매우 원만하게 이루어졌다. 대충 의견을 말해도 상대는 즉시 납득하며 반대자도 별로 없었다. 그러다 보니 설사 나 자신의 오류가 드러나도 그렇게 고통스럽지 않았고, 상대의 잘못도 대범하게 웃어넘길 수 있게 되었다. 처음 이 방법을 사용할 때는 내 성질을 억제하기 위해 굉장히 노력했지만 나중에는 차츰 몸에 익고 습관이 되었다.

나를 아는 사람들은 지난 50년 동안 내가 독단적인 말을 하는 경우를 거의 본 적이 없을 것이다. 내가 새로운 법률을 제정하거나 낡은 제도에 대한 개혁법안을 제안하면 다들 찬성해주는 것도 모두 나의 '제2의 성격'이 된 이 방법 덕분이라고 생각한다.

이런 프랭클린의 방법이 비즈니스 세계에서 어떻게 적용되는지 살펴보자.

뉴욕의 리버티가에서 정유회사 관련 특수장비를 만드는 F. T. 마호니 씨는 롱아일랜드에 있는 한 거래처로부터 납품 주문을 받았다. 설계도면을 제시하고 상대측이 오케이해서 장치 제작에 착수했다.

그런데 뜻하지 않은 문제가 발생했다. 주문자가 친구에게 그 장치 이야기를 했더니 장치에 중대한 결함이 있다고 했다는 것이다. 그 친구는 엉터리 물건을 계약했다면서, 장치가 너무 크다는 등 이러쿵저러쿵 온갖 결점을 들추어냈다. 그래서 급기야는 주문자가 마호니 씨에게 전화해서 제품을 받지 않겠다고 통보하기에 이르렀다.

마호니 씨는 자신이 설계한 제품을 면밀하게 재검토해보고 나서 틀림없다고 확신했다. 주문자와 그 친구가 말하는 하자나 문제점은 전혀 발견할 수 없었다. 하지만 당장 잘못 반박했다가는 모든 것이 끝장이라고 생각했다.

마호니 씨는 주문자를 만나기 위해 롱아일랜드로 찾아갔다. 사무실에 들어서자마자 그 사람이 화를 내며 마구 욕을 해댔다. 상대는 너무 흥분하여 당장 멱살잡이라도 할 기세였다.

"자, 이제 어떡할 거요?"

그가 거칠게 몰아세웠지만, 마호니 씨는 매우 침착하고 온화한 얼굴로 그가 원하는 대로 해주겠다고 말했다.

"계약금을 지불하셨으니 당연히 마음에 드는 제품을 받으셔야죠. 그러나

이 일은 누군가는 반드시 책임을 져야 합니다. 만약 당신이 옳다고 생각한다면 새로운 설계도를 나에게 주십시오. 지금까지 2000달러가 넘는 제작비가 들었습니다만, 당신을 위해서 기꺼이 감수하겠습니다. 그러나 당신 말대로 했을 경우엔 당연히 당신이 책임을 져야 합니다. 나는 우리가 설계한 제품에 대해 확신하고 있습니다. 계약대로 제작할 수 있게 해준다면 당연히 그 책임은 우리가 지겠습니다.”

마호니 씨의 말이 끝날 때쯤 그 사람도 많이 침착해져 있었다.

“좋소, 당신들 좋을 대로 만드시오. 그러나 만약 잘못될 경우에는 책임질 각오를 하시오.”

당연히 마호니 씨가 설계한 제품에는 아무런 하자도 없었고 납품은 성공적이었다. 상대측은 그 후 똑같은 장치 두 개를 추가로 주문했다.

하지만 당시에 그가 받은 모욕은 정말 견디기 힘든 것이었다. 마호니 씨에게 전문교육을 받지 못한 엉터리라고 인신공격까지 해댔기 때문이다. 한바탕 언쟁을 하지 않고는 정말 참기 힘든 수모였다. 그러나 만일 그때 마호니 씨가 상대방을 공박하면서 똑같이 맞섰다면 어떻게 되었을까? 한바탕 소동이 벌어지고, 양측이 돌이킬 수 없는 악감정으로 괴로워하면서 막대한 손해를 입고 중요한 고객도 잃게 되었을 것이다. 마호니 씨는 지금도 상대방이 틀렸다고 지적하는 것은 아무런 이익이 되지 않는다고 확신한다.

또 하나의 예를 들어보자.

뉴욕의 가드너 W. 테일러 목재회사의 판매사원인 R. V. 클로레는 거래처의 고집 센 목재검사관들과 오랫동안 논쟁을 벌여왔고, 그럴 때마다 번번이 그가 이겼다. 그러나 그로 인해 득이 되는 것은 하나도 없었다. 목재검사계 패거리는 마치 야구심판과 같아서 한번 판정을 내리면 절대 번복하는 일이 없었기 때문이다. 그래서 클로레는 언쟁에서는 이겨도 회사는 막대한 손해를 입고 있었다. 바로 그 즈음 클로레가 우리 강연회에 참석했고, 지금까지와는 달리 일절 논쟁을 하지 않기로 결심했다.

어느 날 아침, 사무실의 전화벨이 요란하게 울렸다. 전에 발송한 한 트럭 분량의 목재가 품질이 나빠서 인수하지 못하겠다는 거래처의 클레임 전화였다. 하차를 중지시켰으니 당장 와서 인수해가라는 것이었다. 트럭의 짐을 4분의 1쯤 하차했는데 검사계가 목재의 절반 이상이 불량품이라고 보고하는 바람에 그런 사태가 발생한 것이다.

클로레는 즉시 그 공장으로 가면서 이런저런 조치를 궁리해보았다. 여느 때 같으면 경험 많은 자신의 목재에 관한 지식을 총동원하여 등급 판정기준에 대해 상대측 검사계의 잘못을 지적했을 것이다. 그러나 이번에는 강습회에서 익힌 원칙을 적용해보리라 다짐했다.

클로레가 공장에 도착했을 때, 구매부와 검사계는 잔뜩 화가 난 얼굴로 당장이라도 사단을 벌일 듯한 태세를 갖추고 있었다. 클로레는 그들과 함께 현장으로 가서 먼저 목재부터 보여달라고 했고, 검사계에게 지금까지 하던 대로 합격품과 불합격품을 구별해달라고 부탁했다.

검사계의 선별방법을 본 클로레는 그의 방식이 지나치게 엄격해서 판정기준이 잘못됐다는 사실을 알 수 있었다. 문제의 목재는 부드러운 백송 재질임에도 그의 평가 방법은 단단한 나무에 맞춰져 있었다. 백송은 클로레가 전문이었다. 하지만 클로레는 그의 방식에 대해 일절 간섭하지 않았고, 한참 동안 지켜보기만 하다가 불합격인 이유에 대해 물어보았다. 그러면서도 상대의 오류 부분을 지적하는 태도는 결코 취하지 않고, 오히려 다음에는 어떤 목재를 보내면 만족하겠느냐고 물었다.

클로레가 상대가 하는 대로 맡겨놓고 친절한 태도를 취하는 동안 상대의 기분도 좋아져서 험악한 분위기도 누그러졌다. 또 클로레가 이따금씩 던지는 주의 깊은 질문이 상대방에게도 반성의 계기를 만들어주었다. 그래서 자신이 불합격이라고 판정했던 목재가 어쩌면 주문 품질에 맞는 적절한 등급일지도, 오히려 더 나은 품질일지도 모른다는 생각이 들기 시작했다. 클로레로서는 진작 하고 싶은 말이었지만 꾹 참고 아무런 내색하지 않았다.

결국 그 검사계의 태도가 달라지기 시작했다. 그는 클로레에게, 사실 자신은 백송에 대해 아는 것이 별로 없다고 하면서 목재 하나하나에 대해 물어보기 시작했다. 클로레는 그 목재가 모두 지정등급에 맞는 제품이라고 말하고 싶었지만 내색하지 않은 채 마음에 들지 않는 것은 모두 교환해주겠다고 했다. 이제 검사계는 불합격품 수가 늘어나는 것이 마치 자신의 잘못인 것처럼 미안해했다. 그는 잘못이 자신에게 있음을 인정하고 처음부터 높은 등급을 주문했어야 했다고 말했다.

검사계는 클로레가 그 공장을 떠난 뒤 다시 한번 목재를 살펴보았고, 결국 한 트럭의 목재를 모두 구입하기로 결정했다. 약간의 배려와 상대방의 잘못을 함부로 지적하지 않는 마음가짐이 클레임을 말끔히 해결했고, 덤으로 클로레에게 돈으로도 살 수 없는 귀한 교훈을 주었다.

상대방을 설득하는 12가지 방법 2
상대의 의견을 존중하고 잘못을 지적하지 말라.

3장
잘못은 솔직히 인정하라

내가 살고 있는 곳은 뉴욕의 중심부에 해당하는데, 운이 좋게도 집 근처에 제법 울창한 원시림이 있어서 나를 즐겁게 한다. 공원 숲속에서는 봄마다 딸기나무가 작고 앙증맞은 꽃을 피워내고, 다람쥐들이 보금자리를 꾸려 새끼를 기르고, 뒤쪽의 우거진 망초는 말의 키 높이만큼이나 무성하다. 사람들은 이 천연의 숲을 '코리스트 공원'이라고 부르는데, 아마도 이 숲의 모습은 콜럼버스가 처음 대륙을 발견했을 때나 지금이나 별반 달라진 것이 없을 것이다.

나는 이 공원을 렉스라는 이름의 작은 보스턴불도그와 함께 산책하기를 좋아했다. 렉스는 순종적이고 절대 사람을 물지 않는 개다. 공원이 워낙 한적하기 때문에 나는 렉스의 목에 목줄이나 입마개를 하지 않고 데리고 다녔다.

그날도 공원을 산책하다가 말을 탄 경관과 마주쳤는데, 그 사람은 자신의 권위를 내세우고 싶었던 모양이었다.

"개를 입마개도 없이 데리고 나오다니, 무슨 짓입니까? 법규위반인 걸 모르십니까?"

기마경관의 추궁에 내가 별 망설임 없이 대답했다.

"네, 그렇지요. 하지만 이 개는 사람에게 해를 끼치는 개가 아니라서 그랬습니다."

"그랬다? 그랬다니! 그게 무슨 말입니까! 어찌 됐든 법이 달라질 순 없는 거잖소? 당신의 개가 다람쥐나 어린아이를 물지도 모르는 것 아니오? 내 오늘은 그냥 보내주겠지만 다음에 또 이런 일이 생긴다면 범칙금 고지서를 발부하겠소."

나는 "절대 그런 일이 없을 겁니다." 하고 약속했다.

그 후 며칠 동안은 그 경관과의 약속을 잘 지켜나갔다. 그러나 개가 입마개를 매우 답답해했고 나도 억지로 씌우고 싶지 않아서 풀어주었다. 혹시라도 적발되면 그때는 또 방법이 있겠지 생각했던 것이다. 그리고 다행히도 한동안은 별 탈 없이 지나갔다.

그러다가 어느 날 드디어 올 것이 오고야 말았다. 나와 렉스가 숨 가쁘게 언덕길을 올라가는데, 때마침 맞은편에서 위엄 있는 법의 수호자가 밤색 깃털의 말을 타고 나타났다. 나는 매우 당황했고 렉스는 눈치도 없이 하필 그 경관 쪽으로 뛰어갔다. 결국 일이 터지고야 만 것이다. 나는 곧 체념하고 그 경관 앞으로 나아갔다.

"결국 제가 현행범이 되었군요. 제가 나빴습니다. 뭐라 드릴 말씀이 없습니다. 지난번에 다시는 이런 일이 벌어지지 않게 하겠다고 약속했음에도…."

그런데 예상 외로 그 경관의 목소리는 무척이나 따뜻했다.

"음, 그렇지만 이 근처에는 사람도 별로 없고, 또 개의 덩치도 작으니까 운동도 시킬 겸 풀어주고 싶은 게 당연하겠지요."

"그렇습니다. 하지만 법은 법이니까요."

"이런 작은 개가 누굴 위협하지는 않겠지요."

경관은 오히려 내 편을 들고 있었다.

"아닙니다. 어쩌면 숲속의 다람쥐를 물지도 모르니까요."

"허, 그건 지나친 비약 아닌가요? 정 그렇다면 이렇게 하면 어떻겠습니까? 개를 언덕 저쪽으로 데려가서 놀게 해주는 겁니다. 그럼 제 눈에 띄지도 않을 테고, 그러면 아무 문제가 없지 않겠어요?"

자못 근엄하고 냉혈한처럼 보이는 경관도 엄연히 사람이다. 그래서 자신의 존재감을 원했던 것이다. 내가 순순히 잘못을 시인했을 때, 그의 자부심을 높이는 유일한 방법은 용서하면서 자신의 너그러운 마음을 드러내 보이는 것이다. 하지만 만약 내가 변명을 늘어놓았다면, 즉 경관과 논쟁을 벌였다면 어떻게 됐겠는가?

나는 시비를 벌이는 대신에 곧바로 내 잘못을 인정했다. 그러자 상대방도 충분히 납득하고 용서했다. 나는 상대방 입장에서, 상대방은 내 입장이 되어 양보하면서 서로 원만하게 해결되었다.

잘못했다면 상대가 추궁하기 전에 먼저 스스로를 책망하는 쪽이 낫다. 그러면 상대방도 더 이상 할 말이 없게 된다. 한결 너그러워지고 용서하는 태도를 보일 것이다. 타인의 비판을 듣기보다는 스스로를 비판하는 쪽이 훨씬 더 쉬운 것이다.

상업미술가인 페르디난드 E. 워런 씨도 이런 방법으로 까다로운 구매자의 마음을 돌렸다.

"광고나 인쇄용 그림은 면밀하고 정확해야 합니다."

워런 씨는 이렇게 서두를 꺼낸 다음 이야기를 들려주었다.

미술 편집을 책임지는 사람 중에는 맡긴 일을 무턱대고 재촉부터 하는 사람이 있다. 이럴 때 아주 사소한 실수가 큰 말썽을 일으키기도 한다. 워런이 아는 편집자도 항상 사소한 지적거리를 좋아하는 사람이었다. 워런은 그 사람의 비평 내용이 아니라 그 방식에 짜증이 났다.

그는 최근에도 급하게 의뢰받은 일을 수행해서 그 편집자에게 납품했다. 그런데 얼마 후에 할 말이 있다면서 사무실로 나와달라는 전화가 걸려왔다. 무슨 일인가 하고 급하게 달려갔더니 그가 대뜸 혹평부터 내뱉었다.

그의 불만을 조용히 듣고 있던 워런은 자신이 전부터 학습해온 자기비판 방법을 응용할 기회가 찾아왔다고 생각했다. 그래서 이렇게 말했다.

"만일 편집장님이 말하는 것이 사실이라면 제 잘못이 분명합니다. 뭐라고 말씀드려야 할지를 모르겠습니다. 편집장님한테 오랫동안 도움을 받아온 처지에 이런 것쯤은 제가 충분히 알고 있었어야 했는데 정말 부끄럽습니다."

"아니, 그러니까 내 말은…."

그는 뭐라고 말을 할 듯했지만 선뜻 입을 닫아버렸다.

워런은 속으로 쾌재를 불렀다. 자기비판은 난생처음이었지만 꽤 재미가 있었다. 그는 계속해서 자신을 자책했다.

"제가 너무 신중하지 못했습니다. 지금까지 절 믿고 일을 맡겨주셨는데, 정말 죄송합니다. 이 일은 제가 책임지고 처음부터 다시 해보겠습니다…."

"아니, 뭐 그럴 것까지야…. 뭐 대단한 잘못은 아니에요. 단지 내 생각에는 좀더…."

상대방은 워런의 그림을 전반적으로 칭찬하면서 약간만 수정해달라고 요청했다. 크게 손해를 본 것도 아니고 아주 미세한 부분이 조금 걸린다면서, 그렇게까지 크게 만들 일은 아니라고 했다. 워런이 자기비판 조로 나가자 상대방도 기세가 꺾인 것이다. 그 편집자는 워런을 그냥 돌려보내기 미안했는지 점심식사나 같이 하자고 제안했고, 헤어질 때는 또 다른 일거리를 맡겨주었다.

또 한 가지 예로 들 수 있는 것은, 남북전쟁 당시 남군 총사령관이었던 로버트 E. 리 장군의 전기에 수록된 이야기다. 게티즈버그 전투에서 부하인 조지 피킷 장군이 지휘한 돌격작전이 실패하자 리 장군 혼자 그 책임을 진 것이다.

피킷 장군의 돌격작전은 서양전사에서 보기 드문 훌륭하고 장엄한 공격이었다. 피킷의 풍채는 늠름했고 적갈색 머리카락은 늘어져 어깨에 닿을락 말락 했다. 나폴레옹이 이탈리아 전선에서 그랬듯 그 역시 날마다 전쟁터에서 뜨거운 사랑의 편지를 썼다.

운명의 날 오후, 말에 올라탄 장군이 모자를 비스듬히 쓴 멋진 모습으로 돌격명령을 내리자 그를 따르는 병사들은 일제히 환호와 갈채를 보냈다. 병사들은 높다란 군기를 휘날리며 장군의 뒤를 따랐는데, 정말 용맹하고 장쾌한 모습이었다. 그 보무당당한 진군 모습을 보고 정찰하던 북군도 감탄할 정도였다.

피킷 돌격대는 산을 넘고 들을 건너 곧바로 진격했다. 그들이 세미터리 리치 언덕에 도착했을 때 돌담에 몸을 숨기고 있던 북군이 맹렬한 공격을 퍼부었다. 언덕은 순식간에 총탄의 불바다로 변했고 아비규환의 지옥이 따로 없었다. 불과 몇 분 사이에 피킷 돌격대의 지휘관 중 살아남은 사람은 단 한 명뿐이었고, 4000여 병력이 몰살당했다.

루이스 아미스테드 장군이 살아남은 병사들을 이끌고 최후의 돌격을 감행했다. 그는 지휘봉 끝에 모자를 걸어 치켜들고 목청껏 외쳤다.

"전군, 착검하고 돌격 앞으로! 돌격하라!"

돌담을 타고 넘어 적진으로 뛰어든 남군 병사들은 피비린내 나는 육박전을 벌인 끝에 마침내 자신들의 군기를 세미터리 리치 언덕 위에 꽂았다. 그러나 그것도 아주 잠시뿐이었다. 그 잠깐 동안이 남군 세력의 덧없는 정점이었다. 피킷의 돌격작전은 실로 눈부시고 장렬했으나 사실은 그것이 남군 패배의 시작이었다.

리 장군은 실패했다. 북군을 이길 희망이 사라지고 남부연맹의 운명은 결정되었다. 크게 낙심한 리 장군은 곧 남부연맹 대통령인 제퍼슨 데이비스에게 사의를 표했고, 자신보다 젊고 유능한 인물을 후임으로 임명해달라고 건의했다.

만일 리 장군이 피킷의 돌격작전 실패 책임을 다른 사람에게 전가하려고 했다면 얼마든지 그럴 수 있었다. 휘하 사령관 중에는 군령을 어긴 자도 있었고, 기병대도 돌격시간을 엄수하지 못했다. 그 외에도 다른 여러 가지 이유를 댈 수 있었다. 그러나 리 장군은 책임을 남에게 전가하기엔 너무나도 고결한 인물이었다. 혼자서 패배한 피킷 돌격대를 마중 나간 리 장군은 오직 스스로를 책망했을 뿐이었다.

그는 병사들에게, "이것은 모두 내 잘못이다. 모든 책임은 나에게 있다."라며 용서를 빌었다. 스스로 이런 말을 할 줄 아는 용기와 인격을 갖춘 군인은 동서고금을 통틀어 찾아보기 힘들 것이다.

엘버트 허버드는 참으로 독창적인 작가로, 아마 그만큼 독자의 마음을 뒤흔

들어놓은 작가도 없을 것이다. 그의 신랄한 문장은 곧잘 세론의 맹렬한 공격을 받았다. 그럼에도 그는 사람을 다룰 줄 아는 사람이었다. 그래서 적을 자기편으로 끌어들인 경우가 많았다. 예를 들어, 독자들로부터 심한 항의가 들어왔을 때 그는 이렇게 답장을 썼다.

실은 나 자신도 지금에 와서는 그 부분에 대해 의문을 느끼고 있습니다. 어제의 내 의견이 꼭 오늘의 내 의견은 아닙니다. 귀하의 편지를 읽고 진심으로 내 뜻을 알아주는 느낌이 들었습니다. 혹시 이쪽에 오실 일이 있을 때는 반드시 제 집에 들러주십시오. 조촐하게나마 서로의 의견일치를 자축하고 싶을 따름입니다.

이런 식으로 나오면 누구라도 재차 공격하지는 못할 것이다.

자신이 옳다고 확신하는 경우에는 상대를 부드럽고 교묘하게 설득해야 한다. 또한 자신이 잘못했을 때(생각해보면 자신이 잘못했다고 인정하는 경우가 놀랄 만큼 많다), 그럴 때는 신속하게 자신의 잘못을 인정하도록 하자. 주저리주저리 괴로운 변명을 늘어놓기보다는 그쪽이 훨씬 낫다는 것을 알게 된다. '지는 것이 곧 이기는 것'이라는 말을 명심하자.

상대방을 설득하는 12가지 방법 3

잘못은 빨리, 그리고 분명하게 시인하라.

4장
상대방의 말을 경청하라

누군가에게 화가 났을 때 상대방을 실컷 비난하고 나면 가슴이 후련해진다. 하지만 당한 사람도 그럴까? 일방적으로 실컷 얻어맞고도 기분 좋게 내 생각대로 움직여줄까?

우드로 윌슨 대통령이 말했다.

"만약 상대가 주먹을 불끈 쥐고 다가오면 이쪽에서도 질세라 주먹을 쥐고 맞선다. 하지만 상대가 '서로 잘 의논해보는 것이 어떻겠습니까? 그리고 만약 의견 차가 있다면 함께 그 원인을 찾아봅시다.'라고 온화하게 나오면, 결국 그 의견 차도 별것이 아니고 서로의 인내와 솔직한 선의만 있으면 해결할 수 있게 된다."

윌슨의 이 말을 누구보다도 잘 이해하고 있는 사람이 존 데이비슨 록펠러 2

세였다. 1915년의 록펠러는 콜로라도주의 주민들로부터 엄청난 비난을 받고 있었다. 미국 산업 역사상 보기 드문 파업이 2년째 콜로라도를 뒤흔들고 있었다. 임금 인상을 요구하는 노동자들은 잔뜩 독이 올라 있었다. 격한 대립 속에 회사 건물이 부서지고 군대까지 출동했으며 발포와 유혈사태가 이어졌다.

이런 격렬한 대립의 소용돌이 속에서도 록펠러는 어떻게든 상대측을 설득하고 싶어 했다. 그리고 마침내는 그 일을 해냈다. 록펠러는 과연 어떤 방법으로 그 실마리를 찾아냈을까?

록펠러는 몇 주간에 걸쳐 화해의 손짓을 보낸 끝에 노동자 대표들을 모아놓고 연설을 하게 되었다. 이때 그가 한 연설은 나무랄 데 없이 훌륭해서 엄청난 효과를 거두었다. 그의 연설은 그를 향해 끓어오르던 증오의 파도를 가라앉히고 사람들의 마음을 끌어당겼다. 록펠러는 연설을 할 때 친절하고 애정 넘치는 태도로 있는 사실을 하나하나 알기 쉽게 이야기했다. 그러자 그렇게 완강하게 버티며 인금 인상을 요구하던 노동자들이 투쟁을 멈추고 모두 회사로 복귀했다.

록펠러는 방금 전까지만 해도 자신을 사형시켜야 한다고 주장하던 사람들을 상대로 지극히 온화하고 우호적으로 말했다.

"저는 오늘 이 자리에 서게 된 것을 굉장한 자랑으로 여깁니다."

"여러분들의 집을 방문하고 가족 분들을 만나 뵈었기에 우리는 이미 남남이 아니라 친구로서 만나고 있는 것입니다."

"우리들의 공통의 이해…, 우리들 서로의 우정은…."

"제가 오늘 이 자리에 선 것은 모두 여러분의 배려 덕분이라고 생각합니다."

록펠러가 구사한 이런 말들은 그의 연설을 빛나게 했다. 여기서 당시의 연설 첫머리를 조금 인용해보자. 얼마나 애정이 넘치는지 음미해보기 바란다.

오늘은 제 생애에서 특별히 기념할 만한 날입니다. 회사의 종업원 대표와 간부사원 여러분을 이렇게 한자리에서 만날 수 있는 기회를 얻은 것은 제게 엄청난 행운이자 특혜라고 생각합니다. 정말 무한한 영광입니다. 그래서 오늘 이 자리는 제게 오래도록 기억에 남을 것입니다. 만약 오늘 같은 자리를 2주일 전에 가졌다면 아마도 극히 몇 분을 제외하고 대다수 분들과는 인사조차 나누지 않은 낯선 존재로 머물렀을 것입니다.

저는 지난주에 남쪽 지역 광산을 한 군데도 빠짐없이 방문하여 대표자 분들과 개별적으로 면담했고, 여러분들의 가족들도 찾아뵈었습니다. 따라서 우리는 낯선 남남이 아니라 친구로서 지금 만나고 있는 것입니다. 나는 이러한 우리의 우정에 바탕을 두고, 우리가 꿈꾸는 공통의 이해에 대해 여러분들과 허심탄회한 대화를 나누고 싶습니다.

오늘 이 회합의 자리는 회사 간부사원과 종업원들이 주최한 것으로 알고 있습니다. 간부사원도 대표사원도 아닌 제가 오늘 이 자리에 선 것은 오직 여러분의 호의에 힘입은 덕택이라고 생각합니다. 저는 간부사원이나 종업원 대표도 아닙니다만, 주주와 회사 중역의 대표라는 점에서 여러분들과 밀접한 관련이 있다고 생각합니다. .

만약 록펠러가 방법을 달리해서 논쟁을 벌이고 사실을 방패 삼아 모든 책임이 전적으로 노동자 측에 있다고 공격하든가, 아니면 그들의 집단행동의 과격함을 지적하려고 했다면 어떻게 되었을까? 그야말로 불에 기름을 끼얹는 듯한 부작용을 불러왔을 것이다.

상대방의 마음에 반항과 미움이 가득 차 있을 때는 아무리 옳고 그름을 따지며 얘기해도 설득할 수가 없다. 어린아이를 꾸짖는 부모, 횡포를 일삼는 고용주나 남편, 바가지 긁는 아내는 어서 빨리 깨달아야 한다. 사람이란 자신의 마음을 바꾸고 싶어 하지 않는 존재라는 사실을! 누군가를 강제로 이끌거나 억지로 강요한다고 해서 자신의 뜻에 따르게 만들 수는 없다. 그러나 더없이 친절하고 우호적으로 대하다 보면 그들이 의견을 바꿀 확률이 높아진다. 링컨은 이미 200년 전에 이런 말을 했다.

> 격언 중에 '꿀 한 방울이 쓸개즙 한 통보다 더 많은 파리를 잡는다.'라는 말이 있는데, 언제나 변함없는 진리다. 인간관계도 마찬가지다. 상대방을 자신의 뜻대로 설득하고 싶으면 먼저 당신이 그의 진정한 친구임을 믿게 하라. 이것이야말로 사람의 마음을 움켜잡는 한 방울의 꿀이며, 이성에 호소하는 최선의 방법이다. 그러면 당신이 무슨 말을 하든 그는 매우 쉽게 납득할 것이다.

노조 파업에 관련하여 한 가지 예가 더 있다.

화이트 모터사의 노동자 2500명이 임금 인상과 노조의 유니언숍제(노동자에게 의무적으로 노동조합에 가입하게 하는 제도)를 요구하며 파업을 일으켰다. 사장인 로버트 E. 블랙은 노동자들에게 조금의 악감정도 드러내지 않고 오히려 그들이 평화적인 파업에 돌입했다고 칭찬해줬다.

그리고 피켓을 들고 있는 사람들이 지루해하는 것을 보고는 야구용품을 사들여 회사 빈터에서 시합을 즐기도록 권하고, 볼링을 좋아하는 사람들을 위해 시내 볼링장을 통째로 빌려주었다. 그러자 경영자 측의 이러한 우호적인 태도는 곧 변화를 불러왔다. 노동자들이 어디서 가져왔는지 청소도구를 들고 공장 주변을 말끔히 청소하기 시작한 것이다. 그들은 임금 인상과 유니온숍제를 위해 투쟁하면서 다른 한편으로는 자신의 일터인 공장 주변을 청소했다. 그 파업은 채 일주일도 넘기지 않고 곧바로 타결되었고, 노사 양측 모두 아무런 앙금도 남지 않게 되었다.

　노동분쟁 같은 큰 문제 말고도, 우리 주변에는 집세 같은 사소한 문제들도 많다. 이럴 때 온건한 대화방식이 얼마나 큰 도움이 되는지 생각해보자.

　기술자인 스트로브는 자기 집주인에게 집세를 깎아달라고 부탁하고 싶었다. 그러나 집주인은 평소에 그를 좋게 보지 않았다. 다음은 스트로브가 우리 강습회에 나와서 해준 이야기다.

　나는 집주인에게 계약기간이 끝나는 대로 아파트를 비우겠다고 편지를 썼습니다. 그렇지만 속으로는 그러고 싶지가 않았지요. 집세만 좀 싸게 해준다면 그대로 눌러앉고 싶었습니다. 하지만 돌아가는 상황은 아주 나빴습니다. 나와 처지가 비슷한 다른 세입자들도 모두 실패했고, 다들 집주인만큼 까다로운 사람도 없을 거라고 혀를 내둘렀으니까요.

　그렇지만 난 이렇게 생각했습니다. '나는 사람 다루는 법을 배우고 있지 않는가? 집주인한테 한번 응용해서 효과를 얻어보자.'

　집주인이 자기 비서를 대동하고 찾아왔습니다. 나는 쾌활한 표정으로 아주 친절하게 그를 맞이했습니다. 나는 그 사람에게 진심에서 우러난 호의를 보였습니다. 집세가 비싸다는 말은 전혀 하지 않았고요.

　나는 먼저 지금 살고 있는 아파트가 무척 마음에 든다고 했습니다. 정말 아낌없이 칭찬했지요. 아파트 관리에 대해서도 감탄하면서, 1년쯤 더 살고 싶은데 아쉽게 되었다고요. 그런데 집주인은 여태껏 어떤 세입자한테도 이런 환영을 받은 적이 없던 것 같았습니다. 그에게는 완전히 예상 밖의 상황이 벌어진 것이지요.

집주인은 자신의 이야기를 들려주었습니다. 세입자들 가운데 불평불만을 토로하는 편지를 보낸 사람이 자그마치 열네 명이나 되었고, 특히 그중 몇 통은 매우 모욕적인 편지도 있었답니다. 어떤 사람은 위층 남자의 코고는 소리를 해결해주지 않으면 당장 계약을 파기하겠노라 엄포를 놓았다고 했습니다.

집주인은 "자네처럼 말이 통하는 사람이 있어서 정말 기분 좋군." 하더니 내가 말을 꺼내기도 전에 집세를 깎아주겠다고 말했습니다. 나는 요즘 형편이 좋지 않아서 그러니 좀더 싸게 해줬으면 좋겠다고 부탁했고, 집주인은 흔쾌히 허락해주었습니다. 게다가 그는 "방 안의 장식을 바꿔줄 수도 있는데 원하는 것이 있으면 말하게나." 하고 돌아갔습니다.

만약 내가 다른 세입자들처럼 집세를 내려달라고 했다면 똑같이 실패했겠지요. 우호적이고 동정적인, 그리고 상대방을 배려한 태도가 큰 도움이 되었던 것 같습니다.

비슷한 사례로, 롱아일랜드의 가든시티에 사는 도로시 데이 부인의 이야기도 들어보자.

그녀는 어느 날 간단한 오찬회를 갖게 되었다. 그날은 자신이 존경하고 아끼는 사람들만 초대했기 때문에 각별히 신경을 쓰면서, 일류 급사장 에밀에게 모든 것을 일임했다.

그런데 철석같이 믿었던 에밀이 그만 사고를 치고 말았다. 이미 손님을 초대한 상태였기 때문에 준비에 들어가야 했음에도 그가 연락도 없이 나타나지 않은 채 달랑 심부름꾼 한 사람만 보냈던 것이다. 그 사람은 일이 너무 서툴러서 전혀 도움이 되지 않았다. 그날의 상황에 대해 그녀는 이렇게 고백했다.

조촐한 오찬회였지만, 나로서는 매우 귀한 손님뿐이어서 조금의 소홀함도 없게 신경을 쓰고 싶었죠. 그래서 이런 행사를 주관할 때마다 솜씨가 좋은 에밀에게 모든 일을 맡기곤 했는데, 그날따라 그가 나타나지 않는 바람이 일이 틀어져버렸습니다. 급사를 한 명 보내긴 했지만 그 사람은 매사가 서툴렀어요. 주빈 테이블을 뒤로 미루는가 하면 셀러리를 커다란 접시에 담아 내놓기도 했지요. 고기도 질기고 감자는 기름투성이였습니다. 나는 속이 상해 미칠 지경이었어요. 그래도 꾹 참고 웃는 얼굴로 있어야 하니 여간 고역이 아니었죠. 나는 속으로 이를 갈았어요. '내 에밀을 만나면 속이 풀릴 때까지 욕을 해주겠어!'

그 일이 있었던 것은 수요일 저녁이었고, 이튿날 나는 '인간관계'에 관한 강습회에 참석했습니다. 그런데 강연을 듣다 보니 에밀을 일방적으로 원망하고 있는 내 태도가 잘못된 것임을 깨달았습니다. 그 사람을 화나게 해봐야 나에게 별 소득이 없을 거라는 점도 알았지요. 그래서 어떻게든 상대의 입장에서 생각해보기로 했습니다.

'수요일만 빼고 여태껏 식재료를 구입한 것도, 그것을 요리한 것도 그 사람이다. 그의 아랫사람 중에는 더러 어리숙한 사람도 있을 것이다. 아마도 내가 너무 성급했는지도 모른다….'

나는 에밀을 책망하는 대신에 온화하게 얘기해보기로 했습니다. 그러려면 먼저 그에게 고마워해야 한다고 생각했습니다. 그런데 이 방법은 뜻밖에도 멋진 성과를 안겨주었습니다.

이튿날 찾아온 에밀은 나를 무척 경계하면서 외면하는 듯했고, 여차하면 한바탕 일전도 불사할 것 같은 눈치였어요. 하지만 난 애써 모른 체하고 말했지요. "에밀, 당신은 내가 파티를 준비할 때 없어서는 안 될 사람이에요. 당신은 뉴욕 최고의 급사장이잖아요? 물론 재료의 구입이나 요리는 당신 책임이 아니에요. 그래서 어제와 같은 일이 벌어진 것도 어쩔 수 없는 일이고요."

그 말을 하자 그 험상궂던 얼굴이 잠깐 사이에 아주 부드럽게 변했습니다. 에밀이 말했어요. "그렇습니다, 부인. 요리계가 잘못한 일이지 제 잘못은 아닙니다."

나는 이렇게 말했어요. "에밀, 실은 내가 다시 파티를 열고 싶은데, 아무래도 당신 도움이 필요해서요. 어때요? 이번에도 에밀이 해줄래요?"

"물론입니다, 부인. 이번에는 절대 그런 실수가 없을 것입니다."

일주일 후에 나는 또 다른 오찬회를 열었는데, 메뉴는 전적으로 에밀과 상의해서 골랐어요. 전에 있었던 일은 깨끗이 잊어버리고 말예요.

참석자들이 오찬장에 들어섰을 때 테이블마다 장미가 아름답게 장식돼 있었고, 에밀은 손님들 시중에 몸이 열 개라도 되는 양 분주했습니다. 만약 내가 영국 여왕을 초대했더라도 그렇게 아름답고 충실한 서비스는 기대하지 못했을 거예요. 최고의 요리에 최상의 서비스가 이어졌고, 급사도 네 명이나 충원되었더라고요. 마지막엔 에밀이 직접 요리를 내왔어요. 파티가 끝나자 그날의 주빈이 되는 사람이 내 귀에 속삭였어요. "자기, 저 급사장한테 마법이라도 건 거야? 이렇게 훌륭한 서비스는 난생 처음이야."

그렇습니다. 그날 난 온화한 태도와 진심 어린 칭찬으로 마법을 부린 것입니다.

나는 어릴 때 미주리주의 한 시골 초등학교에 다녔다. 그때 나는 태양과 북풍이 서로 힘자랑을 하는 《이솝우화》를 읽은 적이 있다. 북풍이 말했다. "나는 힘이 아주 세다. 내 힘으로 저 걸어가는 사람이 입고 있는 코트를 벗겨 보이겠다." 태양은 잠시 구름 뒤에 숨었고, 북풍은 힘차게 바람을 날렸다. 하지만 북풍이 심할수록 그 사람은 코트 자락을 더 단단히 움켜잡았다. 기운이 다한 북풍은 곧 불기를 포기해버렸다. 그때 태양이 구름 속에서 나와 따뜻한 햇살을 비추었고, 노인은 코트를 벗고 이마의 땀을 닦았다.

태양의 친절하고 온화한 방법이 위력을 행사하는 북풍보다 훨씬 더 효과적이라는 사실을 일깨워주는 우화였다.

내가 시골에서 이 우화를 읽고 있을 때, 보스턴에서는 B라는 의사에 의해 이 우화가 실증되고 있었다. 그리고 그로부터 30년이 지난 어느 날 우리 강습회를 찾아온 B가 그 당시의 이야기를 말해주었다.

당시에 보스턴의 신문 광고란에는 이상한 의료광고들이 만연하고 있었다. 낙태를 전문으로 하는 의사라든가, 환자를 미끼로 돈벌이에 급급한 의사들이 허위과장광고로 환자들을 겁주면서 엉터리 치료를 일삼았던 것이다. 부작용으로 많은 피해자가 발생했지만, 그 때문에 처벌된 의사는 단 한 명도 없었다. 거의 대부분 얼마 안 되는 벌금으로 사건이 종결되거나 정치적 압력으로 흐지부지되고 말았다.

이에 보스턴 시민들은 크게 분노했다. 목사들도 분개하면서 그 괴상한 광고를 막아달라고 기도했다. 각종 시민단체와 인권단체, 부녀회와 청년회가 들고일어났지만 별 효과가 없었다. 주 의회도 그런 해괴한 신문광고를 두고 격렬한 논쟁을 벌였지만 결국 매수와 정치적 압력으로 영향력을 발휘하지 못했다. B씨는 당시에 보스턴시 그리스도교연합회 회장이었다. 그들도 전력을 다해 싸웠지만 실패하기는 마찬가지여서 의료범죄에 대한 단죄는 불가능해졌다.

그러던 어느 날 밤 B씨는 그때까지 누구도 생각지 못했던 방법을 떠올렸다. 즉 신문 발행자가 자진해서 광고를 중지하고 싶도록 친절, 동정, 감사의 방법을 택한 것이다. B씨는 곧《보스턴 헤럴드》의 사장 앞으로 편지를 써서 그 신문을 칭찬했다. 자신은 평소 그 신문의 열혈 독자다. 뉴스가 담백하고 선동적인 데가 없으며 사설도 매우 훌륭하다. 뉴잉글랜드뿐만 아니라 미국 전역을 통틀어 최고의 신문이라고 칭찬했다. 그런 다음에 이렇게 썼다.

내 친구 중에 막 중학교에 들어간 딸을 가진 사람이 있습니다. 그 사람을 말을 빌리자면, 어느 날 저녁에 그 딸이 귀하의 신문에 실린 낙태 광고를 보고 나서 그에게 궁금한 점을 묻더랍니다. 아버지는 딸의 질문에 당황하여 뭐라 말해야 할지 몰랐겠지요.

귀하의 신문은 보스턴의 상류층 가정에서 구독하고 있습니다. 아마도 이런 일은 여러 가정에서 비슷하게 일어난다고 볼 수도 있습니다. 만약 당신한테 어린 딸이 있다면 그런 광고를 딸에게 보여주고 싶지는 않겠지요? 또 딸이 그런 질문을 해온다면 어떻게 대답하시겠습니까? 귀하의 신문에 아버지로서 차마 딸에게는 보이고 싶지 않은 광고나 기사가 한 군데라도 있다는 것은 매우 큰 유감입니다. 귀하의 신문을 애독하는 수천의 독자들도 아마 나와 똑같은 생각을 하고 있을 겁니다.

이틀 후《보스턴 헤럴드》의 사장으로부터 직접 회신이 왔다. B씨는 그 편지를 30년 가까이 보관해오고 있다가 우리 강습회에 가지고 와서 보여주었다. 1904년 10월 13일자 편지였다.

> 귀하의 친절한 편지, 고맙습니다. 저도 취임 이래 이날까지 늘 이 문제로 고민해왔습니다. 그리고 이제야 겨우 결단을 내리게 되었습니다. 그것도 순전히 귀하의 편지 덕분에요. 돌아오는 월요일 이후 《보스턴 헤럴드》는 그런 부끄러운 광고나 기사를 싣지 않겠다고 약속드립니다. 허위과장광고는 물론 낯부끄러운 광고도 일절 금하겠습니다. 또한 부득불 게재해야 하는 의료기 광고도 절대 거부감이나 부작용이 발생하지 않도록 편집하겠으며….

이솝은 크리사스의 왕궁에서 일하던 그리스의 노예였다. 그는 그리스도가 탄생하기 600년 전에 인류가 사랑하는 불후의 명작 《이솝우화》를 썼다. 그 책의 교훈은 2600년 전의 아테네에서나 오늘날의 보스턴에서나 똑같이 진실이다. 태양만이 북풍보다 먼저 코트를 벗길 수 있었다. 친절, 우애, 감사는 그 어떤 성난 목소리보다도 쉽게 사람의 마음을 바꿀 수 있는 것이다.

'꿀 한 방울이 쓸개즙 한 통보다 더 많은 파리를 잡는다'는 옛 격언을 항상 기억해두기 바란다.

상대방을 설득하는 12가지 방법 4
온화하고 우호적으로 말하라.

5장
Yes를 유도하라

사람들과 얘기할 때 의견 차가 있는 문제는 처음부터 언급하지 말아야 한다. 서로 일치하는 부분부터 시작하여 그것을 지속적으로 강조하면서 이야기를 진행시켜야 한다. 서로가 동일한 목적을 향해 노력한다는 것을 상대에게 이해시키고, 다만 그 방법이 차이가 있을 뿐이라는 점을 강조하는 것이다. 그래서 가능한 한 처음에는 상대방이 '예스'라고 말할 수 있는 문제를 거론하고, 되도록이면 '노'라고 말하지 않도록 해야 한다. 오버스트리트 교수는 이렇게 말했다.

상대방이 일단 '노'라고 응답했다면 그것을 '예스'로 바꾸는 것은 무척 힘든 일이다. '노'라고 대답한 이상 그것을 번복하는 것은 자존심이 허락하지 않기 때문이다. 물론 '노'라고 대답하고 나서 속으로 후회할 수도 있겠지만, 설사 그렇다고 해도 자기 자존심을 손상시키면서까지 번복하는 사람은 드물다. 한번 말한 이상 끝까지 그것을 고집하게 되는 것이다. 그러므로 처음부터 '예스'라는 대답이 나오도록 대화를 이끌어가는 것이 무척 중요하다.

말재주가 좋은 사람은 먼저 상대방에게 몇 번이고 '예스'라고 말하게 한다. 그러면 상대방의 심리가 긍정적인 쪽으로 움직이기 시작한다. 이것은 마치 당구와 같아서, 공이 일정한 방향으로 구르기 시작한 것을 다른 쪽으로 돌리려면 꽤 많은 힘을 필요로 하는 것과 마찬가지다. 공을 반대 방향으로 되돌아오게 하려면 먼저 가한 힘보다 훨씬 더 강한 힘이 필요한 것이다.

인간의 심리적인 패턴은 일정한 특성을 지니고 있다. '노'라고 할 경우에는 그 말이 입 밖으로 튀어나옴과 동시에 우리 몸의 각종 분비선, 신경, 근육 등의 모든 조직이 일제히 거부 태세로 굳어진다. 뒷걸음질치거나 도망칠 태세를 갖추는 것이다. 반면에 '예스'라고 할 경우에는 이런 현상이 전혀 일어나지 않는다. 신체의 모든 조직이 스스로 무엇이든 받아들이려는 태세를 갖추는 것이다. 따라서 처음에 '예스'라는 말을 많이 유도하면 할수록 상대방을 자신의 생각대로 이끌 수가 있게 된다.

상대로 하여금 '예스'라는 대답을 끌어내는 전략은 지극히 간단하다. 그런데도 이 기술은 별로 상용되지 않고 있다. 게다가 처음부터 상대방의 의견에 반대를 해야만 자신의 중요성을 인정받게 된다고 생각하는 사람도 많은 편이다. 급진주의자들은 보수적인 동료들과 함께 있으면 곧 상대방을 화나게 한다. 그런데 과연 그렇게 해서 그가 얻는 것은 무엇인가? 만약 상대를 화나게 하는 자체가 목적이어서 그러는 것이라면 이해할 수도 있겠지만, 설득하는 것이 목적이라면 자신이 심리적으로 무지한 사람이라는 사실만 드러낼 뿐이다.

뉴욕에 있는 그리니치 저축은행의 직원인 제임스 에버슨은 '예스'를 유도하는 화법을 이용하여 하마터면 놓칠 뻔한 고객을 붙잡아둘 수 있었다. 다음은 그가 자신의 경험담을 우리에게 들려준 것이다.

한 고객이 예금 계좌를 개설하기 위해 은행을 찾아왔다. 제임스는 계좌용지에 필요한 사항을 기록하기 위해 몇 가지 질문을 했는데, 그 고객은 대부분은 대답을 해주었지만 어떤 질문에는 못들은 체하며 대답하지 않았다.

만약 제임스가 인간관계에 대한 강의를 듣지 않았다면, 이런 경우 계좌를 개설할 수 없다고 단호하게 말했을 것이다. 부끄럽게도 그는 그때까지도 그런 식으로 일처리를 해왔다. 원리원칙을 들이대며 상대방을 골탕 먹이는 것은 묘한 쾌감을 안겨준다. 그는 은행의 원칙을 빙패 심아 상대방에게 자신의 우위를 뽐내려고 했던 것이다. 그러나 이런 태도는 일부러 은행을 찾아온 고객에게 절대 호감을 안겨줄 수가 없다.

제임스는 어떻게든 고객의 입장에 서서 일을 진행하기로 마음먹었다. 고객으로 하여금 처음부터 '예스'라고 대답하게 함으로써 일을 긍정적인 방향으로 진행시킬 계획이었던 것이다. 그래서 그 고객에게, 마음에 들지 않는 질문에는 구태여 답할 필요가 없다고 말해주었다. 그러면서 이렇게 덧붙였다.

"그런데 고객님, 예금을 하신 뒤에 만약 고객님께 불의의 사고라도 생기면 어떡합니까? 법적으로 고객님과 가장 가까운 친척을 찾을 수 있도록 해놔야 하지 않을까요?"

"그렇군요."

고객은 긍정적으로 대답했다.

"만약 그런 일이 발생한다면 저희가 고객님을 위해 정확하고 신속하게 일처리를 할 수 있도록 가까운 친척 이름을 알아두는 것이 좋지 않을까요?"

"네, 그래요."

그는 또 긍정적인 대답을 했다.

제임스의 질문이 은행을 위해서가 아니라 자신을 위한 것임을 알게 되자 그가 태도를 바꾸었다. 그래서 필요한 사항들을 모두 자세히 이야기했고, 제임스의 권유에 따라 자기 어머니를 수취인으로 하는 신탁계좌까지 개설하고 어머니에 대한 질문에도 기꺼이 응해주었다. 고객이 경직된 태도를 버리고 제임스가 원하는 대로 따르게 된 것은 처음부터 질문을 '예스'라는 대답이 나오도록 유도했기 때문이다.

이번에는 웨스팅하우스의 판매사원 조셉 앨리슨의 경험담이다.

앨리슨이 담당하는 구역에 회사 제품을 반드시 납품하고 싶은 상대가 있었다. 그의 전임자는 그 회사를 10년째 쫓아다녔지만 별 소득이 없었다고 했다. 앨리슨도 그 구역을 맡고 나서 벌써 3년째 출근하다시피 했지만 구매담당자를 만나기도 힘들었다. 끈질긴 방문 끝에 겨우 모터 서너 대를 팔았을 뿐이었다. 그러나 그렇게라도 일단 한번 팔았으니 사용해보고 나면 그 성능에 반해서 수백 대의 제품을 주문할 것이라고 기대하고 있었다. 그만큼 회사 제품에 대해 자신감이 있었다.

3주일 후에 앨리슨은 의기양양하게 그 회사를 방문했다. 그런데 구매담당자는 그를 보자마자 대뜸 이렇게 말하는 것이었다.

"앨리슨, 당신 회사의 모터는 이제 사절이오."

앨리슨은 깜짝 놀랐다.

"아니, 대체 무슨 말씀이시죠?"

"당신 회사 모터는 발열이 너무 심해서 손을 댈 수가 없을 지경이란 말이오."

나는 그 엉뚱한 말에 순간적으로 화가 났지만, 그렇다고 대놓고 화를 낼 상황도 아니었다. 반박해봐야 아무 소용없으리라는 것을 잘 알고 있던 나는 상대방에게 '예스'라는 말을 유도해보기로 했다. 그래서 애써 화를 누르며 이렇게 말했다.

"아, 그렇습니까? 모터가 그렇게 과열된다면 추가 주문을 해달라는 부탁도 할 수 없겠군요. 우리 모터 때문에 피해를 보고 있다면 당연히 협회가 정한 기준보다 발열이 적은 제품을 고르셔야죠. 안 그렇습니까?"

앨리슨의 질문에 그는 아무 생각 없이 그렇다고 대답했다. 첫 번째 긍정적인 대답을 얻어낸 것이다.

"그런데 협회 기준에 띠르면, 모터의 온도가 실내온도보다 화씨 72도까지 올라가는 건 인정되지 않습니까?"

"그렇소. 그런데 저 모터는 그보다 더 뜨거워진단 말이오."

일단 긍정적인 태도를 이끌어낸 앨리슨은 다음의 부정적인 말을 이해시키기 위해 이렇게 물어보았다.

"공장 내부의 온도가 몇 도쯤 됩니까?"

"한 75도쯤 될 거요."

"공장 내부의 온도가 75도, 거기에 72도를 더하면 147도가 되는군요. 화씨 147도의 물에 손을 넣는다고 생각해보세요. 엄청 뜨겁겠네요?"

"그렇소."

"그렇다면 협회 기준 온도에 맞는 다른 어떤 모터라도 사용하다가 손을 대면 뜨거울 테니 조심하셔야겠습니다."

앨리슨은 이렇게 가능한 한 부드럽고 다정한 목소리로 하고 싶은 말을 했다. 그러자 그 사람은 과연 그렇다고 고개를 끄덕이는 것이었다. 앨리슨은 한참 동안 그와 이런저런 말을 주고받다가 결국 3만 5000달러 상당의 추가 주문을 받아냈다.

논쟁을 벌여봐야 남는 것은 손해뿐이다. 차라리 상대방의 입장에서 생각해보는 것이 옳고 그름을 따지는 것보다 기분이 좋고 실익도 챙길 수 있다. 그러고 보니 나야말로 오랜 세월 동안 쓸데없는 논쟁을 위해 많은 시간과 비용을 낭비해온 것이 아닌가 후회하게 된다.

역사상 가장 위대한 철학자인 소크라테스는 동서고금을 통틀어 사람을 설득하는 데 일인자였다. 그는 절대 상대방의 잘못을 지적하지 않았고, 소위 '소크라테스 문답법'으로 상대로 하여금 '예스'라는 대답을 이끌어냈다. 그는 먼저 상대방이 '예스'라고 대답할 수밖에 없는 질문을 한다. 그리고 그다음 질문도 역시 같은 방식으로 되풀이한다. 그러면 상대방은 자신도 미처 깨닫지 못하는 사이에 자신이 부정하고 있던 문제에 대해 어느새 '예스'라고 대답하고 있음을 알게 된다.

다른 사람의 잘못된 판단을 지적하고 싶으면 소크라테스의 방식을 떠올리면서 상대로 하여금 '예스'라고 말하도록 유도하는 것이 좋다. 중국의 옛 속담에 '부드러움이 능히 강한 것을 꺾는다'는 말이 있다. 과연 5000년 역사를 지닌 민족에 걸맞은 명언이다.

상대방을 설득하는 12가지 방법 5

상대가 기꺼이 '예스'라고 답할 수 있게 만들어라.

6장

상대방이 직접 말하게 하라

대부분의 사람들은 상대방을 설득하려고 할 때 자기 혼자서만 말한다. 그중에도 특히 세일즈맨들은 이런 치명적인 실수를 저지른다. 이것은 아주 큰 잘못이다. 상대방이 말을 하게 만들어야 한다. 상대방은 당신보다 자기 사업이나 문젯거리에 대해 훨씬 더 많이 알고 있다. 따라서 가능하면 그에게 질문하고 그가 당신에게 많은 것을 말하도록 유도해야 한다.

설사 상대방이 하는 말에 이견이 있더라도 결코 상대방의 말을 가로막아서는 안 된다. 그가 하고 싶은 말이 남아 있는 한 이쪽에서 아무리 좋은 이야기를 해도 소용없다. 마음을 열고 참을성 있게 끝까지 들어주어야 한다. 그래서 상대방이 마음껏 자신의 속내를 털어놓게 해야 한다.

몇 년 전 굴지의 자동차회사에서 1년 치의 내장 시트용 직물류를 구입할 때의 일이다. 세 개의 회사가 견본을 제출했고, 자동차회사 중역들은 그 견본을 면밀히 검토하고 나서, 설명을 듣고 나서 최종 결정을 할 테니 지정된 일시에 회사에 나와달라고 통보했다. 그중 한 회사의 대표인 R씨도 심한 후두염을 참고 그 자리에 참가했다. 다음은 R씨가 들려준 이야기를 옮긴 것이다.

내가 발표할 차례가 되었지만 후두염 때문에 목소리가 잘 나오지 않았다. 말을 하려고 해도 잔뜩 쉰 목소리만 새어나왔다.

작은 회의실로 안내되어 들어가니 사장을 비롯한 부서 책임자들이 빙 둘러앉아 있었다. 나는 말을 하려고 무진 애를 써봤지만 긴장한 탓인지 말소리가 전혀 나오질 않았다. 어쩔 수 없이 종이에, '제가 후두염을 앓고 있어서 목소리가 안 나옵니다.'라고 써서 내놓았다. 그걸 본 사장은 "그럼 당신이 할 말을 내가 대신 하도록 하지요."라고 말했다. 그러고는 그 사장은 내가 준비한 견본을 펼쳐들고 제품의 장점을 이야기했다. 그러자 각 부서 책임자들이 이런저런 의문을 제기했다. 그 회사 사장은 내 대변인을 자처했으니 어찌 됐든 강한 우군이 되고 말았다. 나는 그가 하는 말을 들으면서 싱긋이 미소 짓거나 고개만 끄덕이고 있었다.

그 '희한한' 발표회의 결과, 우리 회사는 50만 야드의 직물을 수주했다. 금액으로는 160만 달러, 우리 회사로서는 창사 이래 처음 맛보는 큰 주문이었다. 만약 그날 내 목소리가 멀쩡했더라면 도저히 수주가 불가능했을 것 같은 대규모 물량이었다. 그 일을 계기로 나는 화제를 이쪽에서 주도하는 것보다는 상대방이 맘껏 말할 수 있게 기회를 제공해주는 것이 훨씬 더 큰 이익이 된다는 것을 깨닫게 되었다.

필라델피아 전기회사의 조셉 S. 웹 씨도 비슷한 경험을 했다. 그가 네덜란드인 농부들이 모여 사는 펜실베이니아의 한 시골 마을을 시찰하고 다니던 때의 일이다. 그는 규모가 제법 크고 관리가 잘된 양계축사를 지나다가 그 지역 담당자에게 물어보았다.

"왜 이 지역 축산농가는 전기를 쓰지 않지요?"

"하나같이 구두쇠만 모여 살아서 그렇죠."

"…?"

그가 말했다.

"아무리 전기시설을 권해도 소용이 없었어요. 새로운 것이라면 뭐든 반기를 드니 회사 입장에서는 아주 골치 아픈 일이죠. 저도 전기를 써보라고 몇 번 권했지만 꿈쩍도 하지 않습니다."

그 말은 '니라고 별수 있겠어?' 하는 소리처럼 들렸다. 사실인지는 알 수 없지만, 웹 씨는 어쨌든 한번 시도해보려고 지역 담당자와 한 농가를 찾아갔다. 현관문이 열리면서 나이 든 드러켄브로드 부인이 나타났다.

드러켄브로드 부인은 두 사람이 전기회사에서 나왔다는 사실을 알고 문을 시끄럽게 닫았다. 하지만 웹 씨는 물러서지 않고 계속 노크했다. 겨우 문이 열렸지만, 이번에는 험한 욕설이 날아왔다.

"드러켄브로드 부인, 귀찮게 해드려서 죄송합니다. 사실 저는 전기 때문에 온 것이 아니라 달걀을 좀 나누어주십사 하고 찾아왔습니다."

그 말에 부인은 조금 뜨악한 표정을 지으며 문을 좀더 넓게 열었다.

"댁의 닭은 굉장히 훌륭하군요. 도미니크종이지요? 달걀 한 줄만 팔지 않으시겠어요?"

그러자 문이 다시 더 넓게 열렸고, 드러켄브로드 부인이 웹 씨에게 물었다.

“도미니크종이라는 걸 어떻게 아세요?”

그렇게 해서 경계심이 무뎌지고 호기심이 일기 시작했다.

“저도 닭을 키우고 있습니다만, 이처럼 훌륭한 닭은 보지 못했거든요.”

드러켄브로드 부인은 여전히 영문을 모르겠다는 표정이었다.

“우리 집 닭은 레그혼종이라 흰 달걀만 낳아서요. 부인도 직접 요리를 하셔서 아시겠지만 흰 달걀은 케이크 만들 때 노란 달걀의 상대가 안 되지 않습니까? 게다가 제 아내는 케이크를 만들 때 워낙 까다로워서요.”

얘기가 여기까지 진행되자 드러켄브로드 부인도 한결 기분이 좋아졌는지 어느새 집 밖으로 나왔다. 그 사이에 웹 씨는 주위를 둘러보고서 그 농장이 낙농설비를 갖추고 있음을 알았다. 웹 씨는 계속해서 물어보았다.

“댁에서 기르고 있는 닭이 주인이 기르는 젖소보다 훨씬 더 수익이 클 것 같은데, 어떻습니까?”

웹 씨의 이 질문은 대단한 효력을 발휘했다. 바로 드러켄브로드 부인이 다른 사람에게 자랑하고 싶었던 문제를 제대로 건드린 것이다. 그녀는 자신도 그렇다고 확신하지만, 고집 센 자기 남편은 절대 그럴 리가 없다며 사실을 인정하지 않으려고 한다고 말했다.

드러켄브로드 부인은 두 사람을 닭장으로 안내했다. 웹 씨는 그곳을 둘러보다가 그녀가 직접 고안해서 만든 작은 기계장치들을 발견했고, 부인의 솜씨에 진심으로 칭찬을 아끼지 않았다. 그리고 좋은 사료와 적정 온도에 대해서도 의견을 나누었다. 부인과 웹 씨는 그렇게 허물없이 기분 좋은 시간을 보냈다. 그러자 부인이 마침내 이렇게 말하기에 이르렀다.

“닭장에 전등을 밝혀서 더 많은 달걀을 낳게 하는 집이 있다던데, 사실인가요?”

2주 후 드러켄브로드 부인의 닭들은 밝은 전등 아래서 열심히 모이를 쪼아 먹고 있었다. 웹 씨는 전기 설비 주문을 따냈고, 부인은 예전보다 훨씬 더 많은 달걀을 얻게 되었으니 모두가 잘된 일이었다.

이 이야기의 요점은, 만약 웹 씨가 처음에 부인 스스로 이야기를 꺼내게끔 유도하지 못했다면 그는 뭐든 새로운 것을 꺼리는 그 네덜란드인 농가에 전기를 팔지 못했을 것이라는 점이다. 웹 씨는 그 부인이 먼저 말을 하게끔 만들었고, 전기 이야기도 먼저 꺼내게 유도했다. 떠안기듯이 파는 것이 아니라 스스로 사게 만들어야 하는 것이다.

《뉴욕 헤럴드 트리뷴》의 '경력사원 모집' 공고를 보고 큐벨리스라는 젊은이가 지원했다. 면접통지서가 날아왔고, 그는 면접이 있기 전에 월스트리트로 나가서 그 회사 설립자에 대해 자세히 조사했다. 그래서 면접장에서 그 사장에게 이렇게 말했다.

"이처럼 훌륭한 회사에 입사할 수 있다면 큰 영광이겠습니다. 소문을 들으니 30년 전에 무일푼으로 출발하셨다는데, 그게 사실입니까?"

대체로 자수성가한 사람들은 젊은 시절에 겪었던 험한 가시밭길을 되돌아보고 싶어 한다. 그 사장도 예외는 아니었다. 그는 단돈 450달러와 아이디어만 갖고 창업 일선에 뛰어들었던 자신의 젊은 날을 이야기했다. 처음이라 매사가 낯설고 어려움도 많았다. 휴일이나 심지어는 축제 때도 쉬지 않고 일했고, 온갖 어려움을 극복하고 마침내 회사를 이만큼 키워놓았다. 지금은 월스트리트의 초일류 인사들도 그에게 자문을 구하러 찾아온다고 했다. 그는 성공한 사업가로서 자신의 옛이야기를 들려주는 것이 몹시 즐거운 듯했다.

사장이 큐벨리스의 이력에 대해 몇 가지 질문을 하고 나서 인사부장에게 말했다.

"난 이 친구가 우리 회사에 꼭 필요한 인재처럼 보이는데, 자네가 보기엔 어떤가?"

큐벨리스는 미리 그 회사 사장의 경력을 알아보는 등 약간의 수고를 했다. 상대방에게 관심을 기울인 것이다. 그리고 그 상대방으로 하여금 자신의 옛 이야기를 하게끔 유도함으로써 그에게 좋은 인상을 주었다. 우리 주변의 친구나 동료도 마찬가지다. 남이 자랑하는 소리를 듣기보다는 자신이 성공한 이야기를 들려주고 싶어 한다.

프랑스의 철학자 라로슈푸코는 "적을 만들려면 친구를 넘어서고, 친구를 만들려면 그가 당신을 넘어서게 하라."라고 말한 바 있다. 왜 그럴까? 친구가 우리를 넘어서면 그 친구는 자신의 중요성을 확인하지만, 우리가 친구를 넘어서면 친구는 열등감, 시기, 질투의 감정을 갖게 되기 때문이다.

독일 속담에는 "우리가 질투하는 사람들이 곤경에 처한 것을 볼 때 가장 큰 희열을 느낀다."라는 말이 있다. 모르긴 몰라도 모두가 공감하는 말일 것이다. 그러므로 자신의 성공에 대해서는 가급적 조용히 이야기하는 것이 좋을 것이다. 자신의 성공은 가능한 한 최소화해서 이야기한다. 겸손해지자. 그러면 확실히 들어맞는다.

당신과 나, 우리는 결코 대단한 사람들이 못 된다. 아무리 큰 성공을 거두더라도 채 100년을 못 살고 결국 잊히고 만다. 인생은 그만큼 덧없고 짧은 것이다. 그러므로 자신의 소소한 성취를 자랑하며 남을 귀찮게 할 필요가 없는 것이다. 그럴 여유가 있다면 차라리 상대방이 말하게 해주자. 그리고 항상 겸손하자.

당신이 바보가 되는 것을 막아주는 것이 무엇인지 아는가? 별것 아니다. 갑상샘에 들어 있는 아주 적은 양의 요오드다. 그만한 요오드는 단돈 5센트면 살 수가 있다. 하지만 의사가 당신의 갑상샘을 열고 그 요오드만 제거해내면 누구나 바보가 되어버린다. 불과 5센트어치의 요오드가 우리를 정신병원과 떨어져 살게 해주는 것이다. 더욱 겸손하자.

상대방을 설득하는 12가지 방법 6

상대방이 이야기하게 만들어라.

7장

스스로 결론을 내도록 유도하라

사람은 누구나 남으로부터 강요된 생각보다는 자신이 고안해낸 생각을 더욱 중요하게 여긴다. 그래서 누군가 자신의 의견을 강요하는 것을 부정적으로 받아들이게 된다. 이럴 땐 살짝 힌트를 주거나 부분적인 제안을 하고, 그래서 상대방 스스로가 결론을 내리게 하는 것이 훨씬 더 현명한 방법이다.

필라델피아의 모 자동차 영업소장인 아돌프 젤츠는 판매부진으로 부하직원들의 사기가 떨어지고 의욕이 침체된 것을 보고 그들을 격려해야겠다고 생각했다. 그래서 어느 날 전 직원이 함께 하는 영업회의에서 각자가 원하는 것을 솔직하게 말해보자고 제안했다. 그리고 그들의 요구사항을 하나하나 칠판에 적은 다음 이렇게 말했다.

“여러분의 요구사항을 모두 들어주겠습니다. 대신에 나도 여러분께 요구사항이 있습니다. 여러분이 내 요구사항을 어떻게 들어줄 것인지 말씀해주십시오.”

젤츠의 말에 사기가 오른 직원들은 그 즉시 떠오르는 여러 가지 생각을 이야기했다. 성실, 정직, 적극성, 낙관주의, 협동, 충실한 근무 등 다양한 아이디어가 제시됐고 심지어 하루 열네 시간 근무를 약속하는 사람도 있었다.

그날의 영업회의는 성공적이었고, 새로운 의욕이 가득한 부하직원들 덕분에 젤츠의 자동차 판매실적은 놀랄 만큼 향상되었다. 젤츠는 그 결과에 대해 이렇게 말했다.

“나는 우리 직원들과 서로가 원하는 사항들을 들어주기로 협정을 맺었습니다. 그러므로 내 쪽에서 성실히 약속을 이행하는 한, 그들도 충실하게 자신들의 약속을 지키려고 노력할 것입니다. 그들의 요구사항을 들어줌으로써 회사 분위기도 좋게 하고 영업실적도 끌어올릴 수 있었습니다.”

사람은 누구나 다른 사람에게 강요받거나 지시받는 것을 싫어한다. 똑같은 일을 하더라도 스스로 알아서 하는 것과 명령을 받아서 하는 것은 큰 차이가 있는 것이다. 반면에, 스스로 행동하거나 자기 의견이 포함된 일을 하는 것은 매우 좋아한다. 유진 웨슨은 인간의 이런 본성을 깨닫기 전에는 수천 달러를 손해 보았다고 한다.

웨슨은 스타일리스트나 직물공장에 디자인을 제공하는 스튜디오에 밑그림을 공급하는 하청 일을 하고 있었다. 그 일을 하면서 그는 벌써 몇 년째 유명 스타일리스트 한 명을 방문하고 있었다. 웨슨은 이렇게 고백했다.

“그 사람은 날 만나주긴 했지만 한 번도 내 디자인을 채택해주지 않았습니다. 내가 작업한 밑그림을 가져갈 때마다 늘 '괜찮아 보이는데 썩 내키지는 않는군.' 하고 말했죠."

결국 웨슨은 뭔가 방법을 바꿔야겠다고 생각했다. 그래서 '사람을 다루는 비결' 강좌에 참석하여 인간관계를 연구하고 상대를 설득하는 화술의 요령을 습득했다. 어느 정도 자신감이 생기자 밑그림 몇 장을 들고 그 디자이너를 찾아갔다.

"실은 제가 한 가지 부탁이 있어서 찾아왔습니다."

"무슨 일이지?"

"밑그림을 몇 개 그려봤는데, 이걸 쓸 수 있게 완성하려면 어떻게 해야 할지를 몰라서 여쭤보고 싶습니다."

디자이너는 그가 내민 스케치를 받아 말없이 바라보다가 이렇게 말했다.

"며칠 생각해볼 테니 나중에 다시 한번 들러주게나."

사흘 뒤에 웨슨은 다시 그 디자이너를 방문했고, 그의 몇 가지 조언을 듣고 나서 그 밑그림을 완성할 수 있었다. 그리고 디자이너는 그 그림들을 모두 구매해주었다.

웨슨은 이렇게 말했다.

"저는 오랫동안 제 그림을 팔지 못한 이유를 알게 되었습니다. 그 사람에게 무조건 제 생각을 강요했기 때문이지요. 하지만 지금은 정반대의 방법을 쓰고 있습니다. 상대로 하여금 자신의 의견을 제시하도록 하는 거지요. 그래서 내 그림을 사달라고 부탁하는 것이 아니라 그가 내 디자인을 사게 만들었습니다."

롱아일랜드의 중고차 판매업자인 K도 이런 방법으로 까다로운 스코틀랜드 출신 부부에게 자동차를 팔았다.

K는 중고차를 사러 온 부부에게 차례로 이런저런 차를 구경시켜주었다. 그때마다 그들은 디자인이 마음에 안 든다, 쿠션이 나쁘다, 엔진 소음이 너무 심하다는 등 온갖 이유를 대며 구매를 망설였다. 특히 그들은 어떤 차든 차 값이 너무 비싸다고 손사래를 치는 것이었다.

그런데 때마침 K는 '카네기 화술강좌'를 수강하고 있었다. 그는 이 문제를 강좌에서 공개하고 같은 클래스 학생들의 의견을 물어보았고, 사람들은 차를 팔려고 너무 서두르지 말고 그들로 하여금 사고 싶게 만들어보라고 충고했다. 즉 이쪽에서 강요하는 듯한 행동을 피하고 상대방이 직접 선택했다는 느낌이 들도록 하는 것이 중요했다.

K는 한번 시도해보리라 마음먹었는데, 때마침 한 고객으로부터 타던 차를 팔고 새 차를 구입하고 싶다는 연락이 왔다. 그는 이 새로 들인 중고차가 그들 부부의 마음에 들 것이라고 판단하고 즉시 전화를 했다.

"제가 부탁드릴 일이 있는데, 한번 나와주시겠어요?"

얼마 후 그들이 찾아오자 K는 크게 난처해하는 얼굴로 말했다.

"지난번에 보니까 차를 고르시는 선생님들의 안목이 저보다 좋으신 것 같더군요. 그래서 부탁드립니다만, 어떤 고객님이 제게 차를 맡기셨는데, 한번 살펴보시고 적당한 가격을 매겨주시지 않겠습니까?"

능력을 인정받은 그들 부부는 내심 기분이 좋아졌다. 그들은 차의 내부와 엔진룸까지 꼼꼼히 살펴보고 나서 시운전 삼아 포리스트힐까지 다녀온 후 확신에 찬 목소리로 말했다.

"이 차는 300달러가 적당할 것 같소. 무사고에 엔진 성능도 좋고…. 아마 그 정도면 누구든 적당하다고 생각할 것이오."

그 말을 들은 K가 기다렸다는 듯이 말했다.

"그럼 선생님께서 이 차를 구입하시지요. 아직 마음에 드는 차를 못 만나셨잖아요?"

"300달러에 말이오?"

"네!"

그 차 값은 그들이 매긴 가격이었다. 그러니 어떻게 불평하겠는가?

한 엑스선 장치 제조업자도 브루클린에 있는 큰 병원에 의료장비를 팔기 위해 이런 심리를 응용했다.

그 병원은 건물을 새롭게 증축하면서 미국 최고의 엑스선과를 개설할 계획이었다. 담당자는 L박사였는데, 어떻게 알았는지 의료장비 업자들이 시도 때도 없이 몰려와서 제품 홍보전을 펼치는 바람에 골머리를 앓고 있었다. 그런데 그중에는 다른 업자와는 비교가 안 될 만큼 사람을 다루는 법에 도통한 한 업자가 있었다. 그는 L박사에게 이런 편지를 썼다.

> 저희 회사에서는 최근 새로운 엑스선 장비를 완성했습니다. 지금 그 첫 제품이 저희 사무실에 도착해 있습니다. 물론 이번 시제품이 완벽하다고는 생각지 않습니다. 따라서 저희는 앞으로도 지속적으로 미비한 점을 개선해나갈 계획입니다.
>
> 부디 박사님 같은 전문의께서 일차 왕림하시어 장비를 직접 보신 후, 어떻게 하면 좀더 실용적이고 효과적으로 개선할 수 있을지 고견을 들려주신다면 더없는 영광으로 생각하겠습니다. 시간을 내주시면 당일 저희가 모시러 가겠습니다.

편지를 받은 L박사는 당시의 느낌을 이렇게 고백했다.

"뜻밖의 편지를 받고 반가운 한편으로 무척 고맙게 느껴졌습니다. 그때까지 내 충고를 기대하는 엑스선 장치 제조업자를 만나본 적이 없었거든요. 그래서 그 주 내내 꽉 차 있던 약속 중 하나를 취소하고 그곳에 갔습니다. 그런데 그 장비가 마음에 쏙 들더군요. 그 장치를 구입해달라고 부탁하는 사람은 한 명도 없었습니다. 그들은 단지 그 장치를 보여주기만 했고, 그 우수한 효능에 감탄해서 내가 계약을 하자고 했지요."

에드워드 M. 하우스 대령은 우드로 윌슨 대통령 재임 당시 국내외 외교문제에 지대한 영향력을 끼친 인물이다. 윌슨 대통령은 비밀문서를 놓고 토론할 때 각료들보다 하우스 대령을 더 신뢰했다.

하우스 대령은 대체 어떻게 해서 대통령의 신임을 얻게 되었을까? 다행히도 대령은 그 답을 아서 D. 스미스에게 알려주었고, 그것을 스미스가《새터데이 이브닝 포스트》에 옮겨놓았기 때문에 알 수 있다.

하우스는 이렇게 말했다.

대통령을 알게 된 후 나는 그의 마음을 바꾸는 가장 좋은 방법을 알게 되었다.

그것은 어떤 생각을 아무렇지도 않게 흘려 말함으로써 대통령이 그 문제에 관심을 갖고 심사숙고하게 만드는 것이었다. 마치 그 생각을 자신이 고안해낸 것처럼 자연스럽게 말이다.

나는 이 방법을 아주 우연히 발견했다. 한번은 백악관을 찾아가 어떤 정책을 강력하게 촉구했는데, 대통령은 영 마음에 내키지 않는 표정이었다.

그런데 며칠 후 저녁식사 자리에서 대통령이 내가 말한 의견을 마치 자신이 생각해낸 것처럼 술술 말하는 것이 아닌가? 나는 깜짝 놀라서 한동안 멍한 표정으로 그를 바라보았다.

그렇다고 하우스 대령이 대통령의 말을 가로채서, "그건 대통령님의 생각이 아니라 본래 제 의견이었잖습니까?"라고 했을까? 하우스는 절대 그런 짓을 하지 않았다. 그는 허울뿐인 명예에는 관심이 없었고 단지 실리만을 추구했을 뿐이다. 그래서 대통령으로 하여금 그 정책을 마치 본인이 창안한 것이라고 생각하게 내버려두었고, 그 정책이 대단한 지지를 얻을 것이라고 힘을 실어주었을 뿐이다. 우리가 만나는 대부분의 사람들도 윌슨과 별반 다르지 않다. 당신도 하우스 대령이 했던 것처럼 이 방식을 멋지게 한번 구사해보기 바란다.

몇 년 전 캐나다 뉴브런즈윅에 사는 어떤 사람이 이 방법을 구사하여 나를 자신의 단골고객으로 만들어버렸다.

나는 그때 뉴브런즈윅으로 여행을 가서 낚시나 하면서 푹 쉴 계획이었다. 그래서 여행사에 편지를 보내서 필요한 정보를 알려달라고 부탁했다. 그러자 수많은 가이드북과 팸플릿이 날아들었고, 그 종류가 너무 많아서 어떤 걸 선택해야 할지 망설이고 있었다.

그런데 한 캠프의 운영자가 기발한 아이디어로 나를 유혹했다. 그 사람은 자신의 캠프에 묵었던 몇몇 뉴요커들의 이름과 전화번호를 알려주면서, 그들에게 직접 전화를 해서 객관적인 평가를 들어볼 것을 권했다. 마침 그 리스트에는 내가 알고 있는 사람도 있었다.

나는 그에게 전화를 걸어 물어보았고, 별 망설임 없이 그 캠프를 예약했다. 다른 사람들 모두 나에게 자신들의 서비스를 팔려고 했지만, 나를 유혹한 그 캠프의 운영자는 나 스스로 사게끔 만들어버린 것이다.

상대방을 설득하는 12가지 방법 7

상대가 스스로 생각해냈다고 느끼게 만들어라.

8장
타인의 입장에 서서
생각하라

당신이 보기에 옳지 못한 생각을 갖고 있는 것이 분명한 사람도 그 사람은 자신이 틀렸다고 생각하지 않는다. 그렇다고 해서 그 사람을 비난하지는 말라. 그런 비난은 어떤 바보라도 할 수 있는 것이다. 어떻게든 상대를 이해하려고 노력해야 한다.

다른 사람들이 그들의 방식대로 생각하고 행동하는 데는 그럴 만한 이유가 있다. 그 감춰진 이유를 찾아낸다면 당신은 그 사람의 행동과 심리까지 이해할 수 있는 중요한 열쇠를 손에 넣게 된다.

상대방의 입장이 되어보자. 진심으로 그 사람의 입장에 서도록 하자. 당신이 "내가 저 사람 입장이라면 기분이 어떨까? 어떻게 느끼고 반응할까?" 하고 생각한다면 괜히 짜증을 내거나 시간을 낭비하는 일도 적어질 것이다. 그 원인에 대해서 관심을 갖게 되면 결과에 대한 반감도 줄어들기 때문이다.

케네스 M. 구드는 저서 《사람을 황금처럼 빛나게 하는 법》에서 이렇게 말했다.

자기 문제에 대한 강한 관심도와 타인에 대한 적당한 관심도를 비교해보고 모든 사람들이 당신과 똑같이 느낀다는 점을 상기하라. 그러면 당신도 링컨이나 루스벨트처럼 확고한 인간관계의 기반을 다질 수 있을 것이다. 즉 사람을 다루는 비결은 타인의 입장을 얼마나 동정적으로 이해할 수 있는가에 달려 있는 것이다.

뉴욕시 헴스테드에 사는 샘 더글러스의 아내는 잔디밭 때문에 불만이 많았다. 시시때때로 잡초를 뽑아줘야 했고, 일주일에 두 번씩 잔디 깎는 일도 무척 힘들어서 말이다. 더글러스는 집에서 아내의 그런 불평을 들을 때마다 기분이 상했고, 부부의 저녁시간은 엉망이 되기 일쑤였다.

하지만 카네기 강좌에 참석하고부터는 그동안 자신이 얼마나 어리석었는지를 깨달았다. 그는 아내가 그 일을 매우 즐기고 있고, 자신의 부지런함을 남편에게 인정받고 싶어 한다는 사실을 전혀 몰랐기 때문이다.

하루는 아내가 더글러스에게 같이 나가서 잡초를 뽑지 않겠느냐고 물어왔다. 더글러스는 처음에 망설였지만, 곧 뒤따라 나가 잡초 뽑는 일을 거들어주었다. 아내는 몹시 좋아했고, 부부는 모처럼 오후의 푸근한 햇살 아래 나란히 땀을 흘리면서 즐거운 한때를 보냈다. 더글러스는 그날 이후로도 가끔씩 아내와 함께 잔디밭을 손질했고, 잘 가꿔진 잔디를 바라보면서 아내에게 칭찬을 아끼지 않았다.

제럴드 니렌베르그 박사는 저서 《사람을 사귀는 방법》에서 이렇게 말했다.

> 누군가와 대화를 나눌 때, 당신이 상대방의 생각이나 감정을 매우 소중히 여기고 있음을 보여주면 그 사람의 협조를 얻어낼 수 있다. 따라서 대화를 시작할 때는 먼저 이야기의 목적과 방향을 정하고 상대방이 듣고 싶어 하는 말을 기준으로 자신의 말을 조절해야 한다. 그러면 상대방도 마음의 문을 열고 당신의 생각을 받아들이게 된다.

나는 이 말의 효용성을 경험을 통해 인정하고 있다.

우리 집 근처에는 제법 큰 공원이 있고 나는 틈틈이 그곳에 나가 기분전환을 한다. 나는 평소 떡갈나무에 대해 경건하리만치 애정을 갖고 있는데, 그 키 작은 나무들이 사소한 부주의 때문에 해마다 불타 없어지는 것을 보면 매우 서글퍼진다. 화재의 주원인은 무심코 버리는 담배꽁초가 아니었다. 공원에 놀러 나온 어린아이들이 불을 피우고 소시지나 달걀을 구워 먹고 나서 뒤처리를 잘못하기 때문이다. 그 모닥불이 나무숲으로 옮아 붙고 큰불로 번져서 소방차까지 출동하는 것이다.

공원 한 모퉁이에 '모닥불 금지. 위반자는 벌금형에 처함'이라는 푯말이 서 있지만 워낙 후미진 곳이다 보니 별 효과가 없고, 순찰을 도는 기마경관도 엄하게 단속하지 않는 편이다. 나도 언젠가 화재 현장을 목격하고 경관에게 뛰어가 소방서에 신고해줄 것을 부탁했다. 그러나 놀랍게도 자신의 담당구역 밖이어서 뾰족한 수가 없다는 어처구니없는 답변이 돌아왔다. 나는 그 후로도 공원을 산책하다가 모닥불을 피우는 아이들을 발견하면 마치 공원 보안관이라도 되는 양 엄하게 굴었다.

나는 처음에 아이들의 입장을 전혀 고려하지 않고 괜한 정의감에 몰인정하게 굴었다. 불을 피우면 처벌받는다고 당장 그만두라고 고래고래 소리쳤다. 그래도 듣지 않으면 경찰을 부르겠다고 위협했다. 그러면 아이들도 눈치를 보다가 어쩔 수 없이 시키는 대로 했다. 속으로는 화가 나면서도 어른이 윽박지르니 마지못해 따라주었다. 내가 그곳을 떠나면 또다시 불을 피울 것이 뻔했지만 말이다. 아마 그 아이들은 큰불이 나서 공원이 잿더미가 돼도 좋겠다고 생각했을지도 몰랐다. 지금이라도 그때로 돌아갈 수 있다면 그 친구들의 입장에서 생각했을 것이다. 그래서 이렇게 말했을 것이다.

"너희들 무척 재미있게 놀고 있구나. 그래, 뭘 구워 먹니? 나도 너희처럼 어릴 땐 군것질하길 아주 좋아했지. 물론 지금도 마찬가지고. 하지만 너희도 알디시피 여기서 불을 피우는 것은 너무 위험해요. 니희야 불을 낼 일이 없겠지만, 이따금씩 아주 부주의한 친구들도 있잖니? 너희가 놀고 있는 모습을 보고 다들 모닥불을 피우고 싶어 할 거야. 그러고는 불을 완전히 끄지 않은 채 가버리면 그 불씨가 마른 나뭇잎에 옮겨붙어 큰 화재가 발생하거든. 정말 조심하지 않으면 이 공원은 잿더미로 변한단다.

여기서 불을 피우면 벌을 받게 되는데, 너희가 재미있게 노는 모습을 보니 크게 나무라지도 못하겠구나. 너희가 노는 모습을 보면 내 어린 시절이 생각나거든. 불을 피우는 건 좋아. 대신에 근처의 낙엽을 한쪽으로 치워서 불이 옮겨붙지 않게 조심하려무나. 그리고 집에 갈 때는 꼭 흙으로 덮어서 잘 끄도록 하고. 그리고 다음부턴 저쪽 언덕 아래 모래사장에서 놀면 어떻겠니? 불이 날 염려가 없으니까 말이야. 자! 그러면 재미있게 놀다 가거라."

똑같은 말이라도 이렇게 하면 큰 효과가 있을 것이다. 불평이나 불만도 덜

하고 상대방도 분명히 협조하고 싶은 마음이 생긴다. 강제로 하는 일도 아니고, 체면도 구겨지지 않는다. 상대의 입장에서 생각해봄으로써 나에게도 그들에게도 기분 좋은 결과를 얻을 수 있다.

상대에게 무슨 일을 부탁하고자 할 때는 먼저 눈을 감고 상대의 입장에서 그 일을 생각해봐야 한다. 적을 만들지 않고 갈등을 줄이면서 좋은 결과를 얻는 확실한 방법이다.

하버드 경영대학원의 도넘 학장이 이렇게 말했다.

"누군가를 면담하러 갈 경우에는 내가 말하고자 하는 것을 미리 충분히 심사숙고하고, 또 그 말에 대해서 상대방이 어떻게 나올지 짐작할 수 있을 때까지 그 사람의 집 앞에서 몇 시간이고 서성대며 들어가지 못한다."

이 책을 읽고 타인의 입장에 서서 세상일을 볼 줄 아는 지혜를 터득한다면, 당신은 이미 성공의 문턱에 들어선 것이나 다름없다.

상대방을 설득하는 12가지 방법 8
상대방의 입장에서 사물을 보려고 진심으로 노력하라.

9장
타인의 생각에 진심으로 공감하라

여기 모든 논쟁을 멈추게 하고, 악감정을 해소하며, 호의를 불러일으키고, 타인으로 하여금 당신의 말에 귀 기울이게 만드는 마법의 주문을 제시한다. 그 주문은 이렇게 시작한다.

당신이 그렇게 생각하는 것이 당연합니다. 만일 내가 당신이었다고 해도 그렇게 했을 겁니다.

이런 말은 정말 성질 사납고 심술궂은 사람이라도 한풀 꺾이게 만든다.

당연한 말이지만 이런 말을 할 때는 진심을 담아 말해야 한다. 당신은 실제로 그 사람 입장이었다, 그래서 그 사람처럼 생각했을 것이다, 따라서 당신은

100퍼센트 진심을 담아 이 말을 할 수가 있다.

당신은 '알 카포네'라는 이름을 떠올리면 무슨 생각이 드는가? 당연히 그를 비난하고 싶은 사람도 있을 것이다.

그런데 만약 당신이 알 카포네와 똑같은 정신과 육체를 갖고 태어났다고 생각해보자. 그리고 그와 똑같은 환경에 놓여 있다고. 그러면 아마 당신도 그와 똑같이 행동하고 생각하게 될 것이다. 알 카포네를 그렇게 만든 것은 다름 아닌 그런 조건들이기 때문이다. 당신이 뱀이 아닌 것은 당신의 부모가 뱀이 아니기 때문이고, 우리가 소를 신성시하지 않는 것은 우리가 힌두교도 집안에서 태어나지 않았기 때문이다.

마음에 안 드는 사람을 상대할 때는 그 사람이 그렇게 될 수밖에 없는 처지가 되어 생각해보고 상대를 이해하려고 노력해야 한다.

술에 취한 거리의 부랑자를 볼 때마다 존 B. 거프는 이렇게 중얼거렸다고 한다.

"신의 은총이 아니었더라면 나 역시 저렇게 되었을 것이다."

우리도 이런 자세로 타인을 이해하려고 노력할 필요가 있다. 당신이 만나는 사람의 4분의 3은 공감하는 마음에 굶주리고 목말라하는 사람들이다. 그들에게 공감하면 그들도 자연히 당신에게 호감을 느낄 것이다.

언젠가 나는 라디오의 한 프로그램에서 《작은 아씨들》의 저자 루이자 메이 올컷에 대해 소개한 적이 있다. 나는 그녀가 매사추세츠주의 콩코드에 살았으며 그녀의 많은 작품이 그곳에서 쓰였다는 사실을 잘 알고 있음에도, 무의식중에 뉴햄프셔주의 콩코드라고 잘못 말해버렸다. 그것도 두 번씩이나!

나의 이런 실수를 청취자들이 용납할 리가 없었다. 당장 신랄한 비난이 날

아들었고 혹독한 비평들이 벌떼처럼 윙윙거렸다. 그중에서도 특히 매사추세츠주에서 자라 필라델피아에서 살고 있다는 한 보수 성향의 여성은 노여움을 넘어 모욕적인 언사까지 서슴지 않았다. 아마 내가 실수로 올컷 여사를 '뉴기니의 식인종'이라고 했다 해도 그처럼 혹독한 말은 하지 않았을 것이다. 편지를 읽으며 "하나님, 이런 여자와 결혼하지 않은 것을 축복해주십시오."라고 중얼거릴 정도였다. 화가 난 나는 그 즉시 "난 비록 지명을 잘못 알려주는 실수를 범했지만 당신은 도덕적으로 더 큰 실수를 범하고 있다."고 항의하고 싶었다. 아니, 내 속에 웅크리고 있는 욕설을 맘껏 퍼부어대고 싶었다.

하지만 나는 그렇게 하지 않았다. 그것은 성급한 바보나 하는 짓이라고 애써 억눌렀다. 그리고 그녀의 반발을 우호적으로 바꿔보기 위해 나 자신을 이렇게 다독거렸다.

"만약 내가 그녀였다면 나 역시 그렇게 했을 것이다."

그리고 그녀의 의견을 존중하고 이해하기로 마음먹었다.

그 후 나는 필라델피아에 갈 일이 있었는데, 그때 그녀에게 전화를 걸어서 이렇게 말했다.

"몇 주 전에 편지를 보내주셔서 참 감사했습니다. 실례를 무릅쓰고 이렇게 전화로나마 고맙다는 인사를 드립니다."

"실례지만, 누구시죠?"

그녀의 가늘고 교양 있는 목소리가 들려왔다.

"저는 데일 카네기라고 합니다. 몇 주 전에 제가 루이자 메이 올컷 여사에 관한 방송을 하면서, 매사추세츠와 뉴햄프셔를 헷갈리는, 말도 안 되는 실수를 범했죠. 그 일로 친절하게 편지까지 보내주셔서 뭐라 감사해야 할지 모르겠습니다."

“아, 아니… 그땐 제가 흥분한 나머지… 너무 심한 편지를 보내서 죄송합니다.”

그녀의 목소리에는 당황한 기색이 역력했다.

“그땐 정말 무척 흥분했던 것 같습니다…. 제가 오히려 사과드립니다.”

“무슨 말씀을…. 제가 너무나 황당한 실수를 저질렀는걸요. 그다음 방송에서 공개적으로 사과했습니다만, 부인께는 직접 사과를 드리고 싶었습니다.”

그녀가 말했다.

“저는 매사추세츠주의 콩코드에서 태어났습니다. 그리고 저희 집안은 매사추세츠주에서 200년 넘게 살아온 유서 깊은 가문이어서 고향에 대한 남다른 애정을 가지고 있죠. 그래서 그날 그 방송을 들었을 때 화를 못 참고 성급하게 그런 편지를 쓴 것이죠. 정말 부끄럽습니다.”

“아닙니다. 저보다 부인의 실망이 이만저만이 아니었을 텐데요. 제 실수 때문에 매사추세츠주의 명성이 실추된 것은 아니겠지만, 그래도 정말 죄송했습니다. 일부러 편지까지 보내주신 점 정말 감사드리고요. 이후로도 제 실수를 발견하게 되면 많은 지도편달 부탁드립니다.”

“그런 무례한 편지를 받고도 화를 내지 않다니, 당신은 참 훌륭한 분이시군요. 저야말로 감사드려요.”

이렇게 그녀에게 정식으로 사과하고 그녀의 입장에 대한 설명을 듣고 나자, 그 당시 노여움을 참았던 보람이 가슴 뿌듯하게 밀려왔다. 그리고 상대방을 비난하는 것으로 얻는 카타르시스보다 상대방을 이해하고 동정함으로써 얻게 되는 즐거움이 더 크다는 사실을 알 수 있었다.

미국의 역대 대통령들은 항상 복잡한 인간관계 때문에 골머리를 앓았는데,

윌리엄 하워드 태프트 대통령도 예외는 아니었다. 그는 자신의 경험상 나쁜 감정을 중화시키는 데는 '동정'만 한 것이 없다는 것을 잘 알았다. 그는 《봉사의 윤리학》이란 책에서 재미있는 실례를 들어주며, 사람의 나쁜 감정을 어떻게 하면 부드럽게 할 수 있는지에 대해 말했다.

워싱턴에서 제법 영향력 있는 남편을 둔 한 부인이 자기 아들을 어떤 보직에 임명해달라고 한 달 넘게 나를 찾아왔다. 그녀는 상당수의 상하원 의원을 자기편으로 끌어들이며 무섭게 로비를 펼쳤다. 그러나 그 직책은 전문적인 기술을 필요로 하는 자리였다. 나는 원칙대로 그 부처 책임자의 추천을 받아 다른 사람을 그 자리에 임명해버렸다.

그러자 원망에 사무친 그녀의 편지가 날아왔다. 내가 조금만 신경을 썼더라면 자신을 행복하게 해줄 수 있었을 텐데 그렇게 하지 않았다며, 은혜를 모르는 사람이라고 막말을 해댔다. 내가 특별히 관심을 두고 있던 법안을 통과시키기 위해 그녀가 출신 의원을 설득하여 법안을 통과시켜주었는데 자기를 무시했다고 말이다.

누구나 이런 편지를 받으면 무례하고 시건방진 태도에 화가 나서 어떻게든 응징하고 싶은 마음이 들 것이다. 그래서 태프트 대통령은 즉각 답장을 썼다. 그러나 현명한 사람이라면 절대 그런 답장을 보내지 않는다. 설사 쓰더라도 곧바로 발송하지 않고 한 이틀 정도 지난 후에 그 답장을 다시 꺼내본다. 그렇게 약간의 간격을 두고 다시 한번 읽어보면 편지를 보낼 마음이 싹 사라지고 마는 것이다.

나도 늘 이런 방식을 취하고 있다. 화를 억누르고 며칠을 참았다가 최대한 친절한 문투로 답장을 다시 고쳐 썼다.

태프트 대통령이 고쳐 쓴 답장은 이랬다.

"이번 일로 자식이 잘되기를 바라는 어머니께서는 적잖이 실망하셨으리라 생각됩니다. 하지만 인사문제는 나 혼자만의 뜻으로 결정할 수 있는 것이 아닙니다. 그리고 그 자리에는 전문적인 기술을 갖춘 인물을 뽑아야 했기 때문에 부득이 해당 부처의 의견을 좇았을 뿐입니다."

그런 다음 그녀의 아들이 현재의 직위에서도 어머니의 기대에 어긋나지 않게 잘할 것이므로 걱정하지 말라고 강조했다. 그 후 그녀는 누그러진 마음으로 다시 편지를 보내, 너무 무례하게 굴어서 죄송하다고 사과했다.

그런데 내가 임명한 사람의 발령이 늦어지고 있는 사이에, 이번에는 그녀의 남편으로부터 편지가 왔다. 그러나 자세히 살펴보니 이전의 편지와 글씨체가 똑같았다. 편지에는 자기 아내가 아들 문제로 신경쇠약에 위암 증세까지 보이고 있는데, 아들을 임명해주면 병이 나을 것 같다는 내용이었다. 나는 이번에는 그녀의 남편 앞으로 편지를 썼다. 부인의 건강이 속히 쾌차하기를 빌면서도, 이미 지시한 임명을 취소한다는 것은 불가능하다고 말이다.

얼마 후 백악관에서 음악회가 열렸는데, 그때 가장 먼저 우리 부부를 찾아와 인사한 사람들은 다름 아닌 그들 부부였다. 바로 며칠 전까지만 해도 부인이 중병으로 앓아누웠다고 했던….

솔 휴로크는 미국 최고의 공연기획자다. 그는 지난 20년 동안 표도르 샬랴핀, 이사도라 덩컨, 안나 파블로바 같은 세계적인 유명 예술가들과 관계를 맺어왔다. 그가 예민하고 개성 강한 스타들과 교류하면서 배운 것은 그들의 독특한 개성에 대한 완벽한 공감이 필요하다는 점이었다.

그는 한때 표도르 샬랴핀의 공연을 담당한 적이 있다. 샬랴핀은 굵직한 저음으로 상류층 청중들에게 엄청난 전율을 선사하는 베이스 가수였지만, 마치 버릇없는 아이처럼 행동했기 때문에 항상 골머리를 앓았다.

그는 가끔씩 이렇게 응석을 부렸다.

"아, 오늘은 컨디션도 좋지 않고 목도 아파서 노래하기가 힘들겠어요."

그때마다 휴로크는 그가 묵는 호텔로 달려가서 위로의 말을 해주었다.

"거 참 안됐군. 가엾은 친구, 아무래도 오늘 밤은 그냥 쉬는 게 좋겠어. 당장 취소하겠네. 괜히 무리하게 노래해서 자네 명성에 흠이 가면 안 되지. 차라리 그냥 몇 천 달러의 위약금을 무는 쪽이 낫지!"

그러면 샬랴핀은 한숨을 푹 내쉬며 말했다.

"오후 늦게 한 번 더 와주세요. 그때 상태가 좋아지면 다시 생각해볼게요."

그래서 오후 5시쯤 다시 호텔로 가서, 여전히 안됐다는 표정을 지으며 공연을 취소하자고 말한다. 그러면 샬랴핀은 또다시 한숨을 내쉬며 "좀 더 두고 보죠."라고 말한다. 그래서 7시 30분쯤 되면 샬랴핀은 마침내 공연에 동의하게 된다. 그 대신 청중들에게 그가 심한 감기에 걸려서 목소리가 좋지 않다는 점을 미리 고지해달라고 부탁하면서. 당연히 휴로크는 그러겠노라 약속하지만 청중들에게는 언급하지 않는다. 일단 무대에 오르면 샬랴핀이 열정적으로 노래할 것을 잘 알고 있기 때문이다.

아서 I. 게이츠 박사는 유명한 저서 《교육심리학》에서 이렇게 말했다.

인간은 누구나 동정받고 싶어 하고 공감받기를 원한다. 어린아이는 관심을 끌기 위해 자기 몸을 멍들게 하고 상처 내는 일도 마다하지 않는다. 어른도 마찬가지다. 어떻게든 상처를 드러내 보이고 싶어 하고, 자신이 겪은 사고나 병, 특히 자신이 받은 수술에 대해 자세히 이야기하고 싶어 한다. 정도의 차이는 있겠지만, 불행에 대한 자기연민은 모든 인간이 어느 정도는 갖고 있는 것이다.

상대방을 설득하는 12가지 방법 9
상대방의 생각과 욕구에 공감하며 협조를 이끌어내라.

10장

그 사람의 감정에 호소하라

나는 미주리주의 시골 마을에서 자랐는데, 가까운 곳에 미 서부의 악명 높은 갱 제시 제임스가 활동하던 커니 지역이 있었다. 그곳에는 지금도 제시의 아들이 농장을 운영하며 살고 있다. 난 언젠가 그 농장을 방문한 적이 있었다.

그때 제시의 아내는 시아버지인 제임스가 열차나 은행을 습격할 당시의 이야기를 들려주었고, 약탈한 돈을 주위의 가난한 농부들에게 나누어준 이야기도 해주었다. 아마 제시 제임스도 쌍권총으로 유명한 크롤리나 알 카포네처럼 스스로를 이상주의자로 자처했던 모양이다.

이처럼 모든 인간은 자신을 희생심이 강한 인물이라고 생각하는 경향이 강하다.

금융인이자 미술품 수집가로도 유명한 J. P. 모건은 일찍이 인간의 심리를 이렇게 간파했다.

"일반적으로 사람들이 어떤 행동을 하는 데는 두 가지 이유가 있다. 하나는 그럴듯해 보이는 이유이고, 다른 하나는 진짜 이유다."

진짜 이유는 객관적인 평가와 상관없이 자신이 판단하는 영역이므로 거론할 필요가 없다.

그러나 인간은 누구나 이상주의적인 성향을 갖고 있기 때문에 자신의 행위를 미화하면서 그럴듯한 이유를 갖다 붙이고 싶어 한다. 따라서 사람을 변화시키고 싶다면 바로 이 부분에 호소해야 한다. 조금 추상적으로 느껴질지 모르지만, 사업적인 면에서 어떻게 활용되는지를 살펴보자.

펜실베이니아주 글레놀던에 사는 해밀턴 J. 파렐 씨는 아파트 임대업을 하고 있는데, 계약기간이 4개월이나 남은 한 세입자가 당장 이사를 가겠다고 큰소리쳤다.

그 사람은 1년 중에 경비가 가장 많이 드는 겨울철을 파렐 씨의 아파트에서 살았다. 그리고 가을까지는 새로운 입주자를 구하기가 쉽지 않다는 점을 잘 알고 있었기 때문에 파렐 씨는 무척 화가 났다. 이런 상황이면 계약서를 들이대면서 이사하려면 남은 계약기간의 방세를 모두 지불하라고 큰소리쳤겠지만, 파렐 씨는 조용히 해결하고 싶었다.

"사정은 잘 알겠소. 하지만 아무래도 당신은 이사를 하지 않을 것 같군요. 여러 해 동안 임대업을 하다 보니 사람 보는 눈이 좀 있는데, 난 당신을 처음 볼 때부터 믿을 만한 사람이라는 걸 알았지요. 내 눈은 틀림없으니 내기를 해도 좋아요. 그러니 며칠 동안 잘 생각해보세요. 그래서 다음 달이라도 이사를 하겠다면 그렇게 하세요. 난 당신이 약속을 잘 지키는 사람이고, 그래서 계약을 충실히 이행하리라 믿습니다.”

그다음 달, 그 사람은 집세를 내러 파렐 씨를 찾아왔다. 고민 끝에 그대로 머물러 살기로 했다는 것이다. 파렐 씨의 말을 듣고 약속을 지키는 것이 매우 중요하다는 사실을 깨달았다고 했다.

영국에서 가장 영향력 있는 신문사의 사주였던 노스클리프 경은 어느 날 신문에 공개하고 싶지 않은 자신의 사진이 실린 것을 보고 편집장 앞으로 편지를 썼다. 그는 사진이 마음에 들지 않으니 쓰지 말라고 경고하지 않았다. 그보다는 훨씬 더 고상한 동기, 즉 사람이라면 품고 있는 어머니에 대한 존경과 애정에 호소해서 말했다.

“신문에 그 사진은 더 이상 사용하지 말아주십시오. 어머니께서 좋아하지 않으십니다.”

존 D. 록펠러 2세도 자기 아이들의 사진이 신문에 노출되는 것을 막기 위해 비슷한 방법을 활용했다. 그는 “제 아이들의 사진이 게재되는 것은 찬성할 수 없습니다.”라고 말하는 대신에, 자식을 사랑하는 부모의 공통된 심정에 호소하여 완곡하게 자신의 뜻을 전달했다.

“부모 된 제 심정을 이해해주리라 생각합니다. 여러분 중에도 자녀가 있는 분이 계실 텐데, 아이들의 얼굴이 세상에 너무 일찍 알려지면 아이들에게 좋지 않을 것임은 다 아는 사실이 아닙니까?”

사이러스 커티스는 《새터데이 이브닝 포스트》와 《레이디스 홈 저널》의 창간자로, 가난한 집안에서 태어나 거대한 부를 일군 입지전적인 인물이다. 잡지사 초창기에는 다른 회사처럼 원고료를 지불할 능력이 없었고, 특히나 일류 작가들을 섭외하기란 불가능했다. 그래서 그는 그들의 고상한 동기에 호소하는 방식을 활용했다.

그는 당시에 한창 유명세를 떨치던 《작은 아씨들》의 작가 루이자 메이 올 컷 여사의 글을 받아내는 데 성공했다. 원고료로 100달러짜리 수표를 발행했 는데, 그것도 그녀에게 보낸 것이 아니라 그녀가 후원하는 한 자선단체에 기 부하는 조건이었다.

물론 이런 방법은 노스클리프 경이나 록펠러, 감상적인 소설가에게나 통할 까, 까다로운 상대에게는 어림없는 일일지도 모른다. 당연히 모든 경우와 모 든 사람에게 통하는 방법이란 없는 것이다. 만약 당신이 지금까지 이룬 결과 에 만족한다면 굳이 방법을 바꿀 필요가 없지만, 그렇지 않다면 한번 시도해 봐도 좋지 않을까?

다음 이야기는 제임스 L. 토머스라는 사람이 우리 강연회에서 발표한 경 험담이다.

한 자동차회사의 고객 여섯 명이 청구금액의 일부가 부당하다며 수리비 납부를 거부했다. 그러나 회사 측에서는 수리를 할 때마다 매번 사인을 받아 두었기 때문에 아무 문제가 없다고 확신했고, 채권부 직원들은 계속 미수금 을 독촉했다. 그들은 회사 측의 주장은 정당하고 고객이 틀렸다고 주장했으 며, 차에 대해서는 회사 측이 더 잘 알고 있다면서 버텨봐야 소용없다는 식으 로 압박했다. 그러나 그 방법은 더 큰 반발만 불러왔다. 채권부는 결국 법적 조치를 강구하려고 했다. 그런데 때마침 이 사실을 총무부장이 알게 되었다.

총무부장이 살펴보니 그 여섯 명 모두 신용 상태가 우수한 고객이었다. 뭔 가 잘못된 것 같았고, 아무래도 수금 방법에 문제가 있었던 것 같았다. 총무부 장은 곧 토머스를 불러들여 이 문제를 해결하도록 지시했고, 토머스가 취한 방법은 다음과 같았다.

1. 먼저 여섯 명의 고객 개개인을 직접 방문한다. 목적은 미수금을 받기 위한 것이지만, 그 부분에 대해서는 일절 언급하지 않고 지금까지의 서비스 상태를 확인하러 왔다고 말한다.

2. 고객의 이야기를 다 들을 때까지는 어떤 판단도 내리지 않을 것임을 명확히 한다. 또 회사 측에도 잘못이 있을지도 모른다고 말한다.

3. 궁금한 것은 고객의 자동차이고, 그 차는 누구보다도 고객이 가장 잘 알고, 고객이야말로 그 차에 대한 최고의 권위자라고 말한다.

4. 고객의 이야기를 최대한 이끌어내고, 주의 깊게 경청하면서 수시로 공감을 표한다. 이 점이야말로 고객이 가장 원하고 바라던 바다.

5. 마침내 고객의 기분이 누그러졌을 때, 문제의 전말을 얘기히고 공정한 판단에 호소한다.

"이번 일이 잘못 처리된 점에 대해 진심으로 사과드립니다. 저 역시 부하직원들을 올바로 감독하지 못한 책임을 절감하고 있습니다. 저희 직원 때문에 많이 불편하고 화나고 기분 나쁘신 줄 압니다. 절대 있어서는 안 될 일인데 말이죠. 정말 죄송하고, 회사를 대표해서 진심으로 사과드립니다. 다시는 이런 일이 없도록 하겠습니다.

오늘 고객님을 만나서 이야기를 듣고 보니 고객님께서는 매우 공정하고 참을성 있는 분임을 알 수 있었습니다. 그래서 제가 한 가지 부탁을 드리고자 합니다. 이 일은 다른 어떤 분보다 고객님께서 잘하실 수 있는 일이고, 또 고객님보다 더 잘 아는 분도 없을 것이기 때문입니다.

여기 고객님께 발행된 청구서가 있습니다. 고객님께서 저희 회사 사장님이라고 생각하고 이 청구서를 정정해주십시오. 그래야 제 마음이 놓일 것 같습니다. 모든 것을 고객님께 맡기고 원하시는 그대로 처리해드리겠습니다.”

토머스 씨의 이 방법은 매우 성공적이었다. 여섯 명의 고객 가운데 단 한 사람만 끝까지 회사 측에 문제가 있다고 납부를 거부했을 뿐, 다섯 명은 모두 완납해주었다. 게다가 그들 모두는 그 후 2년 안에 토머스의 자동차회사에서 새 차를 주문했다.

토머스 씨는 말했다.

“고객에 대한 정확한 정보를 알지 못할 경우, 상대방이 성실하고 정직하며 진실하고 그들이 옳다는 확신을 주는 것이 중요합니다. 그러면 기대한 목적을 달성할 수 있습니다. 사람은 누구나 정직하게 살고 싶어 합니다. 설사 평소에는 남을 속이고 사기를 일삼는 사람일지라도, 다른 사람이 진심으로 나를 믿을 만하고 정직하며 공정한 인간으로 대접한다면 우호적인 반응을 보입니다.”

상대방을 설득하는 12가지 방법 10

진심을 담아 상대방의 아름다운 감정에 호소하라.

11장
영화와 방송처럼
쇼맨십을 발휘하라

몇 년 전《필라델피아 이브닝 불리틴》은 성 루머 때문에 곤란한 처지에 놓인 적이 있었다. 이 신문은 뉴스 기사보다 광고를 더 많이 실어 독자들에게 인기가 없다는 악의적인 소문이 광고주들에게 유포된 것이다. 회사 측에서는 곧 대책을 마련해 어떻게든 소문을 잠재워야 했다. 그래서 의논 끝에 한 가지 묘안을 짜냈다.

신문사는 특정일을 정해 그날 신문에 실린 모든 기사를 분류한 뒤 한 권의 책으로 출간했다. 책 제목은 '하루'였고, 307페이지로 단행본 분량이었지만 값은 단돈 2센트에 불과했다. 그 책은《필라델피아 이브닝 불리틴》이 읽을거리가 많다는 사실을 극적으로 웅변하고 있었다. 이것은 단순한 숫자의 나열이나 해명기사보다 훨씬 더 인상 깊고 흥미로운, 매우 기발한 아이디어였다.

뉴욕 대학의 리처드 보든과 앨빈 뷔스는 1만 5000건의 영업 관련 면담 내용을 분석해서 《논쟁에서 이기는 법》이라는 책을 내고, 같은 주제로 '판매의 여섯 가지 원칙'이라는 강의를 개최했다. 그리고 나중에는 영화로도 만들어서 대기업 세일즈맨들에게 보여주었다. 그들은 조사를 통해 밝혀낸 원칙에 대해 설명했고, 그것을 실제로 적용해 보여주었다. 즉 청중들 앞에서 논쟁을 벌여서 올바른 판매방법을 제시해준 것이다.

오늘날은 연출을 필요로 하는 시대다. 단순히 사실만 나열하는 것으로는 충분치가 않다. 영화나 미디어 연출처럼 좀더 생생하고 흥미 있고 극적으로 사실을 전달해야만 한다.

당신도 쇼맨십을 발휘해야 한다. 영화에서도 그렇고 텔레비전을 비롯한 각종 매체들이 그렇게 하고 있다. 그러므로 관심을 끌려면 어떻게든 쇼맨십을 발휘해야 한다.

특히 쇼윈도 장식을 전문으로 하는 사람들은 연출의 효과에 대해 충분히 공감할 것이다. 한 예로, 쥐약을 만드는 어떤 회사는 새로 나온 쥐약을 홍보하기 위해 쇼윈도에 살아 있는 쥐 두 마리를 전시한 적도 있었다. 쥐를 전시한 매장은 평소의 다섯 배나 되는 매출을 올렸다.

인디애나주 미셔와카에 사는 메리 캐서린 월프는 직장문제로 사장과 상의할 일이 생겼다. 그래서 월요일 아침에 면담을 신청했지만 너무 바빠서 힘들겠다는 말만 들었다. 비서는 사장님의 스케줄이 꽉 차 있지만 한번 더 노력해보겠다고 했다. 하지만 일주일이 다 지나가도록 비서는 아무런 소식도 전해주지 않았다.

"비서에게 물어볼 때마다 그녀는 이런저런 구실을 대더군요. 그래서 그 주를 넘기고 싶지 않아서 혼자 이런저런 궁리를 하게 되었죠. 결국 편지를 쓰기로 했습니다. 사장님이 바쁘다는 것은 이해하지만 내가 상의드릴 일도 매우 중요하다는 뜻을 전하고, 편지봉투에 메모지와 내 앞으로 된 봉투를 넣은 뒤 비서에게 나에게 다시 부쳐달라고 부탁을 했습니다."

그 메모 내용은 이랬다.

> ○요일 ○○시(오전/오후)에 저를 만날 수 있습니다. 사장님께 ○○분의 시간을 내드릴 수 있습니다. -월프

"이 편지를 오전 11시에 사장님의 서류함에 넣어두었습니다. 그랬더니 오후 2시에 내 앞으로 온 봉투가 하나 있더군요. 그것은 사장이 직접 쓴 것으로, 그날 오후에 10분 동안 나를 면담하겠다고 했습니다. 그리고 사장을 만난 나는 한 시간 넘게 이야기를 나누면서 내 문제를 매듭짓게 되었습니다. 만약 내가 그렇게 극적으로 만나고 싶다는 의지를 관철시키지 않았다면, 아마 난 지금까지도 마냥 기다리고 있어야 했을 것입니다."

《아메리카 위클리》의 제임스 B. 보인튼은 방대한 분량의 시장보고서를 제출해야만 했다. 그 회사에서는 방금 전 어떤 유명한 콜드크림에 대해 철저한 연구를 끝냈고, 당장 소비시장의 경쟁에 관한 자료가 필요했다. 보인튼이 만날 사람은 광고계의 거물급 인사로서 꽤 까다롭고 만만찮은 사람이었다.

그런데 첫 만남은 시작도 하기 전에 실패로 끝나버렸다. 보인튼은 그 사람을 만났을 때의 상황을 이렇게 말했다.

"처음 그를 찾아갔을 때 조사방법에 대한 시시콜콜한 이야기를 나눴고 아

무래도 화제가 옆길로 새는 느낌이 들었습니다. 결국 서로 불필요한 논쟁만 벌였죠. 그 사람은 내가 틀렸다고 했고, 나는 내가 옳다는 것을 입증하기 위해 무진 애를 썼습니다. 결국에는 내 방식을 관철시켰지만, 면담시간이 다 되어 아무런 결과도 얻지 못했습니다.

두 번째 만났을 때는 숫자나 자료 따위로 논쟁을 벌이지 않기 위해 준비를 해서 극적으로 연출하는 방법을 택했습니다. 사무실로 들어갔을 때 그는 전화를 받느라고 바빴습니다. 그 사이에 나는 가방을 열고 책상 위에 서른두 개의 콜드크림을 나란히 늘어놓았습니다. 모두 경쟁 회사의 제품들이었지요. 그리고 각각의 용기마다 내가 조사한 결과를 조목조목 기입한 꼬리표를 붙여놓았습니다. 그 꼬리표에는 그 크림의 판매현황이 간략하게 요약돼 있었고요. 그 뒤 어떻게 되었는지 아십니까?

더 이상 아무런 논쟁이 필요 없게 되었죠. 그 사람은 콜드크림 용기를 하나하나 집어들고 꼬리표의 글을 읽어보더군요. 그때부터 서로 우호적인 말들이 오고가는 가운데 그가 몇 가지 질문을 하기도 했습니다. 원래는 나에게 10분 동안의 면담시간이 주어졌지만 20분, 40분, 거의 한 시간이 다 될 때까지 우리는 계속해서 이야기를 나누고 있었습니다. 그 꼬리표에 적은 내용은 첫 번째 대화에서 이미 말했던 내용이지만, 극적인 효과와 약간의 쇼맨십을 발휘한 덕분에 전혀 다른 결과를 만들어낸 것입니다."

상대방을 설득하는 12가지 방법 11

관심을 끌려면 극적으로 표현하라.

12장

경쟁의식을 자극하라

베들레헴 스틸사의 찰스 슈와브가 경영하는 공장 중에는 생산량이 오르지 않는 주물공장이 있었다. 고민에 빠진 슈와브가 그 공장 사무실을 찾아가 공장장을 불러들였다.

"당신처럼 유능한 관리자가 현장을 제대로 움직이지 못하다니 어찌 된 일이지요?"

"저도 그 이유를 잘 모르겠습니다. 직원들을 훈계하고 설득도 해보았지만 잘 따라주지 않습니다. 심지어는 해고하겠다고 위협도 해봤지만 별 효과가 없더군요. 앞에서만 하는 척하고 돌아서면 그만입니다."

그러던 중에 마침 주간조와 야간조의 교대시간이 되었다. 슈와브가 막 일을 끝내고 나가려던 주간조 노동자를 불러 세웠다.

"자넨 오늘 주물을 몇 번이나 부었나?"

"여섯 번입니다."

그 말에 슈와브는 분필을 집어들고 벽에 걸린 칠판에 커다랗게 '6'이라는 숫자를 썼다. 그러고는 아무 말 없이 그곳을 떠났다.

때마침 교대하러 들어온 야간조 노동자들이 그 숫자의 의미를 물었다.

"방금 사장이 다녀갔는데, 오늘 주물을 몇 번이나 부었냐고 묻기에 여섯 번이라고 했더니 저렇게 '6'자를 써놓고 가더군. 왜 그랬는지 모르겠어."

이튿날 아침, 슈와브는 다시 그 주물공장으로 갔다. 그런데 그가 '6'자를 써놓았던 칠판에 야간조가 고친 듯 '7'이라는 숫자가 커다랗게 쓰여 있었다.

그런데 주간조가 출근해서 보니 '7'자가 쓰여 있는 것이 아닌가.

'이건 야간조가 더 실적을 올렸다는 건데…?'

주간조는 열심히 일을 해서 퇴근할 때는 '7'자를 지우고 당당하게 '10'이라고 써놓고 퇴근했다.

그리하여 그 주물공장의 생산실적은 점점 더 향상되어갔다. 그리고 얼마 후에는 늘 실적이 뒤처지기만 하던 그 주물공장은 다른 공장을 누르고 생산실적 1위를 차지하게 되었다.

슈와브가 말했다.

"주어진 일에 보다 적극적으로 참여하도록 독려하는 가장 좋은 방법은 서로의 경쟁심을 자극하는 것입니다. 물론 이것은 탐욕스런 돈벌이 경쟁이나 이해타산을 부추기는 것이 아니라, 남보다 뛰어나고 싶어 하는 인간 본성에 기초를 둔 경쟁심을 이용하는 것입니다."

선의의 경쟁의식, 불굴의 투지, 굳센 용기에 호소하는 것도 하나의 방법이 될 수 있다.

경쟁자를 능가하고 싶은 욕구와 강한 도전정신이 아니었다면 시어도어 루스벨트는 대통령이 되지 못했을 것이다.

미국·스페인 전쟁에 참전했던 루스벨트는 종전 후 쿠바에서 귀국하자마자 뉴욕 주지사로 선출되었다. 그러자 그의 반대파들은 그가 합법적인 뉴욕 거주자가 아니라고 반발했다. 뜻밖의 상황에 당황한 루스벨트는 사퇴까지 생각하고 있었다. 그런데 그때 뉴욕주 출신의 상원의원인 토머스 콜리어 플랫이 그를 자극했다. 그는 대뜸 루스벨트에게 다가가 우렁찬 목소리로 호통 쳤다.

"자네가 그래도 산 후안 힐 전투의 영웅이라고 할 수 있나? 비겁자 같으니라고!"

루스벨트는 반대파에 맞서 싸우기로 결심했고, 그 후의 이야기는 역사에 기록된 그대로다. 그의 강한 도전정신은 자신의 운명을 바꿔놓았을 뿐만 아니라 미국 역사에도 중대한 영향을 끼쳤다.

앨 스미스는 뉴욕 주지사로 있을 때 매우 곤란한 문제에 직면했다. 데블스 아일랜드의 서쪽에 저 악명 높은 싱싱 교도소가 있었는데, 내부가 부패해서 비리와 추문이 끊이지 않았다. 스미스에게는 싱싱을 지배할 수 있는 강한 사람이 필요했다. 그래서 오랜 고민 끝에 뉴햄프턴의 루이스 E. 로스를 불러들였다.

"자네가 싱싱을 한번 맡아보는 것이 어떤가? 거긴 자네처럼 노련한 인물이 아니면 곤란하거든."

로스는 무척 당황스러웠다. 싱싱 교도소는 정치세력의 향방에 따라 계속해서 소장이 바뀌고 있었다. 그래서 심지어는 한 달도 못 채우고 밀려난 사람도 있었고, 또 교도소라는 환경이 덧씌우는 선입견 때문에 장래까지 영향을 끼칠 수 있었다.

그가 주저하는 것을 보고 스미스가 호탕하게 웃으며 말했다.

"하긴 망설이는 것도 무리는 아니지. 매우 위험한 자리니까 말이야. 사실 그 자리는 어지간한 인물도 배겨내지 못하는 힘든 곳일세."

그 말은 곧 로스의 도전정신에 불을 질렀다. 로스는 웬만한 인물이 감당하지 못하는 것을 자신이 해내고 싶었던 것이다. 그는 그 즉시 스미스의 제안을 받아들였다.

로스는 부임하는 즉시 교도소의 질서를 바로잡고 기강을 세우는 등 열심히 노력했고, 그 결과 몇 년 후에는 그 당시 가장 유명한 교도소장이 되어 있었다. 싱싱을 소재로 쓴 그의 책《싱싱에서의 2만 년》은 수십만 권이 팔렸고, 이를 소재로 몇 편의 영화가 제작되기도 했다. 또한 수감자들을 대하는 그의 인간적인 시선은 '교도혁명'의 기적을 가져왔다.

파이어스톤 타이어 앤드 러버사의 창립자인 하비 S. 파이어스톤은 이렇게 말했다.

"돈만 주면 사람이 모이고 인재가 확보된다고 생각하는 것은 큰 착각이다. 나는 일찍부터 보수의 많고 적음에 따라 협력을 얻고 못 얻은 적이 없다. 유능한 인재를 돈으로 묶어두는 것은 어리석은 짓이며, 자기만족에 더 큰 비중을 두게 해야 한다. 즉 '게임 정신'을 도입하는 것이 필요한 것이다."

성공한 사람들은 하나같이 게임을 즐긴다. 그것을 통해 자신의 가치를 증명하고, 다른 사람을 능가하고 추월할 수 있는 기회가 주어지기 때문이다.

최선을 다해서 상대방을 눌러 꺾을 수 있는 기회, 이것이 모든 경주를 가능하게 한다. 최고가 되겠다는 욕구와 성취하고 싶은 욕망을 자극하는 것이다.

공장 노동자부터 최고경영자에 이르기까지 수많은 사람들의 근무 태도에 대해 깊이 연구한 행동과학자 헤르츠버그도 비슷한 말을 했다. 그가 발견한 동기유발의 가장 큰 요인은 '일' 그 자체였다. 일이 신나고 재미있으면 그 일에 대한 기대를 낳게 하고, 더 잘해보려는 동기부여도 주어지는 것이다.

상대방을 설득하는 12가지 방법 12
경쟁심을 자극하고 도전의식을 불러일으켜라.

Part 4
사람을
변화시키는
비결

1장
칭찬과 감사의 말로
시작하라

내 친구가 캘빈 쿨리지 대통령의 초대를 받아 백악관을 방문한 일이 있었다. 그가 대통령 집무실에 들어섰을 때 대통령은 여비서에게 이렇게 말했다.

"오늘 참 잘 어울리는 옷을 입었군. 정말 매력적이야!"

평소에 말수가 적은 쿨리지 대통령이 그렇게 찬사하는 것은 매우 드문 일이었다. 갑작스런 칭찬에 여비서는 몸 둘 바를 몰라하며 얼굴을 붉혔다.

"그렇게 긴장할 것 없어요. 기분 좋아지라고 한 말이니까. 그리고 다음부턴 철자법에 조금 더 주의해야겠어."

대통령은 그렇게 아주 친근한 태도로 그 여비서의 잘못을 지적한 것이다.

이런 방식은 조금 노골적으로 느껴질지 모르지만, 인간의 심리적인 면에서는 매우 높은 효과를 볼 수 있다. 누구나 일단 칭찬을 받고 난 뒤에는 약간의 잔소리를 듣게 되더라도 그렇게 기분 나쁘지가 않은 것이다.

이발사는 얼굴에 면도날을 대기 전에 반드시 먼저 비누거품을 칠한다. 윌리엄 매킨리는 1896년 치러진 대통령 선거에서 바로 이 이발사의 방법을 흉내 냈다. 당시의 유명한 공화당원이 연설문 초고를 써서 명연설임을 자부하며 자신만만하게 매킨리에게 보여주었다.

그런데 매킨리가 읽어보니 훌륭한 내용도 많았지만 전체적으로는 마뜩치 않았다. 그대로 했다가는 비난을 받을 만한 요소가 곳곳에 숨어 있었다. 하지만 매킨리는 그 점을 지적해서 연설문을 작성한 사람의 기분을 상하게 하고 싶지 않았다. 그러면서도 분명하게 '노'라고 말해야만 했다.

"참으로 훌륭한 연설문일세. 멋있어. 아마도 이런 멋진 연설문은 자네 말고는 쓸 수 없을 거야. 적당한 시기에 써먹으면 100퍼센트 효과를 볼 수 있을 걸세. 하지만 이번 경우에는 사용하기에 다소 부적절한 구석이 보이는군. 자네 입장에선 지극히 온건해 보일지 몰라도 당의 입장에서는 좀더 고려해봐야 하니까 말이네. 그러니 이번에는 나의 뜻에 따라 다시 한번 써줄 수 없겠나? 수고스럽겠지만 다 되거든 초안을 보여주게나."

상대방은 말뜻을 알아듣고 매킨리가 원하는 대로 연설문을 고쳐왔다. 그리고 그 뒤에도 유능한 스태프로서 맹활약을 펼쳤다.

에이브러햄 링컨의 편지 가운데 두 번째로 유명한 것이 있다. (가장 유명한 것은 전쟁터에서 다섯 아들을 잃은 빅스비 부인에게 보낸 조문 편지다.) 남북전쟁에서 북군이 가장 열악한 상황에 처해 있던 1863년 4월 25일 조지프 후커 장군에게 보낸 것으로, 링컨은 이 편지를 매우 다급하게 쓴 것으로 여겨진다. 이 편지는 1926년의 경매에서 1만 2000달러에 팔렸다. 1만 2000달러는 링컨이 50년 간 일해서 저축한 돈보다 많은 금액이다.

당시 북군은 연이은 작전 실패로 18개월 동안 패배를 거듭하고 있었다. 사상자는 자꾸만 늘어나고 탈주병도 수천 명에 달했다. 국민들은 절망에 빠져 있었고, 공화당 내부에서도 링컨을 탄핵하려는 움직임까지 있었다.

"우린 지금 파멸의 위기에 직면해 있다. 하나님조차도 우리를 버리신 모양이다. 한 줄기 희망의 빛조차 보이지 않는구나."

링컨의 이 표현은 절망적인 당시의 상황을 적나라하게 보여준다. 그리고 이 편지는 나라의 운명이 한 장군의 어깨에 걸려 있는 위급한 시기에, 링컨이 어떻게 그 완고한 장군의 생각을 바꾸게 했는가를 잘 보여주고 있다.

이 편지는 링컨이 대통령에 취임하고 나서 쓴 편지 중에서 가장 통렬한 내용을 담고 있는데, 특히 후커 장군의 중대한 과오를 책망하기에 앞서 오히려 그를 칭찬하고 있다는 점을 주목할 필요가 있다.

사실 후커 장군의 작전 실패는 치명적인 것이었다. 하지만 링컨은 그런 말은 하지 않고 가능한 한 신중하고 완곡하게 표현하고 있다. "귀관의 작전이 나로서는 조금 만족스럽지 않은 점이 있소."라고, 보다 신중하게 그리고 우회적으로 표현했다. 그 편지를 살펴보자.

내가 귀관에게 포토맥 전선을 맡긴 것은 나름대로 확신을 갖고 결정한 사항입니다. 그럼에도 장군에게 충분히 만족하지 못하는 점이 몇 가지 있다는 점을 장군이 알아주었으면 합니다.

나는 귀관이 용감하고 지략이 탁월한 군인임을 믿어 의심치 않으며, 그 점을 매우 자랑스럽게 여기고 있습니다. 그리고 나는 귀관이 정치와 자신의 임무를 혼동하지 않는 인물이라고 굳게 믿고 있습니다. 이것은 매우 올바른 태도입니다.

장군은 야심이 큰 사람입니다. 그리고 사실 어느 정도의 야심을 갖고 있는 것도 큰 도움이 됩니다. 그러나 장군은 번사이드 장군의 지휘하에 있는 동안, 자기 야심에 휩쓸린 나머지 명령에 불복함으로써 공을 세운 상관의 명예에 중대한 잘못을 저질렀습니다.

나는 장군이 최근 '군대와 국가는 독재자를 필요로 한다'고 역설했다는 말을 전해 들었습니다. 내가 장군에게 부대를 맡긴 것은 장군이 그런 말을 해서가 아니라, 그 말을 했음에도 그렇게 한 것임을 장군도 알고 있으리라 생각합니다. 독재도 좋지만 성공한 장군만이 독재자로 나설 수 있는 법입니다. 내가 지금 장군에게 바라는 것은 군사적인 성공입니다. 나는 집권자로서 전쟁의 승리를 위해서는 독재정치의 위험도 무릅쓸 것입니다.

정부는 최선을 다해 장군을 지원하고 응원할 것입니다. 정부는 지금껏 다른 모든 장군들에게 그렇게 해왔고 앞으로도 그럴 것입니다.

장군의 부대 안에서 귀관의 영향을 받아 상관을 불신하는 풍조가 있다는데, 그 영향이 귀관에게 돌아가는 것은 아닌지 심히 염려됩니다. 나는 그런 사태를 예방하기 위해 내가 할 수 있는 최선을 다해 도우려 합니다.

그런 풍조가 군 내부에 확산되면 귀관이 아니라 나폴레옹이 되살아온다 해도 훌륭한 군대를 만드는 것은 불가능할 것입니다. 지금은 경솔한 말과 행동을 경계해야 할 때입니다. 각별히 경각심을 발휘하여 우리에게 최후의 승리를 안겨주시기 바랍니다.

하지만 우리는 쿨리지나 매킨리, 링컨도 아니다. 우리가 알고 싶은 것은 이런 원리가 우리의 일상 비즈니스에도 적용될 수 있는가 하는 점이다.

필라델피아의 와크 건설회사에서 근무하는 W. P. 고우 씨는 당신과 나처럼 평범한 시민 중 한 사람이다.

와크 건설회사는 대규모의 상업 빌딩 공사를 수주했고 일은 계획대로 순조롭게 진행되었다. 그런데 건물이 거의 완공단계에 이르렀을 때, 건물 외부를 장식하는 청동제품을 제작하는 업자로부터 물건을 기일 내에 납품할 수 없다는 연락이 왔다. 사소한 한 부분 때문에 공사 전체가 중단되어 큰 손해를 보게 되었다. 장거리 전화로 서로 언성을 높여봤지만 뾰족한 수가 나지 않았다. 바로 이 상황에서 고우 씨가 해결사로 임명되어 뉴욕으로 향했다.

고우 씨는 그 회사 사장실에 들어서자마자 이렇게 말했다.

"브루클린에 사장님 성씨가 하나뿐이라는 사실을 알고 계십니까?"

"그랬나요? 허, 그건 모르고 있었는데요."

사장의 놀란 표정에 고우 씨가 말했다.

"아침에 기차에서 내리자마자 사장님의 주소를 알아보기 위해 전화번호부를 뒤졌지요. 그랬더니 브루클린 전화번호부에 사장님과 똑같은 성을 가진 분이 단 한 명도 없더군요."

"전혀 몰랐소이다."

사장은 흥미롭다는 듯이 책상 위에 놓인 전화번호부를 들춰보았다.

"하긴, 흔한 성이 아니라서…. 원래 우리 집안은 200년 전에 아일랜드에서 건너왔지요."

그러면서 자신의 집안과 조상들에 대해 몇 분 동안 자랑을 늘어놓았다.

고우 씨는 자신이 그동안 방문했던 공장들과 비교해서 그의 공장이 매우 크다는 점을 칭찬했다.

"나는 이 사업을 위해 내 평생을 바쳐왔소. 그래서 나 스스로도 다른 어떤 공장보다 훌륭하다고 자부합니다. 어떻습니까? 공장을 한번 둘러보시겠소?"

고우 씨는 사장과 함께 공장 안을 돌아보면서도 여러 시설에 대해 칭찬을 아끼지 않았다. 그가 한 기계를 가리키며 신기해하자, 사장은 자신이 직접 개발한 것이라면서 신이 나서 조작해 보이기도 했다.

현장을 벗어났을 때, 사장은 고우 씨에게 점심식사를 함께 하자고 권했다. 고우 씨는 그때까지도 자신이 찾아온 목적에 대해서는 한마디도 하지 않았다.

점심식사를 마치고 나서 사장이 먼저 말했다.

"당신이 뭘 때문에 그 먼 길을 찾아왔는지 잘 알고 있습니다. 그런데 당신과 함께 이렇게 즐거운 시간을 보내리라곤 상상도 못했소. 안심하시오. 다른 주문을 좀 늦추더라도 와크사 납품 건은 약속대로 이행하겠소. 그러니 마음 푹 놓고 돌아가시오."

약속대로 건축자재가 도착했고 건물은 기일 내에 완공할 수 있었다. 고우 씨는 이렇게 소기의 목적을 달성하게 됐다. 만약 고우 씨가 다짜고짜 언성부터 높이고 과격한 방법을 선택했더라면 일이 이렇게 순조롭게 풀렸을까?

사람을 상대할 때 칭찬으로 시작하는 것은 치과의사가 마취주사를 사용하여 치료하는 것과 같다. 비록 드릴을 사용하겠지만 마취제가 그 아픔을 덜어주는 것이다.

사람을 변화시키는 비결 1

먼저 칭찬부터 하라.

2장
미움받지 않게
비난하는 방법

찰스 슈와브가 점심시간에 공장 안을 둘러보다가 담배를 피우는 몇 명의 노동자들과 마주쳤다. 그들의 머리 위에는 '금연'이라는 표지판이 선명했는데 말이다. 이때 슈와브는 어떻게 했을까? 손으로 표지판을 가리키며, "자네들 저게 안 보이나?" 하고 꾸짖었을까? 슈와브는 그렇게 하지 않았다. 그는 쭈뼛쭈뼛하는 노동자들에게 다가가 자신이 피우는 담배를 나눠주면서 말했다.

"다들 이 담배를 밖에 나가서 피워주었으면 고맙겠네."

슈와브는 그들이 사규를 어긴 것은 잘못이란 걸 알고 있다고 생각했다. 그래서 그 점에 대해서는 한마디도 하지 않고 오히려 자기 담배를 줘서 면을 살려주었으므로 계면쩍어하며 자신들의 행동을 반성하게 만들었다. 규칙위반 행위를 목도하고도 잘못을 꾸짖기는커녕 오히려 선심까지 쓰면서 체면을 세워주는데 누가 이런 사람을 미워하겠는가?

비판을 하기 위해 칭찬하는 경우, 사람들은 보통 처음에는 솔직한 칭찬을 하다가 '그러나'라는 말과 함께 뭔가를 비판하면서 말을 끝맺는다. 예를 들어 아이의 산만한 학습태도를 고치려고 할 때 흔히 이렇게 말한다.

"얘야, 이번 학기 성적이 올라 네가 정말 자랑스럽구나. 그러나 수학은 더 열심히 하지 않으면 성적이 떨어질지도 몰라."

이 경우에 아이는 처음에는 칭찬을 들어서 자신감을 갖게 된다. 하지만 '그러나'라는 말을 들은 후에는 칭찬의 순수함까지도 의심하게 된다. 앞선 칭찬이 자신의 나쁜 성적을 지적하기 위한 방편이었다고 생각하게 되는 것이다. 그러면 신뢰감이 사라지고 아무런 목적도 이룰 수 없게 된다. 이럴 때는 '그러나'를 '그리고'로 바꿔보면 쉽게 해결할 수 있다.

"얘야, 이번 학기 성적이 올라 네가 정말 자랑스럽구나. 그리고 다음 학기에도 더 열심히 노력하면 수학 성적도 올릴 수 있을 거야."

이러면 아이는 칭찬의 말도 제대로 받아들이고, 부모가 원하는 것을 간접적으로 암시했기 때문에 기대에 어긋나지 않으려고 노력할 것이다.

유명한 설교가 헨리 워드 비처 목사가 사망하자, 라이먼 애벗이 초청되어 그 후임으로 설교를 하게 되었다. 그는 훌륭한 설교를 하겠다는 욕심에 연설 초고를 쓰고 세심한 주의를 기울여 열심히 가다듬었다. 그리고 원고가 완성되자 먼저 자기 부인한테 읽어주었다.

그런데 부인이 보기에 그 설교문은 너무 딱딱하고 지루했다. 이때 만약 그의 부인이 사려 깊은 여성이 아니었다면 이렇게 말했을 것이다.

"너무 지루해요. 이래선 다들 졸고 말겠어요. 백과사전을 읽어도 이보다는 재미있을 거예요. 설교를 그렇게 오래 해왔으면서 왜 이것밖에 안 돼요? 좀더 인간미 넘치게 할 수는 없나요? 좀더 자연스럽게 말예요."

하지만 그의 현명한 아내는 이렇게 말했다.

"이 글은 설교보다는 《노스 아메리칸 리뷰》에 실리면 정말 좋을 것 같아요."

부인은 남편의 글을 칭찬하면서도 그 글이 연설에는 적합하지 않다는 점을 간접적으로 비판한 것이다. 애벗은 아내가 에둘러 표현한 의도를 알아차렸다. 그는 긴 시간을 들여 정성껏 완성한 초고를 없애버리고, 메모 한 장 하지 않은 채 즉석에서 멋진 설교를 마칠 수 있었다.

사람을 변화시키는 비결 2

비판과 충고는 간접적으로 하라.

3장

자신의 잘못을
먼저 이야기하라

여러 해 전에 조카 조지핀이 내 비서로 일하기 위해 캔자스의 부모 곁을 떠나 뉴욕으로 왔다. 고등학교를 졸업한 열아홉 살의 조지핀은 직장 경험이 전혀 없었기 때문에 처음에는 실수투성이였다. 물론 지금은 훌륭한 비서로 성장했지만 말이다.

어느 날 나는 조지핀에게 잔소리를 하려고 했다. 그러다가 멈칫하고 나 자신에게 이렇게 말했다.

'잠깐, 데일. 넌 조지핀보다 오래 살아서 인생 경험도 많고 일에 대한 노하우도 높지. 그렇지만 이 아이한테 너와 똑같은 능력을 기대하는 건 무리 아닌가? 너도 처음엔 그리 대단한 능력을 갖고 있었던 건 아니잖아? 네가 열아홉 살 때를 생각해봐. 늘 실수만 저지르지 않았느냐고.'

곰곰이 생각해보고 나서 조지핀이 그 당시의 나보다는 훨씬 더 일을 잘한다
는 사실을 알게 되었고, 오히려 어린 조카를 칭찬해줘야겠다고 생각했다. 그
래서 그 후로는 조지핀에게 잔소리를 해야 할 경우에는 이렇게 말하곤 했다.

"조지핀, 실수를 했구나. 하지만 이 정도는 지난날에 내가 저지른 실수에 비
한다면 아무것도 아니란다. 능력은 경험을 통해 쌓이는 거지. 나도 처음엔 엉
망진창이었거든. 그때의 나에 비하면 네가 훨씬 더 낫구나. 널 탓할 생각은 조
금도 없어. 하지만 내 생각엔 이렇게 해보는 것도 괜찮을 것 같은데?"

남에게 잔소리를 해야 할 경우에는 "나 역시 가끔씩 실수를 저지르긴 하지
만…" 하는 식으로 먼저 자기 한계를 인정하면서 상대방의 잘못을 충고하면
그 사람도 그렇게 심한 불쾌감을 느끼지는 않을 것이다.

독일제국의 마지막 황제로 오만하고 독선적인 빌헬름 2세 밑에서 재상을
지낸 베른하르트 뷜로는 이 방법의 필요성을 절실하게 깨달은 인물이다. 1909
년 당시의 빌헬름 2세는 막강한 육군과 해군 병력을 바탕으로 천하무적이라
고 거들먹거리고 있었다.

그런데 한번은 큰 소동이 일어났다. 영국을 공식방문 중인 빌헬름 2세가
《데일리 텔레그래프》와 인터뷰한 내용이 크게 문제가 된 것이다. 신문기사
가 나가자 영국의 정계와 국민들은 일제히 분노를 표시했고, 독일의 정치가
들도 황제의 오만불손한 언행에 아연실색했다. 그의 인터뷰 요지는 이랬다.

"나는 영국에 호감을 느끼는 유일한 독일인이다. 내가 해군을 크게 증강한
것은 일본의 침략에 대항하기 위해서다. 영국이 러시아와 프랑스의 공격을 받
지 않고 안전한 것은 모두 내 덕분이다. 또 로버츠 경이 남아프리카의 보어인
을 물리칠 수 있었던 것도 사실은 내가 세운 군사작전 덕분이다…"

100년에 걸친 평화의 시대에 일찍이 유럽의 황제가 그렇게 놀라운 말을 한 적은 없었다. 유럽 전체가 벌집을 쑤셔놓은 듯 발칵 뒤집어졌다. 그러자 예상치도 못한 분노의 소용돌이에 휘말리게 된 빌헬름 2세는 당황하여 뷜로 재상에게 도움을 청했다. 자신은 시키는 대로 지껄였을 뿐, 책임은 전적으로 재상인 뷜로에게 있다고 발표해달라고 요청한 것이다.

"하지만 폐하, 독일은 물론 영국의 어느 누구도 제가 폐하께 그런 말을 건의했다고는 생각하지 않을 것입니다."

그렇게 말해놓고도 뷜로는 속으로 아차 싶었다. 아니나 다를까, 황제가 대로하여 소리쳤다.

"경은 지금 날 바보 취급하는가! 내가 경이라면 절대 하지 않을 실수를 저질렀다는 말이로군!"

뷜로는 빌헬름 2세를 비판하기에 앞서 그를 칭찬했어아 옳았지만 이미 엎질러진 물이었다. 그는 얼른 차선의 방책을 강구했다. 이것은 순서를 바꿔서 비판한 뒤에 칭찬을 하는 것으로, 그 역시 기적적인 효과를 발휘했다. 뷜로 재상은 빌헬름 2세에 대한 강한 존경심을 드러내며 이렇게 말했다.

"폐하, 전 결코 그런 뜻으로 말씀드린 것이 아닙니다. 현명하신 폐하를 어찌 저같이 하찮은 사람과 비교하겠습니까? 군 통솔에 관해서는 말씀드릴 것도 없고, 저는 평소 폐하의 자연과학에 대한 깊은 조예에 깜짝깜짝 놀라고 있습니다. 폐하께서 측우기나 무선전신, 뢴트겐선 등에 대해 말씀하시는 것을 볼 때마다 전 탄복해 마지않습니다. 부끄럽게도 전 그쪽 방면으로는 문외한이어서 단순한 자연현상조차 이해하지 못합니다. 그저 약간의 역사 지식과 정치외교에 써먹을 수 있는 얕은 지식 정도만 갖고 있을 뿐입니다."

그 말을 듣고 난 빌헬름 2세는 다소 표정이 누그러졌다. 뷜로가 자신을 치켜세우고 본인을 낮추자 금세 용서하고 싶어진 것이다.

"내가 항상 말했듯이 우린 서로를 도와야 해. 서로에게 의지해야 된다고."

빌헬름 2세가 빌로 재상의 두 손을 맞잡고 흔들었다. 그러고는 주먹을 쥐면서 큰 소리로 말했다.

"누구라도 빌로 재상을 욕하는 놈이 있다면 짐이 혼쭐을 내줄 것이다!"

빌로는 그렇게 위태로운 고비를 넘겼지만, 그가 평소 신중하고 빈틈없는 외교전문가였다는 점을 감안하면 큰 실수를 저지른 것이 분명했다. 무엇보다도 황제 앞에서는 겸손해야 했고, 자신의 단점과 황제의 장점을 먼저 말했어야 했음에도 오히려 황제를 바보 취급해서 노여움을 샀던 것이다.

이렇듯 겸손과 칭찬은 우리의 일상생활에서도 큰 효과를 발휘한다. 때와 장소에 따라 잘 응용하기만 하면 인간관계에 일대 기적을 만들 수도 있는 것이다.

사람을 변화시키는 비결 3

남을 비판하기 전에 먼저 자신의 잘못을 인정하라.

4장

명령받고 싶은 사람은
아무도 없다

나는 얼마 전에 유명한 전기작가인 아이다 타벨 여사와 식사를 한 적이 있다. 그때 나는 《사람을 다루는 법》을 집필 중이었기 때문에 우리의 화제는 자연스럽게 인간관계로 옮겨와 이런저런 의견을 나누게 되었다.

여사는 오언 D. 영의 전기를 쓸 당시에, 그와 3년 동안 한 사무실에서 근무했다는 사람을 만나 이런저런 이야기를 들었다고 했다.

그 사람 말에 따르면, 영은 누구한테든 절대 명령조로 말하는 법이 없었다고 한다. 명령 대신 주로 암시를 주는 방법을 택했으며, '이거 해라' '그렇게 하면 안 된다'는 식으로 말하지 않았다. 늘 '이렇게 생각해보면 어떨까?' '이렇게 하면 될지도 모르겠는데?' 하는 식으로 상대방의 의견을 묻는 것이 그의 습관이었다.

편지를 쓸 때도 마찬가지였다. 구술한 것을 비서가 받아쓰게 한 다음, "이 내용은 어떻게 생각해?"라고 물어보고, "이건 이런 식으로 고치는 게 나을 것 같은데, 자네 생각은 어때?" 하고 물어보았다.

오언 영은 항상 사람들로 하여금 자발적으로 일을 하게 만들었고, 지시하기보다는 자율적으로 일하도록 했다. 그래서 설사 실패를 하더라도 스스로 배우고 터득하게 했다. 이런 방법은 상대방으로 하여금 자신의 잘못을 깨닫고 스스로 그것을 개선하려고 노력하게 만든다.

그리고 상대방의 자존심을 건드리지 않고 중요성을 인정받는 느낌을 갖게 해서 협력하는 마음을 불러일으킨다. 명령이나 일방적인 지시가 불러일으킨 반감은 설사 그것이 잘못을 바로잡기 위한 것이라도 오랫동안 앙금을 남기는 법이다.

펜실베이니아주 와이오밍에 있는 실업학교의 교사인 댄 사타렐리는 한 학생의 불법주차로 매점 진입로가 막혔던 날을 이렇게 회상했다.

불법주차된 차를 발견한 교사가 교실에 들어와 잔뜩 인상을 쓰며 물었다.

"매점 앞에 주차한 사람이 누구지?"

그 차의 주인인 학생이 대답하자 교사는 버럭 소리쳤다.

"당장 차를 빼! 안 그러면 견인차를 부를 테니까!"

당연히 그 학생은 잘못을 저질렀다. 하지만 그날 이후 그 학생은 그 교사가 하는 일마다 반발하기 일쑤였고, 그 반의 다른 학생들도 순순히 따르는 법이 없었다.

이럴 때 교사가 다르게 처신할 수는 없었을까?

만일 교사가 학생들 앞에서 부드러운 목소리로 "매점 앞에 주차한 게 누구지?" 하고 물으면서, "통행에 방해가 되지 않도록 차를 좀 옮겨줬으면 좋겠는데?"라고 말했다면 어땠을까? 주차한 학생은 기꺼이 차를 옮겼을 것이고 다른 학생들도 반감을 보이지 않았을 것이다.

의견을 제시하는 화법은 명령하는 것보다 분위기를 한결 부드럽게 하고 때로는 사람들의 창의력을 자극하기도 한다. 사람들은 자신이 어떤 과정이나 결정에 참여하게 되면 함께 공감하며 어떤 제안도 쉽게 받아들이게 되는 것이다.

남아프리카공화국 요하네스버그의 아이언 맥도널드는 정밀기기 부품을 생산하는 공장의 책임자였다.

한번은 갑자기 큰 주문을 받게 되었는데, 아무리 궁리해봐도 납품일을 맞추지 못할 것 같았다.

공장의 생산계획이나 짧은 일정상 그 주문을 받아들이기가 불가능해 보였다. 하지만 맥도널드는 모처럼 찾아온 그 좋은 기회를 날려버리고 싶지는 않았다. 그래서 전 직원을 한자리에 모아놓고 상황을 설명했다. 그리고 납품일을 지킨다면 회사와 직원들에게 어떤 이득이 되는지도 말해준 뒤 물어보았다.

"우리가 이 주문량을 처리할 방법이 없을까?"

"납품일을 지킬 수 있게 생산량을 높일 방법은 없을까?"

"작업시간이나 개개인의 업무 범위를 조정할 방법은 없나?"

그의 질문마다 직원들이 다양한 의견을 제시했다. 좋은 기회를 놓칠 수 없다면서 어떻게든 생산량을 늘려서 납품을 성사시켜야 한다는 의견이 지배적이었다.

아이언은 주문을 받아들였고, 직원들 모두 '할 수 있다'는 자세로 그 일에 매

달려서 마침내 납품일을 지키는 데 성공했다.

반감이나 반발을 일으키지 않으면서도 상대방을 변화시키려면 일방적인 명령보다는 오픈하고 다양한 의견을 모으는 방식이 효과적이다.

사람을 변화시키는 비결 4
명령하지 말고 상대방의 의견을 물으며 부탁하라.

5장
상대방의 체면을 세워주어라

　제너럴 일렉트릭사는 찰스 스타인메츠 기획부장을 다른 부서로 발령해야 하는 미묘한 문제로 고민하고 있었다. 스타인메츠가 전기기술에 관해서는 최고 권위자였지만, 기획부장으로서는 적임자가 아니었기 때문이다. 그는 까다롭고 신경이 매우 예민한 사람이었다. 회사로서는 어떻게든 그의 기분을 상하지 않게 일을 마무리 짓고 싶었다.

　오랜 고민 끝에 회사는 새로운 자리를 만들어서 그에게 맡겼다. 하는 일은 별로 달라진 것이 없었지만, 그에게 새롭게 '제너럴 일렉트릭 고문기사'라는 직함을 부여한 것이다. 그래서 기획부장 자리에는 다른 적임자를 임명할 수 있었다. 그 새 직함에 스타인메츠도 만족하는 표정이었고, 회사 임원들도 까다로운 사람의 체면을 살려주면서 인사문제를 마무리 지었다는 점에서 매우 안도했다.

이처럼 상대방의 체면을 세워준다는 것은 매우 중요한 일이다. 하지만 이 중요성을 제대로 이해하는 사람이 과연 얼마나 될까? 대부분 자기 기분이나 주장에 집착한 나머지 다른 사람의 감정이나 자존심은 헤아리지 못하는 사람이 더 많은 것이다.

다른 사람이 보는 앞에서 아랫사람이나 아이들을 야단치는 사람도 큰 잘못이다. 상황을 보아가며 심사숙고해서 진심 어린 말을 한다면 훨씬 더 나을 수 있음에도 이런 실수를 해서 일을 더 복잡하게 만든다.

다음은 공인회계사인 마셜 A. 그랜저가 나에게 보내온 편지의 한 대목이다.

어떤 경우든 종업원을 해고한다는 것은 결코 유쾌한 일이 아닙니다. 해고를 당하는 입장에서는 더욱 그렇겠지요.

우리가 하는 일은 계절에 따라 영향을 받기 때문에, 매년 3월이 되면 대량의 해고자를 양산하게 됩니다. 그래서 우리들 사이에서는 가급적 일을 간단하게 처리하려는 습관이 몸에 배었습니다. "아시다시피 시즌이 끝나서 당신이 할 일이 더 이상 없는 것 같습니다. 애초부터 바쁜 한 철만 일해주기로 약속돼 있었고…." 설사 계약조건이 그렇게 되어 있다 해도 이 말을 듣는 상대방은 큰 충격을 받게 됩니다. 그들 대부분이 회계일을 하면서 일생을 사는 사람들인데, 이렇게 간단히 말 한마디로 해고해버리는 회사에 일말의 애정도 느끼지 못할 것입니다.

그래서 나는 임시로 채용한 그 사람들을 해고할 때 좀더 신중한 방법을 선택합니다. 해고를 통고하기 전에 각자의 업무실적을 조사한 다음 이렇게 말하는 것이죠.

“당신의 업무실적은 참으로 대단했습니다. 뉴욕 출장 때는 정말 고생 많으셨죠? 일을 잘해주셔서 회사에 큰 도움이 되었습니다. 당신은 실력이 있으니까 어딜 가든 큰일을 하실 겁니다. 원하시면 우리도 최선을 다해 지원하겠습니다. 기회가 되어 다시 일할 수 있으면 정말 좋겠습니다.”

이렇게 약간의 배려를 해줌으로써 상대방이 크게 마음 상하지 않고 떠나갈 수 있게 해주는 것입니다. 그들은 회사에 일거리가 있었다면 계속해서 자신을 고용했을 것이라고 믿으면서 떠나가는 것이죠. 그러면 다음에 회사가 그들을 필요로 할 때 기쁘게 다시 와줄 것입니다.

대립을 풀고 갈등을 해결하는 능력을 가진 사람들은 남을 칭찬할 줄 알고 상대방의 중요성도 강조하면서 상황을 빈틈없이 처리한다. 상대방의 체면을 세워주는 것은 진정한 중재자라면 반드시 갖춰야 할 덕목이다.

진정 위대한 사람, 일반인의 범주를 뛰어넘는 사람은 매우 훌륭하기 때문에 자신의 개인적인 성취나 승리를 만끽하는 데 시간을 낭비하지 않는다. 다음의 예를 살펴보자.

1922년, 터키인들은 수세기 동안 심각한 적대관계를 유지해오던 그리스인들을 자신들의 영토 밖으로 완전히 몰아내기로 결정했다. 무스타파 케말 아타튀르크 장군이 마치 나폴레옹처럼 부하들에게 명령했다.

“우리의 목표는 지중해다!”

그 말과 함께 군대가 진격했고, 현대사의 가장 격렬한 전쟁 중 하나가 발발했다. 그리고 터키군은 승리했다. 터키인들은 그리스의 니콜라오스 트리쿠피스 중장과 부사령관 키몬 디예니스가 투항하여 케말의 진지로 향할 때 그들을 향해 엄청난 저주의 말을 퍼부어댔다. 그러나 그들을 맞은 아타튀르크 장군의 태도는 승리자의 그것과 전혀 달랐다. 그는 두 사람의 손을 꼭 잡아주며 이렇게 말했다.

"장군들, 앉으시지요. 그간 얼마나 힘드셨소? 전쟁이란 게 어디 우리 군인들만의 책임입니까? 일부 정치가들의 소모적인 게임이지요. 전쟁이란 게임과도 같아서 때로는 뛰어난 자가 지기도 하는 법입니다."

그러고는 진심으로 그들을 위로하면서 전장에 관한 여러 가지 일들을 상의했다. 아타튀르크 장군은 승리에 충만해 있을 때조차도 상대방의 체면을 세워주는 중요한 법칙을 알고 있었던 것이다.

당신이 옳고 상대방이 틀린 것이 분명하다 해도 상대의 체면을 짓밟아버리면 그의 자존심에 상처를 입히고 반발을 부른다.

프랑스의 작가이자 선구적인 비행사인 생텍쥐페리는 이렇게 말했다.

"나에게는 누군가를 위축시키는 말이나 행동을 할 권리가 없다. 중요한 것은 내가 상대방을 어떻게 생각하느냐가 아니라 상대방이 자기 자신을 어떻게 생각하느냐다. 인간의 존엄성에 상처를 주는 것은 죄악이다."

사람을 변화시키는 비결 5

상대방의 입장을 세워줘라.

6장
사소한 일이라도
아낌없이 칭찬하라

나는 오래전부터 서커스단장인 피트 발로와 친하게 지내왔다. 그는 개와 조랑말을 데리고 전국을 순회공연했는데, 그가 무대에 내보내기 위해 새로 데려온 개를 조련하는 것이 무척 흥미로웠다. 그는 개가 조금이라도 잘하면 목덜미를 쓰다듬어주고 고기를 주면서 크게 칭찬했다.

사실 이것은 전혀 새로운 방식이 아니다. 동물 조련사들은 이미 수백 년 전부터 그래왔다. 그런데 왜 우리는 이렇게 하지 않는 걸까? 개를 훈련시킬 때 활용하는 이 상식을 왜 사람을 변화시키려고 할 때 적용하려 하지 않을까? 왜 채찍 대신 당근을, 비판 대신 칭찬을 하지 않는 것일까? 만약 조금이라도 잘하는 것이 있으면 잘한다고 진심으로 칭찬해주는 것이 좋지 않을까? 그러면 상대방은 힘을 얻어 더욱 분발하고 더 향상될 텐데 말이다.

역사적인 인물들을 잘 살펴보면 칭찬의 마법에 관한 많은 일화들로 가득하다는 사실을 알 수 있다.

오래전 이탈리아 나폴리의 한 공장에서 열 살 난 소년이 노동을 하고 있었다. 그는 장래에 훌륭한 성악가가 되는 것이 꿈이었다. 하지만 그의 선생님은 그 꿈에 대해 이렇게 핀잔을 주었다.

"너에겐 노래가 맞지 않아. 네 목소린 마치 바람이 덧문을 흔드는 소리 같구나."

그 소년의 어머니는 가난한 시골 아낙네였지만, 실망하여 귀가한 아들을 안아주며 이렇게 격려해주었다.

"선생님이 잘못 보신 거야. 넌 반드시 훌륭한 성악가가 될 거야. 엄마는 분명히 알 수 있거든. 네 노래 실력이 점점 더 좋아지고 있잖니?"

그 어머니는 몸이 부서져라 들일을 하여 아들을 뒷바라지했다. 어머니의 그 칭찬과 격려는 아들의 삶을 크게 변화시켰다. 훗날 당대 최고의 성악가가 되는 그 소년의 이름은 엔리코 카루소다.

19세기 초 런던에 작가를 지망하는 한 젊은이가 있었다. 그의 조건은 최악이었다. 학교는 4년밖에 다니지 못했고, 그의 부친은 빌린 돈을 갚지 못해 교도소에 갇혔다. 남들보다 유리한 조건이 한 가지도 없었다. 집이 워낙 가난했기 때문에 일을 해야 했는데, 겨우 얻은 일자리가 쥐 소굴처럼 음침한 창고에서 구두약통에 라벨을 붙이는 일이었다. 그리고 밤에는 초라한 지붕 밑 다락방에서 두 명의 부랑아와 함께 새우잠을 잤다.

그런 악조건에서도 그는 남의 비웃음을 살까 두려워 모두가 잠든 밤중에 몰래 빠져나와 글을 썼고, 첫 작품을 한 잡지사에 보냈다. 하지만 그 글은 반송되었다. 그 후에도 계속해서 원고를 보냈지만 번번이 거절당했다.

그러던 어느 날 한 줄기 햇살이 들이쳤다. 마침내 그의 글이 채택된 것이다. 원고료는 한 푼도 받지 못했지만 편집자로부터 칭찬의 말을 들었다. 드디어 그의 작품이 처음으로 인정받은 것이다. 그는 몹시 감격한 나머지 흐르는 눈물도 닦지 못한 채 환호하며 거리를 뛰어다녔다. 그리고 마침내 그의 작품이 활자화되어 세상에 나오자 그의 인생에 기적 같은 변화가 찾아왔다. 만약 그런 계기가 아니었다면 그는 한평생 어두컴컴한 창고에서 일하다가 죽었을지도 모른다. 이 사람은 영국의 유명한 작가 찰스 디킨스다.

19세기 중반 한 소년이 런던의 직물점에서 일을 하고 있었다. 그는 새벽 5시부터 청소와 온갖 잔심부름을 하며 하루 열네 시간을 혹사당했다. 소년은 이 견딜 수 없는 중노동을 2년 동안이나 잘 참아냈다. 그러나 더 이상은 견딜 수 없다고 생각했다.

어느 날 소년은 아침식사도 하지 않고 가게를 빠져나와 15마일이나 되는 길을 달려 남의 집에서 일하고 있던 어머니를 찾아갔다. 그리고 미친 듯이 울부짖으며 그 가게에서 일하느니 차라리 죽는 게 낫겠다고 흐느꼈다. 그런 다음 궁리 끝에 모교 교장선생님에게 자신의 힘든 처지를 호소하는 긴 편지를 썼다. 교장선생님은 곧 답장을 보내왔다.

"자넨 두뇌가 명석한 친구일세. 아무래도 그런 중노동은 적합하지 않지. 내가 학교에 자리를 하나 마련해주도록 하겠네."

교장선생님의 이 칭찬은 소년의 운명을 크게 변화시켰고, 훗날 세상에 불멸의 명저를 남기게 만들었다. 그는 77권의 책을 저술했고 수많은 베스트셀러를 써서 100만 달러 이상의 부를 일궈냈다. 바로《타임머신》《투명인간》등의 공상과학소설로 유명한 소설가 허버트 조지 웰스다.

1922년 캘리포니아 교외에 아내 한 명 부양하기도 버거운 사내가 있었다. 교회 성가대원이었던 그는 이따금씩 결혼식장에서 축가를 불러주고 5달러를 벌기도 했다. 그는 포도밭에 있는 다 쓰러져가는 오두막집에서 살았는데, 한 달 12달러밖에 안 되는 집세를 열 달 가까이 밀렸다. 그는 완전히 의기소침해 있었다.

그런데 때마침 할리우드에서 영화제작자로 활동했던 루퍼트 휴스가 그에게 말했다.

"자넨 정말 훌륭한 가수가 될 자질을 갖고 있네. 그러니 꼭 뉴욕에 가서 음악 공부를 하도록 하게나."

그의 칭찬 한마디는 그가 갖고 있던 트럭을 팔아 새출발을 하는 데 큰 힘이 되어주었다. 메트로폴리탄 오페라 하우스 등 오페라 무대에서 전설적인 바리톤 가수로 활약한 로렌스 티벳의 이야기다.

훌륭한 재능을 가진 사람들을 찾아보면, 많은 사람들이 이렇게 작은 계기를 디딤돌 삼아 자신을 훌륭하게 발전시켰다는 사실을 알 수가 있다.

위대한 심리학자인 B. F. 스키너는 비판을 최소화하고 칭찬을 극대화할 때 사람들의 선행이 더욱 강화되고 나쁜 일들은 줄어들게 된다는 사실을 여러 실험을 통해 증명하고 있다.

또 싱싱 교도소 루이스 F. 로스 소장도 상습범죄자들도 잘한 점을 칭찬해주면 큰 효과를 보인다고 했다.

"죄수들의 노력을 적당히 칭찬해주면 갱생하고자 하는 마음을 일으킵니다. 이것이 잘못한 일을 엄하게 꾸짖는 것보다 훨씬 더 좋은 효과가 있습니다."

사람은 누구나 칭찬받기를 원한다. 하지만 그 칭찬은 구체적이고 진심에서 우러난 것이어야 한다. 단지 겉치레뿐인 칭찬은 의례적이고 상투적이라는 느낌만 줄 뿐이다. 사람은 누구나 감사와 인정을 갈구하며, 그것을 위해서라면 어떤 일도 할 수 있다는 점을 기억해야 한다.

만일 당신이나 내가 다른 사람에게 영감을 주어서 그로 하여금 자신에게 숨겨진 보석이 있음을 깨닫게 할 수 있다면 우리는 단순히 사람을 변화시키는 것 이상의 일을 할 수가 있다.

너무 과장된 말처럼 들리는가? 그렇다면 하버드 대학 교수이고 위대한 심리학자인 윌리엄 제임스의 말을 들어보자.

인간은 그가 가진 능력에 비해 겨우 절반 정도만 깨어 있다. 즉 우리는 우리가 지닌 육체적·정신적 능력의 지극히 일부만 사용하고 있는 것이다. 이 말은 곧 우리가 자신의 한계에 훨씬 못 미치는 삶을 살고 있다는 것을 의미한다. 그러나 모든 인간에게는 습관상 활용하지 못하고 있는 다양한 능력이 있다.

사람을 변화시키는 비결 6
진심으로 인정하고 아낌없이 칭찬하라.

7장
기대감을 드러내라

뉴욕주 스카스데일에 사는 어니스트 겐트 부인이 새 가정부를 들이게 되었다. 부인은 넬리라는 가정부를 면담하고 나서 월요일부터 일해달라고 부탁했다. 그런데 그녀가 전에 일한 집의 부인과 통화하다가 넬리에게 약간의 결점이 있다는 사실을 알았다.

월요일 아침에 가정부가 찾아오자 부인은 이렇게 말했다.

"넬리, 주말에 당신이 일한 전 주인에게 당신에 대해 알아봤어요. 넬리는 정말 정직하고 믿을 수 있으며, 요리도 잘하고 아이도 잘 돌본다고 하더군요. 그렇지만 청소는 좀 게으른 편이라고 하던데, 아마 거짓말이겠죠? 난 정말 못 믿겠어요. 넬리의 옷차림만큼이나 집 안 청소도 깨끗이 잘하리라 믿어요. 우린 서로 잘 해낼 수 있을 거예요. 안 그래요, 넬리?"

넬리는 부인의 기대에 어긋나지 않게 부지런히 일했고, 집 안도 항상 깨끗했다. 부인의 기대에 부응하기 위해 근무시간보다 한 시간이나 더 일했기 때문이다.

조젯 르블랑은 자신의 저서 《마테를링크와 함께한 내 생애의 선물》에서 벨기에 출신의 여종업원에 대해 이렇게 썼다.

마리에는 호텔에서 음식을 나르는 일을 했다. 사람들은 그녀를 '접시닦이 마리에'라고 불렀다. 주방장 보조에 불과한 그녀는 외모로나 지능으로나 볼품없는 아이였다.

어느 날 그녀가 마카로니 접시를 나르고 있을 때, 나는 불쑥 이렇게 말해주었나.

"마리에, 넌 네 자신 속에 숨어 있는 보물을 찾지 못하고 있어."

그 말에 마리에는 순간적으로 멈춰 서서 의아하고 두려운 눈빛을 띠었다. 그녀가 테이블에 접시를 내려놓으며 한숨을 푹 내쉬었다.

"부인, 전 그 말을 믿을 수가 없어요. 단지 절 기분 좋게 해주시려는 거죠?"

그러더니 훌쩍 주방으로 가버렸다.

하지만 그날 이후 마리에는 자신을 변화시킬 수 있다는 호기심에 자신감을 갖게 되었다. 그 자신감은 그녀가 다이어트를 하고 있다고 이야기할 때 나타났다.

그녀가 나에게 고백했다.

"부인이 해주신 그 순간의 말이 제 생활에 많은 변화를 주었어요. 저도 이젠 어엿한 숙녀가 되었다고요."

마리에는 두 달 후 요리사의 조카와 결혼식을 올렸다.

조젯 르블랑은 접시닦이 마리에가 훌륭한 사회인으로 성장할 수 있는 변화의 계기를 선사한 것이다.

능력 있는 사람이 갑자기 실수를 반복한다면 어떻게 할 것인가? 해고 같은 극단적인 경우는 해결책이 될 수 없고, 또 심하게 꾸짖는다면 오히려 반감을 살 것이다.

실례로, 인디애나주 로웰에 있는 트럭 대리점의 책임자인 헨리 헹크는 자신이 데리고 있는 기술자의 일처리가 만족스럽지 못해 고민 중이었다. 그는 그를 나무라는 대신에 사무실로 불러서 허심탄회한 대화를 나누었다.

"자넨 훌륭한 기술자가 틀림없네. 이 일에 대한 경험도 남다른 편이지. 자네의 일처리에 대해 얼마나 많은 고객들이 칭찬하는지 알고 있나? 그런데 최근 들어서는 웬일인지 일하는 것이 예전 같지가 않구먼. 자네가 워낙 실력 있는 기술자이기 때문에 지금 일하는 모습이 상대적으로 불만족스러울 수 있다는 사실을 알아주었으면 하네. 어떤가? 우리 함께 해결의 실마리를 찾아보지 않겠나?"

그 말을 들은 기술자는 자신이 하는 일이 그렇게 형편없었는지 몰랐다면서, 앞으로 더 신경 쓰고 노력하겠다고 약속했다. 그리고 그 후 철두철미한 서비스 실력을 발휘했다. 칭찬받은 자신의 명예를 더럽히지 않기 위해 더욱 분발해서 일한 것이다.

볼드윈 철도회사의 새뮤얼 버클레인 사장은 말했다.

"사람들은 대부분 그 사람의 장점을 찾아내서 칭찬해주면 이쪽의 의도대로 따라오기 마련이다."

즉 상대방의 약점을 고쳐주고 싶을 때는, 바로 그 부분이 그 사람의 뛰어난 점이라고 말해주는 것이 효과적이다. 셰익스피어도 "장점이 없어도 있는 듯 처신하라."고 정곡을 찌르고 있다. 상대로 하여금 어떤 장점을 발휘하도록 하려면 그가 이미 그 장점을 지니고 있는 것처럼 대놓고 칭찬해주는 것이다. 그러면 그는 당신의 기대에 어긋나지 않게 노력함으로써 자신의 장점을 살리게 된다.

아일랜드 더블린에서 치과병원을 운영하는 마틴 피츠휴는 어느 날 아침 한 환자로부터 입을 헹굴 때 사용하는 컵의 컵받침이 더럽다는 지적을 받고 큰 충격을 받았다. 그 환자는 일회용 종이컵으로 물을 마신 것이지만, 불결함을 지적받았다는 자체가 부끄러운 일이었다.

피츠휴는 곧 일주일에 두 번씩 사무실을 청소하러 오는 파출부 브리지트에게 메모를 남겼다.

친애하는 브리지트.

당신을 직접 만날 기회가 없어서 평소 내 사무실을 깨끗이 청소해주는 것에 대해 이렇게 메모로라도 감사드리려고 합니다. 사실 일주일에 두 번은 매우 짧은 시간이기 때문에, 컵받침을 닦는 일처럼 '가끔 한 번씩' 해야 할 일이 있을 때 30분 정도 초과근무를 하셔도 좋습니다. 그 일에 대해서는 당연히 별도의 수당을 지불해드리겠습니다.

다음 날 피츠휴가 출근해보니 책상이 마치 거울처럼 반짝였고 의자 역시 반질거려서 하마터면 미끄러질 뻔했다. 그리고 진료실에 들어가보니 지금까지 본 적 없는 깨끗하고 윤이 나는 컵받침이 놓여 있었다.

브리지트는 그 짤막한 메모 한 장에 자기 명예를 걸고 정성을 다 쏟았다. 그렇다고 해서 그녀가 그 일을 하는 데 시간이 더 걸렸을까? 아니었다. 그녀는 단지 좀더 세심하게 신경을 썼을 뿐이었다.

4학년 담임인 여교사 루스 홉킨스는 새 학년 첫 수업이 있던 날 자기 반 학생 명단을 죽 훑어보았다. 새로운 얼굴들을 맞는 그녀의 마음은 반갑고 설레기도 했지만, 한편으론 조금 걱정되기도 했다. 학교에서 악동으로 소문난 토미가 자기 반이 되었기 때문이다.

3학년 때 토미의 담임선생님은 물론 다른 선생님들, 심지어는 교장선생님까지도 토미에 대한 불평을 늘어놓을 정도였다. 토미는 단순히 짓궂고 장난스러운 수준을 넘어서 학급의 규율을 해칠 정도로 극성스러웠다. 다른 친구에게 싸움을 거는 것은 기본이고 여자아이들을 골탕 먹이고 선생님한테도 무례하게 굴었다. 하지만 토미는 배운 것을 금방 알아듣고 교과과정도 쉽게 마스터하는 장점을 지니고 있었다.

홉킨스는 반 아이들과 첫 대면을 하는 자리에서 학생들 모두에게 한마디씩 해주었다.

"로즈야, 옷이 참 예쁘구나."

"앨리사는 그림을 잘 그린다면서?"

그러다가 토미의 차례가 되었고, 홉킨스는 토미의 눈을 똑바로 응시한 채 이렇게 말했다.

"토미 네가 타고난 리더라고 하던데… 올해 우리 반이 4학년 전체에서 최고의 반이 되도록 네가 많이 노력해주리라 믿는다."

그런 다음 처음 며칠 동안 그 아이가 하는 일마다 칭찬해주고 모범적인 학생이라고 치켜세우기도 하면서 토미의 장점을 강조했다. 그러자 겨우 아홉 살밖에 안 된 토미였지만, 담임선생님을 실망시킬 수 없었는지 차츰 행동에 변화가 일어났다.

만일 당신이 다른 사람의 태도나 행동을 바꾸고 싶다면 그 사람에게 명예를 갖도록 해주는 것이 중요하다.

사람을 변화시키는 비결 7
___
상대방에게 기대하고 있다는 점을 말하라.

8장
실수를 지적하고 격려하라

내 친구 중에 나이 마흔을 훌쩍 넘긴 친구가 있는데, 최근 독신생활을 청산하고 약혼을 했다. 그런데 그의 약혼녀가 그에게 댄스를 배울 것을 권했다. 그 친구가 나에게 말했다.

하긴, 젊었을 때 배운 댄스를 20년이 지난 지금까지도 써먹고 있으니. 새로 한번 배울 필요가 있었어. 그래서 댄스교실을 찾아갔지. 그랬더니 처음 만난 강사가 내 춤추는 자세가 너무 형편없다고 하더라고. 아마도 그 말이 맞겠지. 하지만 처음부터 다시 배워야 한다고 하는데 영 내키지가 않더군. 결국 난 그 교습소를 포기하고 말았지.

두 번째로 찾아간 댄스교실의 강사는 사실 그대로 말하는 것 같지는 않았지만 그래도 그쪽이 훨씬 더 마음에 들었어. 내 춤 자세가 유행에 뒤지기는 하지만 기초가 좋아서 새로운 스텝도 금방 배울 수 있을 거라고 하더군. 처음 강사는 나의 단점을 들춰내서 날 기죽게 했지만, 두 번째 강사는 정반대로 장점을 강조하고 단점은 별로 들추지 않았지. 게다가 나한테 리듬 감각도 좋고 소질이 있다고 말해줬지.

물론 나 자신이 서툴다는 건 알고 있었지만 그런 말을 듣고 나니 기분이 좋아지더군. 그쪽에선 예의상 그냥 하는 말이었는지는 몰라도, 아무튼 칭찬을 듣고 나서 춤 실력이 날로 향상되었네. 결국 그 강사의 말이 내게 용기와 희망을 심어준 셈이지.

아이들이나 남편, 직원을 두고 바보라거나 무능하다거나 혹은 둔하다고 비난하는 것은 그들의 향상의식을 짓밟아버리는 결과를 낳게 된다. 반대로 칭찬과 격려를 해주면서 노력하면 훨씬 좋아질 것이라는 믿음을 심어주면 상대는 정말 어떤 일이라도 할 수 있게 된다.

내 친구 로웰 토머스는 이 방면에서 타의 추종을 불허하는 사람이다. 그는 사람들에게 자신감을 불어넣고 용기와 신념을 심어주는 비상한 재주를 지니고 있다.

얼마 전 나는 토머스 부부와 함께 주말을 보낸 적이 있다. 주말 저녁에 따뜻한 난롯가에서 브리지 게임을 하자고 권유받은 것이다. 하지만 나는 브리지를 전혀 할 줄 몰랐고 별로 배우고 싶지도 않았다.

"이봐, 브리지라는 게 사실 알고 보면 아무것도 아닐세. 특별한 비결이 있는 게 아니라 기억력과 판단력만 있으면 되는 거라고. 자넨 기억력에 관한 책도 쓰지 않았나? 브리지 게임이야말로 자네한테 안성맞춤이겠구먼."

그 말에 자신감을 얻은 나는 난생처음 브리지 테이블에 앉았다. 모두가 치켜세우는 바람에 할 수 있을 것 같다는 생각이 들어서 도전하게 된 것이다.

브리지 게임 얘기를 하니까 엘리 컬버트슨이라는 사람이 생각났다. 나뿐만 아니라 브리지를 할 줄 아는 사람이면 누구나 그럴 것이다. 그가 쓴 브리지 게임 책은 세계 각국의 언어로 번역되어 100만 부 이상 팔렸다. 하지만 그도 한 여자로부터 "당신은 브리지에 뛰어난 재주가 있어요."라는 말을 듣지 않았다면 그 방면의 일인자가 되지 못했을 것이다.

1922년에 미국으로 건너온 컬버트슨은 처음에 철학이나 사회학 교사 자리를 알아보았지만 적당한 자리를 찾지 못했다. 어쩔 수 없이 석탄 장사를 해봤지만 실패했고, 커피 판매를 시작했으나 그마저도 신통치 못했다.

그 당시 자신이 브리지 게임을 가르치게 될 것이라고는 상상조차 하지 못했다. 카드 게임에는 도무지 소질이 없어서 여럿이 노는 자리에는 끼지도 못할 정도였으니 말이다. 어쩌다 끼더라도 옆 사람에게 물어가며 해야 했고, 한 판이 끝날 때마다 게임의 결과를 꼬치꼬치 따지고 들어서 누구도 같이 게임하기를 반기지 않았다.

그러던 그가 조지핀 딜런이라는 아름다운 브리지 게임 선생을 만나 사랑에 빠졌고, 나중에는 결혼까지 하게 되었다. 그녀는 카드를 주도면밀하게 분석하는 그를 보고 그가 브리지 게임에 천부적인 잠재력이 있음을 칭찬해주었다. 컬버트슨은 나중에 자신이 브리지 게임의 실력자가 될 수 있었던 것은 순전히 그녀의 격려 때문이었다고 고백했다.

오하이오주 신시내티에서 카네기연구소 강사로 있던 클래런슨 M. 존슨은 격려와 실수를 고치기 쉬운 것으로 생각하게 만든 것이 자기 아들의 운명에 어떤 영향을 끼쳤는지에 대해 이렇게 말했다.

1980년 당시 열다섯 살이던 내 아들 데이비드가 나와 함께 살기 위해 신시내티로 왔다. 그 아이는 그때까지 고통으로 얼룩진 삶을 살아야만 했다. 자동차사고로 머리 수술을 해야 했는데, 그때까지도 이마에 커다란 상처가 남아 있었다.

게다가 1970년에는 우리 부부가 이혼했기 때문에 데이비드는 엄마를 따라 텍사스주 댈러스로 갔다. 그리고 열다섯 살이 될 때까지 그곳의 특수학교에 다녀야 했다. 일반 학교에서는 아이의 뇌가 손상되었기 때문에 정상적인 수업을 받을 수 없다고 판단했기 때문이다. 데이비드는 곱셈을 하지 못했고 덧셈도 손가락으로 헤아리며 했으며 글도 잘 읽지 못했다.

하지만 그런 그 아이한테도 잘하는 것이 있었다. 데이비드는 라디오와 텔레비전 만지는 것을 좋아해서 넬레비전 만드는 기술자가 되고 싶어 했다. 나는 그 점을 격려해주었고, 기술자가 되려면 수학 공부를 열심히 해야 한다고 일깨웠다. 그리고 아들 녀석의 수학 공부를 도와주기로 결심했다.

우리는 4조의 숫자 학습용 카드를 구입해서 매일 밤 수학 공부를 했다. 그렇게 한 달이 지나자 데이비드는 8분 만에 카드를 전부 알아맞힐 수 있었다. 처음에는 52분이나 걸렸던 것이다. 그리고 무엇보다 중요한 것은, 아들이 배우는 것이 쉽고 재미있다는 사실을 깨달았다는 점이다.

그 후 데이비드의 수학 성적은 놀라울 정도로 향상되었다. 수학과목에서 B학점을 받고는 스스로도 놀라는 눈치였고, 다른 과목에서도 빠른 속도로 성적이 향상되고 있었다. 독서 능력은 물론 그림에도 탁월한 재능을 보였다.

그렇게 학년이 끝나갈 무렵, 과학교사가 데이비드에게 과학전시회 출품을 권유했다. 데이비드는 지렛대의 효과에 관한 일련의 복잡한 장치들을 만들기로 했는데, 모델 제작 단계부터 복잡한 수학을 응용한 기술이 필요했다. 데이비드가 힘들게 만들어서 출품한 작품은 교내 전시회에서 1등상을 차지했고, 신시내티시 과학전시회에서도 3등을 했다.

그렇게 자신감을 회복한 데이비드는 고등학교를 졸업할 때까지 단 한 번도 일등을 놓치지 않았다. 배우는 것이 쉽다는 것을 알게 되자 그 아이의 인생이 180도 달라진 것이다.

사람을 변화시키는 비결 8

상대가 자기 능력에 자신감을 갖도록 격려하라.

9장

자발적으로
협력하게 만들어라

제1차 세계대전이 발발하고 전쟁이 장기화되자, 지리적으로 떨어져서 그동안 전쟁에 휘말리지 않았던 미국도 더 이상 방관할 수 없게 되었다. 그래서 세계 평화를 되찾을 수 있을지 아무도 장담할 수 없는 상황에서 우드로 윌슨 대통령은 전쟁 당사국들과 협의하기 위해 평화사절단을 파견하기로 결정했다.

그때 평화주의자였던 국무장관 윌리엄 제닝스 브라이언은 자신이 그 임무를 맡고 싶어 했다. 자신의 이름을 역사에 남길 좋은 기회라고 판단했기 때문이다. 그러나 윌슨 대통령은 국무성 고문인 하우스 대령에게 그 일을 맡겼다. 이에 하우스 대령은 브라이언의 감정이 상하지 않게 주의하면서 이 사실을 알려줘야 하는 난처한 입장에 놓이고 말았다. 당시의 상황에 대해 하우스 대령은 나중에 이렇게 말했다.

"내가 평화사절단 책임자로 유럽에 가게 되었다고 하자 브라이언의 얼굴에는 실망의 빛이 역력했다. 그가 진작부터 자신이 가고 싶다고 말해왔기 때문이다. 나는 대통령이 이번 평화사절단 파견 사실이 세상에 공공연히 알려지는 것을 원치 않는다고 말해주고, 당신과 같은 거물이 움직이면 세상의 주목을 받게 돼서 이번 일을 맡기지 않은 것이라고 해명했다. 그러자 그는 매우 만족스런 표정을 지었다."

현명하고 노련한 하우스 대령은 이쪽의 제안에 상대방도 기꺼이 협력하게 만드는 인간관계의 중요한 법칙을 잘 알고 있었던 것이다.

월슨 대통령은 윌리엄 G. 매커두를 내각 각료로 임명할 때도 이 방법을 활용했다.

각료가 되어달라고 요청받는 자체만도 영광스러운 일인데, 월슨은 상대방의 중요성을 배가시키면서 그로 하여금 자신이 인정받고 있다고 느끼게 만들어주었다. 매커두는 이렇게 말했다.

"월슨 대통령은 나를 불러서, 내각을 구성하고 있는 중인데 내가 재무부장관을 맡아주면 정말 더없이 기쁘겠다고 말했다. 확실히 그는 듣는 사람이 기분 좋게 말하는 능력이 있었다. 그런 제안은 내가 영광스러워 해야 하는 일임에도 그는 마치 내가 그에게 호의를 베푸는 것 같은 느낌이 들게 만들었다."

하지만 월슨 대통령이 항상 이런 방법을 썼던 것은 아니었다. 만약 그가 이런 방법을 일관성 있게 활용했더라면 모르긴 몰라도 미국의 역사는 크게 달라졌을 것이다. 실제로 그는 국제연맹 가입 문제를 두고도 상원의 비위를 건드리고 공화당을 무시했다. 인간관계를 충분히 고려하지 못한 그의 이런 안하무인격인 태도로 말미암아 실각을 한 것은 물론 건강을 해쳐서 수명까지 단

축해버린 것이다. 또한 미국을 국제연맹 불참국으로 만들면서 세계의 역사를 바꿔놓고 말았다.

정치가나 외교관만이 이런 인간관계의 원칙을 활용하는 것은 아니다. 인디애나주 포트웨인에 사는 데일 O. 페이러는 자기 집 아이들에게 어떻게 스스로 심부름을 하게 만들었는지 이야기했다.

제프가 해야 할 심부름 중 하나는 배나무 밑에 서 있다가 배가 떨어졌을 때 지나가는 행인이 줍지 못하게 미리 배를 줍는 일이었다. 하지만 제프는 그 일을 달가워하지 않았다. 그래서 길 가는 행인이 배를 다 주워 가도 모를 정도로 신경을 쓰지 않았다. 그렇지만 나는 제프를 꾸짖지 않고 이렇게 말했다.

"제프 네가 배를 한 바구니 주워 올 때마다 1달러씩 주겠어. 하지만 네가 일을 마친 다음에 단 하나라도 흘린 것이 있을 땐 너에게 1달러씩 벌금을 물리겠어. 어때?"

그러자 제프는 떨어진 배를 모두 주워 왔을 뿐만 아니라, 나무에 달린 것까지 모두 흔들어 떨어뜨릴까 봐 내가 오히려 감시해야 할 지경이 되었다.

내 친구 중에 강연을 의뢰받을 때마다 번번이 거절하는 사람이 있다. 그런데 그 친구의 거절 방법이 워낙 훌륭해서 상대방은 거절을 당하고도 전혀 기분이 나쁘지 않았다.

그는 흔히 하는 바쁘다는 식의 자기변명을 늘어놓지 않고 우선 의뢰받은 일에 대해 진심으로 감사를 표한다. 그런 다음에 아무래도 사정이 여의치 않다고 사과하면서 다른 강연자를 추천해주는 것이다. 즉 상대방이 실망할 여유를 갖지 않도록 재빨리 다른 강연자 쪽으로 관심을 돌려버리는 것이다.

"내 친구 중에《브루클린 이글》편집장인 클리브랜드 로저스라는 사람이 있는데, 그에게 부탁하는 건 어떻습니까? 그가 내키지 않으면 가이 히콕은 어떤가요? 유럽 특파원으로 파리에서 15년을 살았으니 이야깃거리가 아주 풍성합니다. 아니면 인도 전역을 쏘다니며 맹수를 사냥한 리빙스턴 롱펠로를 추천해드릴까요?"

독일에서 카네기 강좌에 참석한 슈미트는 자신이 운영하는 대형 마트에서 일하는 직원에 대해 이야기했다.

그 직원은 선반에 진열된 상품에 가격표 붙이는 일을 게을리한 탓에 고객들에게 혼란을 주어 불평불만이 많았다. 그래서 몇 번이나 주의를 주고 타일렀지만 아무 효과가 없었다. 할 수 없이 슈미트는 그녀를 사무실로 불러서 이렇게 말했다.

"당신을 가격표 부착 감독주임으로 임명하겠소."

그러고는 모든 직원들에게 일방적으로 이 사실을 공표했다.

그러자 이 새로운 책임과 직함이 그녀의 태도를 싹 뒤바꿔놓았다. 그녀는 그날부터 자신에게 주어진 임무를 완수하기 위해 철두철미하게 돌변했던 것이다.

언뜻 생각하면 유치한 게임처럼 보일지 모르지만 나폴레옹도 이 방법을 사용했다. 그는 프랑스 최고 훈장인 레지옹 도뇌르 훈장을 1500명이나 되는 병사들에게 뿌려댔고, 열여덟 명의 장군을 '프랑스 육군 원수'로 임명했으며, 자신의 군대를 '대육군'이라고 불렀다. 이에 사람들은 유치하다고 조롱하면서, 그가 역전의 용사들을 장난감 취급을 한다고 비난했다. 그러자 나폴레옹은 이렇게 대꾸했다.

"어차피 장난감으로 지배당하는 것이 인간이다."

직위나 권위를 부여해주는 방법은 일상생활에 활용해도 효과가 크다. 뉴욕 주 스카스데일에 사는 어니스트 겐트 부인의 경우가 좋은 사례가 될 것이다.

부인은 한때 집 근처 개구쟁이들한테 크게 시달림을 당한 일이 있었다. 녀석들이 수시로 정원에 뛰어들어 잔디밭을 망쳐놓았기 때문이다. 녀석들을 붙잡고 꾸짖고 달래기도 해봤지만 아무 소용이 없었다.

그런데 부인은 아이들의 골목대장에게 감투를 하나 씌워줌으로서 그 문제를 말끔히 해결할 수 있었다. 녀석에게 '탐정'이라는 칭호를 붙여주고, 잔디밭의 무단침입자를 단속할 임무를 부여한 것이다.

사람을 변화시키는 비결 9
상대가 당신의 제안에 기꺼이 협력하게 만들어라.

Part 5
가정생활을
행복하게
만드는
7가지 비결

1장
가정을 무덤으로 만드는
가장 빠른 방법

나폴레옹 보나파르트의 조카인 나폴레옹 3세는 아름다운 여성인 외제니 드 몽티조와 사랑에 빠졌고 그녀를 황후로 맞이했다. 사람들은 그녀가 시시한 스페인 백작 가문의 딸일 뿐이라고 반대했지만, 황제는 그녀의 아름다움과 우아함, 매력적인 젊음에 흠뻑 매료되었다. 나폴레옹 3세와 그의 신부는 건강과 부, 권력, 명예, 아름다움, 애정, 존경 등 로맨스에 필요한 모든 조건을 완벽하게 갖추고 있었다. 아마 이렇게 축복받은 결혼도 찾아보기 힘들 것이다.

그러나 안타깝게도 그 뜨거웠던 사랑의 불꽃도 차츰 식어버리고 결국에는 재가 되어버렸다. 나폴레옹은 외제니를 황후로 만들 수는 있었지만, 거기까지였다. 프랑스 황제의 어떤 능력으로도, 그 뜨거운 사랑의 힘으로도, 황제의 막강한 권력으로도 그녀의 잔소리를 멈추게 할 수는 없었다.

질투와 시기심에 사로잡힌 황후는 황제의 충고 따위는 무시해버렸다. 그녀는 국가의 중요한 회의석상에 뛰어들어 소리치는가 하면, 황제가 다른 여자를 쳐다보지 않을까 감시했다. 자기 언니를 찾아가 남편에 대한 불만을 늘어놓고 울며불며 하소연하는 일도 잦았다. 심지어 갑자기 남편의 집무실로 뛰어들어 상스런 욕을 하기도 했다. 그래서 수많은 화려한 궁전을 갖고 있는 프랑스 황제였지만 그가 방해를 받지 않고 마음 편히 쉴 수 있는 곳은 아무 데도 없었다.

황후 외제니는 그렇게 남편을 닦달하고 몰아세워서 대체 무엇을 얻었을까? 그녀는 세상 사람들 누구나 부러워했던 행복한 결혼생활과 남편의 사랑을 질식시키고 스스로 불행을 자초하고 말았다.

임종을 앞둔 레프 톨스토이 백작부인이 딸들에게 고백했다.

"너희 아버지가 일찍 돌아가신 건 모두 내 잘못이었어."

딸들은 조용히 듣고만 있었다. 그녀의 말이 전적으로 옳았기 때문이다. 어머니의 끊임없는 불평불만과 잔소리가 아버지의 수명을 재촉한 것이다.

톨스토이 부부에게는 행복해야 할 인생조건이 주어졌다. 남편은 세계적인 문호로 《전쟁과 평화》《안나 카레니나》 등의 걸작을 썼다. 그의 숭배자들은 밤낮없이 그를 따라다니며 그의 말이라면 토씨 하나까지 빠짐없이 기록했다. 심지어는 "자, 그만 자러 갈까?" 따위의 불필요한 것까지 말이다.

확실히 톨스토이 부부는 부와 사회적인 명성, 유복한 자녀 등 모든 면에서 큰 은혜를 입었다. 아마도 그렇게 축복받은 인생도 드물 것이다. 그들은 자신들의 행복이 너무 눈부시고 완벽해서 오래가게 못할 것 같다고 느낀 나머지 신께 무릎 꿇고 그 행복이 영원하게 해달라고 빌 정도였다.

그런데 엄청난 일이 벌어졌다. 톨스토이가 조금씩 변하기 시작하더니 완전히 다른 사람이 되어버린 것이다. 그는 갑자기 자신이 쓴 책들을 부끄러워했고, 인류 평화를 갈망하기 시작했다. 전쟁과 빈곤을 추방하기 위한 팸플릿을 쓰고 그 분야에 헌신했다. 젊은 날 죄악에 물들어 살인까지 저지른 톨스토이가 말년에 이르러 모든 것을 버리고 그리스도의 가르침을 따르기 시작한 것이다. 그는 자신의 재산을 가난한 이웃들에게 나눠주고 스스로 궁핍한 생활을 자초했다. 온종일 들에 나가서 땀 흘려 일하고 나무도 베고 건초더미를 쌓았다. 구두도 직접 만들어 신었고 방 청소도 제 손으로 했다. 나무 식기에 최소한의 식사를 하면서 그리스도의 가르침대로 적을 사랑하려고 노력했다.

레프 톨스토이의 인생은 비극이었고, 그 비극의 원인은 결혼이었다. 그는 결혼하지 말았어야 했다. 그의 아내는 사치를 좋아했지만 그는 그것을 경멸했다. 그녀는 사회적인 명예와 우러름을 갈망했지만 그에게는 아무런 의미도 없었다. 그녀는 돈과 재산을 원했지만 톨스토이는 그것을 죄악시했다. 그래서 자신의 책 인세도 다른 사람에게 주려고 했다. 그 일로 그녀는 끊임없이 남편에게 잔소리를 해대고 화를 냈으며 소리를 질러댔다. 그녀는 어떻게든 돈을 포기할 수가 없었다. 그래도 남편이 끝까지 고집을 꺾지 않자 입에 아편 병을 물고 바닥을 구르면서 자살하겠노라 엄포를 놓았고, 우물에 빠져 죽어버리겠다고 위협하면서 히스테리 증상을 보였다.

1910년 10월의 어느 눈 내리는 밤, 82세의 톨스토이는 도저히 견딜 수가 없어 집을 뛰쳐나왔다. 그리고 11일 뒤에 어느 정류장에서 숨을 거두었다. 죽음을 눈앞에 둔 그는 부인이 절대 자기 곁에 오지 못하게 해달라고 애원했다고 한다. 이것이 톨스토이 부인의 지독한 잔소리와 불평불만, 히스테리가 빚어낸 비참한 결과였다.

그녀의 입장에서는 그렇게 심하게 불평할 수밖에 없었던 이유가 있다고 항변할 것이다. 그러나 중요한 것은 아무 때나 불만을 터뜨려서 그녀에게 무슨 이득이 있었는가 하는 점이다. 결국엔 상황만 악화되지 않았던가?

에이브러햄 링컨의 일생을 비극적으로 만든 것도 역시 결혼이었다. 그가 흉탄에 쓰러진 것은 그의 결혼생활에 비하면 비극도 아니다. 링컨 부인은 세상에 둘도 없는 잔소리꾼으로 결혼생활 내내 링컨을 극심한 곤경에 빠뜨렸다. 그녀는 쉬지 않고 계속해서 남편에게 잔소리를 퍼부어댔다.

그녀의 말을 빌리자면, 링컨에게는 장점이 한 가지도 없었다. 구부정한 등에 걸음걸이도 보기 싫었다. 꼭 인디언처럼 보였다. 귀의 생김새며 얼굴도 마음에 들지 않았다. 링컨과 그 부인은 모든 점에서 완전히 대조적이었다. 자라온 환경, 기질, 취미, 사고방식 등 무엇 하나 닮은 점이 없었다.

상원의원이자 링컨 연구의 권위자인 앨버트 J. 배비리지는 이렇게 말했나.

"부인의 큰 소리가 길 건너까지 끊이지 않고 울려 퍼졌다. 심지어는 화를 참지 못해 폭력을 행사하는 경우도 더러 있었다."

링컨 부부는 결혼 직후에 스프링필드에 있는 제이콥 얼리 부인의 집에서 하숙을 했다. 얼리 부인은 의사인 남편과 사별한 뒤 하숙을 치고 있었다. 어느 날 아침, 링컨 부부가 아침을 먹고 있는데 부인이 갑자기 화를 냈다. 무엇 때문에 그렇게 화를 냈는지는 지금까지도 알 수 없지만, 아무튼 그녀는 대뜸 화를 내더니 자기가 마시고 있던 뜨거운 커피를 남편의 얼굴에다 확 끼얹었다. 그자리에는 다른 사람들도 함께 있었다. 얼리 부인이 달려들어 물수건으로 그의 얼굴과 양복을 닦아주는데 링컨은 아무 말 없이 수치심을 견디고 있었다.

링컨 부인의 질투심만큼 엉뚱한 경우도 드물다. 그녀는 결국 미쳐버리고 말았다. 본래 성격에 병적인 면이 있지 않았을까 하는 것이 그나마 그녀를 동정할 수 있는 유일한 근거다. 부인의 이런 잔소리와 분노가 링컨을 변화시킬 수 있었을까? 변하긴 했다. 그녀를 대하는 태도가 완전히 달라진 것이다. 링컨은 불행한 결혼생활을 후회하면서 될 수 있는 한 그녀와 마주치지 않으려고 노력했다.

스프링필드에는 링컨을 포함해 두 명의 변호사가 있었는데, 그들은 스프링필드에만 눌러앉아 있다가는 사건을 수임할 수 없었으므로 데이빗 데이비스 판사를 따라 여러 법정을 순회하고 다녔다. 그때마다 다른 변호사는 토요일이면 가족에게 돌아가 즐거운 시간을 보냈지만 링컨은 그대로 남아 있었다. 집에 가기가 두려웠기 때문이다. 그는 봄과 가을이 세 차례나 반복되는 동안 스프링필드에는 한 번도 가지 않았다. 시골의 삼류 여관 생활은 참으로 비참했다. 그러나 그것이 아무리 비참해도 집에서 부인의 잔소리를 듣고 화내는 것을 지켜보는 것보다는 나았다.

링컨 부인, 외제니 황후, 톨스토이 부인 등의 잔소리는 결과적으로 하나같이 자신들의 삶을 비극으로 몰아넣고 말았다. 뉴욕 가정법원에서 십수 년을 근무한 베시 햄버거는 수천 건의 이혼소송을 조사한 결과, 남편이 집을 나가는 주된 원인은 아내의 심한 잔소리 때문이라고 말했다. 또 《보스턴 포스트》는 이렇게 썼다.

세상의 모든 아내들은 잔소리를 계속해서 결혼생활의 무덤을 파고 있다.

가정생활을 행복하게 만드는 7가지 비결 1

잔소리하지 마라.

2장
장점을 인정하라

"살면서 많은 바보짓을 하겠지만, 사랑 때문에 결혼하는 미련한 짓만큼은 절대로 하지 않겠다."

이것은 영국 수상 디즈레일리가 한 말이다. 그는 실제로 연애결혼을 하지 않았고, 35세가 될 때까지 독신을 고집하다가 자신보다 열다섯 살 연상인 돈 많은 미망인 메리 앤을 만나 청혼했다. 이미 50세였던 메리 앤은 머리카락이 희끗희끗했다.

그녀는 그가 사랑 없이 돈 때문에 청혼했다는 것을 알고 있었다. 그래서 딱 한 가지 조건을 내걸었다. 그의 성격을 파악할 수 있게 1년의 시간을 달라고 한 것이다. 그리고 1년 후 그들은 결혼했다.

사랑 없는, 다소 무미건조하고 타산적인 결혼 같았지만 역설적이게도 이들 부부의 결혼생활은 굉장히 성공적이었다. 아마 이들만큼 행복한 결혼생활을 누린 부부도 많지 않을 것이다.

디즈레일리가 선택한 돈 많은 여자는 젊지 않았고 아름답지도 않았으며 특별히 똑똑한 사람도 아니었다. 문학이나 역사에 관한 지식도 없어서 대화 중 웃음을 자아내기 일쑤였다. 실제로 그녀는 그리스와 로마시대 중 어느 쪽이 먼저인지도 몰랐고, 옷이나 가구에 대한 취향도 독특했다. 하지만 결혼생활에 꼭 필요한 것, 즉 남편을 다루는 기술은 탁월했다.

그녀는 지적인 면에서 자신을 남편과 비교하는 바보짓은 절대 하지 않았다. 남편이 귀족 부인들을 상대로 위트 있게 응대하다가 돌아오면 가벼운 수다로 반겨 맞았다. 디즈레일리에게 집은 아내의 따뜻한 보살핌에 긴장을 풀고 편하게 쉴 수 있는 곳, 다정한 아내가 기다리는 세상에 둘도 없는 소중한 안식처였다.

그가 인생의 행복을 느낀 것은 아내와 함께 지내고 있을 때뿐이었다. 아내는 그의 동료이자 비밀을 털어놓을 수 있는 친구였고 훌륭한 조언자였다. 그는 날마다 그날 있었던 일을 아내에게 얘기하기 위해 귀가를 서둘렀다. (이것이 중요한 것이다.) 그녀는 남편에게 절대적인 믿음을 갖고 있었다. 그래서 그가 무슨 일을 하든 결코 실패하지 않을 것임을 믿고 있었다.

메리 앤은 30년 동안 오직 디즈레일리만을 위해 살았다. 그녀는 자신의 엄청난 재산도 남편을 위해 쓰일 때만 가치 있다고 말할 정도였다.

디즈레일리는 부인이 죽고 난 뒤 백작 작위를 받았다. 그는 빅토리아 여왕에게 아내에게도 귀족 작위를 내려달라고 간청했다. 1864년 결국 메리 앤은 비스콘스필드 백작부인이 되었다.

디즈레일리는 아내가 사람들 앞에서 멍청하게 굴고 산만하게 굴어도 절대 나무라거나 원망하지 않았다. 만일 누군가가 그녀를 비웃으려고 하면 정색을 하며 그녀를 옹호하고 감싸주었다.

메리 앤은 결코 완벽한 아내가 될 수 없었지만, 30년 동안 끊임없이 남편을 자랑했고 칭찬했으며 존경했다. 그래서 디즈레일리로 하여금 "우리는 결혼한 지 30년이 지났지만 나는 한 번도 권태기를 느낀 적이 없습니다."라고 고백하게 만들었다.

디즈레일리도 메리 앤이 자신의 인생에서 가장 소중한 사람임을 굳이 숨기지 않았다. 그래서 메리 앤도 친구들에게, "남편이 늘 다정하고 부드럽게 대해주기 때문에 하루하루가 행복할 뿐이에요."라고 자랑하게 만들었다.

두 사람은 줄곧 이런 농담을 나누었다.

"내가 당신과 결혼한 건 순전히 당신 재산 때문이었소."

"그래요. 그렇지만 결혼을 한 번 더 하게 된다면 그땐 아마 사랑 때문에 똑같이 날 선택하겠지요?"

디즈레일리도 흔쾌히 고개를 끄덕이며 그 말에 동의했다.

메리 앤은 완벽하지 않았다. 그러나 디즈레일리에게는 그녀를 있는 그대로 보아주고 장점을 키워주는 현명함이 있었다.

가정생활을 행복하게 만드는 7가지 비결 2
상대방을 바꾸려 들지 마라.

3장
이혼 법정으로 가는
가장 빠른 방법

디즈레일리의 최대 정적은 윌리엄 글래드스턴이었다. 이 두 사람은 대영제국에서 논의되는 모든 일에서 대립하고 충돌했지만, 한 가지 공통점이 있었다. 둘 다 원만한 가정생활을 누렸다는 점이다.

윌리엄 글래드스턴과 그의 아내 캐서린은 59년 동안 변함없는 애정을 과시하며 살았다. 나는 근엄한 얼굴을 한 영국 수상 글래드스턴이 아내의 손을 잡고, 난롯가에서 빙글빙글 춤추는 모습을 상상해본다. 이런 노래를 부르면서 말이다.

건달 남편에 말괄량이 아내가 손을 맞잡으니,
인생의 무서운 파도도 아무렇지도 않다네.

공적인 일에서는 끝없이 으르렁대던 글래드스턴도 집에 들어서는 순간부터는 온순해졌다. 아침을 먹으러 식탁에 앉았을 때, 가족들 중에 누가 그때까지도 잠자리에 있으면 그는 지극히 온건하게 항의했다. 한껏 목소리를 높여서 알 수 없는 노래를 부르는 것이다. 그는 이렇게 영국에서 가장 바쁜 남자가 아침식사를 하려고 기다리고 있다는 것을 식구들에게 알렸다. 그는 집에서는 결코 함부로 누구도 비난하지 않았다.

러시아의 예카테리나 여제도 그랬다. 그녀는 세계에게 가장 큰 제국을 지배한 여제로서 수백만 국민의 생사여탈권을 쥐고 있었다. 정치적으로는 참혹한 일도 가차 없이 저질렀고 전쟁을 일으켜 수많은 목숨을 빼앗았다. 하지만 집에서는 요리사가 고기를 타게 구웠을 때도 아무 불평 없이 웃으면서 맛있게 먹었다. 이런 인내심은 모든 남편들에게 꼭 필요한 것이다.

이혼문제를 연구하는 도로시 딕스는 결혼한 커플 중 절반 이상은 실패로 끝난다고 단언했다. 신혼의 즐거움이 파괴되고 쓰라린 패배의 경험을 맛보게 되는데, 그 주된 원인 중 하나가 바로 상대의 결점을 들춰내서 비난하기 때문이라는 것이다.

당신이 집에서 아이를 꾸짖고 싶을 때, 아마도 당신은 내가 틀림없이 꾸짖지 말라고 할 거라고 예상할 것이다. 하지만 그 말을 하려는 것이 아니다. 나는 그저 당신이 아이들을 꾸짖기 전에 미국 잡지에 실린 글 중에서 '아빠는 잊어버린다'를 먼저 읽어보길 바란다. 이 글은 원래 《피플스 홈 저널》의 사설란에 실린 것인데 나중에 《리더스 다이제스트》가 요약했다.

'아빠는 잊어버린다'는 진실한 감정을 느낀 어느 순간에 쓴 짧은 글이지만 많은 독자들의 심금을 울리는 문장이다.

아빠는 잊어버린다

-W. 리빙스턴 라니드

아들아, 들어다오.

아빠는 지금 너의 잠든 모습을 보며 이야기를 하고 있단다. 너는 작고 보드라운 손등에 볼을 받치고, 네 금발의 곱슬머리는 땀이 촉촉한 아마에 달라붙어 있구나. 아빠는 네가 자고 있는 사이에 살며시 네 방에 들어와 있다. 아빠는 방금 전까지 서재에서 서류를 보고 있었는데, 갑자기 숨이 막힐 듯한 후회가 밀려와서 죄인처럼 이렇게 널 찾아왔단다.

아들아, 나는 그동안 너를 너무 까다롭게 대해왔구나.

학교 갈 준비를 하고 있는 너에게 세수를 제대로 하지 않았다고 꾸짖었지. 그리고 네가 내 구두를 닦아놓지 않았다고 호통을 쳤고, 또 물건을 함부로 마룻바닥에 던져놓는다고 화를 내기도 했었지.

아침식사를 할 때도 잔소리를 많이 했구나. 음식을 흘린다고, 잘 씹지도 않고 그냥 삼켜버린다고, 식탁에 팔꿈치를 얹고 턱을 고인다고, 빵에 버터를 너무 두껍게 발라 먹는다고 꾸짖었지.

그리고 집 앞에서 너는 학교로 나는 회사에 출근하기 위해 서로 헤어질 때 너는 뒤돌아 손을 흔들며 말했지.

"아빠, 잘 다녀오세요!"

그때도 나는 얼굴을 찌푸리며 대답했지.

"어깨를 펴고 걸어라."

저녁에도 똑같은 짓을 한 것 같구나. 귀가하다가 네가 땅에 무릎을 꿇고 구슬치기하는 걸 봤지. 네 무릎양말에 구멍이 나 있었지. 내가 갑자기 화를 내며 친구들 보는 앞에서 집에 들어가라고 호통치면서 이렇게 말했었지.

"양말이 얼마나 비싼데! 네가 번 돈으로 산 거라면 그렇게 함부로 신지는 않겠지?"

맙소사, 내 입으로 그런 말을 하다니! 아빠 정말 너무 부끄럽구나!

아들아, 너도 기억하지? 언젠가 아빠가 서재에서 신문을 보고 있을 때 넌 슬픈 눈망울을 하고 슬금슬금 나한테 다가왔지. 내가 귀찮다는 듯이 쳐다보자 넌 문 앞에서 잠깐 주저했지.

"무슨 일이냐?"

내가 퉁명스럽게 묻자 넌 아무 말도 없이 얼른 내 곁으로 다가왔어. 그리고 두 팔로 내 목을 꼭 끌어안고 뽀뽀를 해주었다. 너의 조그마한 두 팔에는 하나님이 내려주신 애정이 가득했구나. 그건 아무리 경멸하더라도 결코 메마르지 않는 애정이었다. 넌 갑자기 쿵쿵 발소리를 내며 2층으로 올라가버렸다. 그렇지만 아들아, 그 직후부터 말할 수 없는 공포가 나를 사로잡았고, 난 그만 손에 들고 있던 신문을 떨어뜨렸단다.

내가 왜 이런 나쁜 버릇을 갖게 되었을까? 네 사소한 잘못만을 찾아내서 꾸짖는 버릇을. 그건 널 착한 아이로 만들려다가 생긴 버릇이란다. 그건 널 사랑하지 않아서 그런 것이 아니라, 어린 너한테 너무 많은 것을 기대하는 바람 때문에 생긴 잘못이란다. 아빠 내 어린 시절을 기준으로 너를 재고 있었던 거란다.

그러나 우리 아들은 너무나 착하고 훌륭하고 진솔한 성격을 갖고 있단다. 너의 작은 마음은 넓은 언덕 위를 비추는 새벽빛처럼 한없이 넓단다. 그건 꾸밈없는 마음으로 아빠한테 달려와 저녁 키스를 해주던 네 행동을 보면 알 수 있지. 아빠 지금 진심으로 사과하고 싶어서 이렇게 널 찾아왔구나.

이건 아빠로서 너에게 하는 작은 속죄에 불과하다. 네가 깨어 있을 때 이야기를 해도 너는 이런 일을 이해하지 못하리라는 것을 잘 알고 있다. 하지만 이제부턴 정말 약속할 수 있구나. 우리 아들에게 좋은 아빠가 될 테다. 너와 친구가 되어 함께 울고 웃고 싶구나. 잔소리를 하고 싶을 땐 혀를 물어서라도 참겠어. 그리고 네가 아직도 어린아이라는 사실을 잊지 않겠다.

아빠는 널 지금까지 한 사람의 어른으로 잘못 생각해왔던 것 같구나. 이처럼 순진하고 귀여운 네 잠자는 모습을 보니 틀림없는 어린아이인데도 말이다. 용서해다오, 아들아. 아빠가 정말 욕심이 너무 많았구나.

가정생활을 행복하게 만드는 7가지 비결 3
남의 결점을 들추지 마라. 비난하지 마라.

4장

왜 칭찬하지 않는가

로스앤젤레스 가정문제연구소 소장 폴 포피노 박사는 다음과 같이 말했다. "남성이 아내를 선택할 때는 대개 부드러운 여성을 원한다. 너무 잘난 여성은 꺼려 한다고 한다. 유능한 커리어우먼은 점심식사에 초대받았을 때, 대학에서 배운 현대철학에 관한 내용을 화제로 올리거나, 자기 것은 자기가 계산하겠다고 고집을 피우는 경우가 많다. 이와 반대로 대학을 나오지 않은 타이피스트가 점심식사에 초대받으면, 상대 남성에게 열정 어린 눈짓을 보내며 '당신 얘기를 좀더 들려주세요.'라고 졸라댄다. 그러면 그는 동료에게 '미인이라고 할 순 없어도 이야기를 재밌게 잘하는 여성이다.'라고 말한다."

남자들은 자신을 아름답게 꾸미려는 여성의 노력을 칭찬해야 마땅하다. 여성은 옷차림에 매우 큰 관심을 보이지만 모든 남성은 너무나도 무관심하다.

가령 한 쌍의 남녀가 길모퉁이에서 다른 커플과 마주쳤다고 하자. 이때 여성은 남자를 먼저 보는 것이 아니라 상대 여성의 옷차림부터 살펴본다.

우리 할머니는 98세에 돌아가셨다. 돌아가시기 직전에 30년 전에 찍은 할머니 사진을 보여드리자 희미해진 눈으로 이렇게 물으셨다.

"이때 내가 어떤 옷을 입고 있는 거지?"

100세가 다 된 할머니가 임종 직전에 30년 전 옷차림에 신경을 쓰고 있는 것이다. 남성은 5년 전에 자신이 입고 있던 옷이나 속옷을 생각해낼 수 없으며, 또 그러려고 하지도 않는다. 그러나 여성은 그렇지 않다. 남성들은 이 점을 알아야 한다. 프랑스 상류사회에서는 남성은 아내의 옷차림에 대해서 하룻밤에도 몇 번씩 칭찬을 하도록 어릴 때부터 가르친다. 참으로 현명한 일이다.

재미있는 이야기가 있다. 아무래도 지어낸 말 같지만, "정말?" 하고 고개를 끄덕이게 한다. 한 시골 농가의 여성이 들에서 돌아온 남자들의 저녁식탁에 건초를 산더미처럼 쌓아올렸다. 남자들이 무슨 짓이냐며 화를 내자 그녀는 아무렇지도 않은 듯이 말했다.

"아하! 당신들은 이제야 깨달았어요? 나는 당신들을 위해 20년 동안이나 요리를 해왔는데, 당신들이 건초를 먹지 않는다는 사실을 이제야 알았네요. 단 한 번도 내게 요리가 어떻다는 말을 해준 적이 없잖아요?"

제정 러시아 귀족들은 이 점을 잘 알고 있었다. 그래서 요리가 맛있을 때는 어김없이 요리사를 홀로 불러내어 칭찬해주는 것이 상류사회의 관습이었다.

세상의 모든 남편은 아내에게 반드시 이렇게 해야 한다. 음식을 맛있게 요리했을 때는 인정하고 칭찬해줘야 한다. 건초는 먹지 못한다고 알려주는 것이다. 아울러 그녀 때문에 무척 행복하다고, 쑥스러워하지 말고 확실하게 칭찬을 하라.

얼마 전 모 잡지에 에디 칸터의 이야기가 나왔다.

> 나의 오늘이 있는 것은 순전히 내 아내 덕분이다. 우리는 어릴 때부터 친구로, 그녀는 내가 나쁜 길로 빠지지 않도록 항상 신경을 써주었다. 결혼 후에는 저축도 하고 열심히 투자해서 나를 위해 밑천을 모아주었다. 귀여운 자식을 다섯이나 낳아주었고, 가족들을 위하는 그녀의 지극정성 덕분에 집안은 늘 화목했다. 장차 내가 어떤 일에서든 성공한다면 그건 모두 내 아내 덕분인 것이다.

할리우드에서의 결혼은 마치 도박과도 같다. 오죽하면 그 위험성에는 보험회사도 꽁무니를 뺄까? 그런데 그중에서도 영화배우 워너 백스터만큼은 신기할 정도로 성공적인 결혼생활을 영위하고 있다. 부인은 역시 배우인 위니프리드 브라이슨인데, 결혼과 함께 화려한 배우 생활을 그만뒀다. 그녀의 희생은 참으로 값졌고, 충분히 보상받았다. 백스터가 이렇게 말했기 때문이다.

"내 아내는 은막에서 박수받을 기회를 놓쳤지만, 항상 나의 갈채를 받고 있습니다. 남편이 자신에게 헌신하며, 자기를 칭찬하고 있다고 느낄 때 아내는 남편을 통해 행복을 느끼지 않을까요? 그런 헌신과 칭찬이 진심이라면 남편의 행복도 그 안에 있는 것이겠죠."

가정생활을 행복하게 만드는 7가지 비결 4
결점을 들추지 말고 진심을 담아 칭찬하라.

5장
작은 관심을 표현하라

예부터 꽃은 '사랑의 말'이라고 불려왔지만 그다지 비싼 것은 아니다. 특히 제철의 꽃값은 아주 저렴한 편이어서 퇴근길에 잠깐 꽃집에 들르면 얼마든지 살 수 있다. 그러나 남편들은 한 다발의 수선화도 사지 않는다. 그들은 꽃이 난초처럼 모두 비싸다고 생각하거나, 알프스의 에델바이스처럼 귀한 것이라고 여기는 것이 틀림없다.

단지 몇 송이의 꽃을 보내기 위해 그녀가 입원하기라도 기다리는 걸까? 당장 오늘 귀가하는 길에 꽃집에 들러 장미 몇 송이라도 사보는 것이 어떨까? 한번 시도해볼 만한 일이다.

브로드웨이의 인기 뮤지컬 배우 조지 마이클 코핸은 어머니가 돌아가실 때까지 매일 두 번씩 전화를 걸었다. "용하게도 이야깃거리가 있었나보군." 이렇게 말할 사람도 있겠지만 별 이야기를 한 것은 아니다. 중요한 것은 상대방에게 이쪽의 관심과 성의 있는 마음가짐을 표현하면 그것으로 족하다.

여성은 생일이나 기념일을 중요하게 생각한다. 그 이유를 남성들은 잘 모른다. 보통의 남성들은 너무 많은 날짜를 외우지 않아도 만족하며 살아갈 수가 있다. 하지만 꼭 기억해야 할 날들이 있다.

예를 들면, 1492년 콜럼버스의 아메리카 대륙 발견과 1776년 미국의 독립선언일, 그리고 아내의 생일과 결혼기념일이다. 먼저의 두 가지는 경우에 따라선 잊어도 괜찮겠지만 뒤의 두 가지는 꼭 기억해야만 한다.

4만 건의 이혼소송을 다뤄서 2000여 커플의 조정에 성공한 시카고의 조지프 서버스 판사가 말했다.

"가정불화의 원인은 대부분 지극히 사소한 일이다. 출근하는 남편의 뒷모습을 바라보며 손만 흔들어줘도 이혼을 피할 수 있는 경우가 허다하다."

아내에 대한 작은 성의를 지나치게 가볍게 보는 남성들이 대부분이다. 결혼생활의 행복은 아주 작은 것이라도 성의 있는 마음이 쌓여서 생기는 것이다. 이 문제를 눈치채지 못하는 부부는 불행해질 위험성이 매우 크다.

유명한 리노 걸의 이혼법정은 주 6일 동안 개정되는데, 이곳에서 인정된 이혼율은 미국 내외의 10퍼센트에 이르고 있다. 그중 이혼이 불가피하다고 생각되는 것은 극소수이며 대개는 사소한 애정표현을 꺼려 하는 데서 비롯된 것이었다.

지금도 나의 방 거울 앞에 붙어 있는 옛 격언을 다시 한번 상기해보기를 권한다.

나는 지금 걷는 이 길을 꼭 한 번만 지나갈 뿐이다. 그래서 다른 사람에게 좋은 일을 하거나 친절을 베풀 수 있다면 지금 당장 실행하자. 늦추거나 게 을리하지 말자. 지금 걷는 이 길을 다시는 지나가지 않을 것이므로.

가정생활을 행복하게 만드는 7가지 비결 5
사소한 일에도 신경을 쓰고 작은 관심이라도 표현하라.

6장
예의를 갖춰라

월터 담로시는 미국 최고의 웅변가 중 한 사람이자 대통령 선거에 입후보했던 제임스 길레스피 블레인의 딸과 결혼했다. 두 사람은 10여 년 전에 스코틀랜드에 있는 앤드류 카네기의 집에서 알게 되었는데, 결혼해서 남들이 부러워할 정도로 화목한 가정을 꾸리고 있다. 그 부인에게 비결을 들어보자.

"배우자를 선택하는 일은 무척 중요하지만 그다음에 중요한 것은 결혼 후의 예절입니다. 잔소리가 많은 여자 곁에서는 어떤 남자라도 도망쳐버립니다."

예의 없는 행동은 애정을 해치는 암이다. 이런 정도는 다들 알고 있겠지만, 흔히 우리는 자기 아내를 대할 때 다른 사람을 대할 때보다 더 무례하게 구는 경우가 많다.

"아, 저런! 또 그 소리야?"

다른 사람들에게 이렇게 말하지는 않을 것이다. 친구들의 편지를 뜯어본다든가, 그들의 비밀을 알려고 하지는 않을 것이다. 그럼에도 가장 가깝고 가장 소중한 가족에 대해서는 그 실례 되는 일을 아무렇지도 않게 저지른다. 도로시 딕스 여사는 "우리에게 나쁜 욕을 퍼붓는 것이 꼭 가족 중 한 사람이라는 것은 정말 놀랄 만한 일이다."라고 한탄했다.

예의는 결혼생활의 윤활유이다. 《아침 식탁의 독재자》의 저자 올리버 웬들 홈스도 가정에서는 결코 독재자가 아니었다. 그는 아무리 불쾌한 일이 있더라도 가족들이 보는 앞에서는 내색조차 하지 않았다. 불쾌한 기분은 나 하나면 족하다. 가족들까지 불쾌해지는 것은 견딜 수 없는 것이다. 그러나 우리는 어떤가? 회사에서 일이 원만하지 못하거나, 상사에게 꾸지람을 듣기라도 하면 집에 돌아와서 그 불쾌한 기분을 온 가족에게 화풀이하지 않는가?

네덜란드에서는 집 안에 들어서기 전에 입구에서 구두를 벗는 습관이 있다. 그날 바깥에서 있었던 괴로움을 집에 들어서기 전에 벗어버리는 것이다.

손님이나 동료들에 대해서는 온순한 사람도 자기 아내한테는 태연하게 큰소리를 친다. 그러나 진정한 행복을 위해서는 일보다도 결혼생활을 더 중요하게 여겨야 한다. 평범하지만 행복한 가정생활을 누리는 사람이 독신의 천재보다 훨씬 더 행복한 것이다. 러시아의 대문호 투르게네프는 이렇게 말했다.

"나를 위해 저녁을 준비해놓고 기다리는 여성이 어디엔가 있다면, 나는 나의 재능을 전부 잃어도 후회하지 않을 것이다."

화목한 가정이 전체 가정의 몇 퍼센트나 될까? 도로시 딕스 여사는 50퍼센트 이상은 실패라고 보고 있지만, 폴 포피노 박사의 의견은 다르다. 박사는 "사업에 성공할 확률은 결혼에 성공할 확률보다 낮다. 사업은 70퍼센트가 실패하지만, 결혼생활은 70퍼센트가 성공한다."고 했다.

딕스 여사는 결혼에 대해 다음과 같은 결론을 내리고 있다.

결혼이라는 사건에 비교할 때 출생은 단순한 에피소드에 불과하고 죽음도 대단한 것이 못 된다. 여자들은 남성이 일에 매진하는 만큼 왜 가정에는 그 열의를 기울이지 않는지 의아해한다. 100만 달러의 부를 쌓아올리는 것보다 현모양처와 평화롭고 행복한 가정을 꾸리는 것이 남자들에게 훨씬 더 의미가 있다. 가정의 평화를 위해 진지한 노력을 기울이는 남성은 매우 드물다. 인생에서 가장 중요한 일인데도 되는대로 내맡기고 있다. 그리고 아내에 대해서도 마찬가지다. 강압적인 태도보다 온화한 태도를 보이는 것이 훨씬 더 효과적인데 왜 다들 실천하지 않는지? 여성들은 정말 이해할 수가 없다.

나는 모든 남성들이 자기 아내를 마음대로 조종할 수 있는 기술을 알고 있다고 생각한다. 약간만 칭찬해줘도 아내가 만족한다는 사실을 모를 리 없는 것이다. 유행이 조금 지난 옷이라도 잘 어울린다고 말해주면 아내는 최신 유행의 옷을 원하지 않는다. 아내의 눈에 키스해주면 그녀는 장님이 되어버리고, 입술에 키스해주면 벙어리가 된다는 것도 남편은 분명히 알고 있다. 아니, 자기 남편도 그 정도는 충분히 알고 있으리라고 아내들은 생각한다. 아마도 자신을 기쁘게 해주는 그런 행위를 남편에게 넌지시 일러주었을 것이다. 그럼에도 남편들은 그 방법을 이용하지 않는다. 그러니 아내가 화를 내는 것이다.

가정생활을 행복하게 만드는 7가지 비결 6

예의를 갖추고, 거듭 칭찬하라.

7장

가정불화의 최대 난관은
성적 불화다

사회위생관리소 국장 캐서린 B. 데이비드 박사는 언젠가 1000명의 기혼여성을 대상으로 부부생활에 대해 솔직한 설문조사를 진행한 일이 있다. 그 결과 성생활에 불만을 갖는 경우가 예상 밖으로 많았다. 박사는 이 조사를 기초로 미국 가정의 가장 큰 이혼의 원인으로 부부의 성생활을 들기도 했다.

G. V. 해밀턴 박사의 조사도 이 사실을 증명했다. 박사는 100명의 기혼자를 대상으로 결혼생활에 대해 4년 동안 연구했다. 박사는 개별 면담과 400여 항목에 걸친 설문을 통해 그들의 결혼생활을 철저히 조사했다. 사회학적으로 꽤 중요한 의미가 있어서 유력 독지가의 후원까지 받은 조사였다. 해밀턴 박사와 케네스 맥그언 박사의 공저 《결혼생활의 장애》가 바로 그 조사의 결과물이다.

결혼생활의 장애에 관해서 해밀턴 박사는 이렇게 말하고 있다.

“몇몇 정신의학자들이 성적 부조화는 가정불화의 주요 원인이 될 수 없다고 말하지만 이는 매우 잘못된 주장이다. 부부간의 성생활만 순조로워도 대다수의 사소한 갈등 정도는 크게 문제가 되지 않는다.”

폴 포피노 박사는 결혼생활의 실패 원인으로 다음의 네 가지를 들고 있다.

1. 성생활의 부조화.
2. 여가 활용에 대한 의견의 불일치.
3. 경제적인 어려움.
4. 심신 이상.

성문제가 1위를 차지하고 있음에 주목해야 한다. 이혼 문제에 관한 권위자들은 하나같이 성생활의 균형을 유지하는 것이 결혼생활에 꼭 필요하다고 말한다.

신시내티 가정법원의 호프먼 판사는 수천 건의 이혼소송을 처리해온 사람인데, “이혼의 주된 원인은 열에 아홉은 성적 불만이다.”라고 단언했다. 심리학자 존 B. 왓슨도 “섹스가 인생의 가장 중요한 문제인 것은 분명하다. 섹스야말로 인생의 행복을 좌우한다.”고 말했다.

나의 강습회에 참가했던 많은 개업의들도 비슷한 생각을 가지고 있다. 교육 문화가 발전한 20세기에 자연의 섭리에 대한 본능의 무지 때문에 결혼생활이 파괴되고 인생행로에서 파산하는 사람들이 많은 것은 얼마나 안타까운 일인가?

올리버 M. 버터필드 신부는 18년 동안의 신부 생활을 그만두고 뉴욕의 가정상담소 소장으로 임명되었다. 아마도 그 신부만큼 많은 결혼식에 참석했던 사람도 드물 것이다. 그는 이렇게 말했다.

"내 경험에 따르면, 결혼식장의 신랑 신부들은 애정과 선의에 불타고 있긴 하지만, 결혼의 올바른 의미를 모르는 경우가 의외로 많은 것 같다. 결혼한 뒤 성생활의 균형은 굉장히 어려운 문제임에도 대부분이 그냥 무시한 채 살아가는 것이다. 더군다나 이 나라의 이혼율이 고작 16퍼센트라는 점은 의아하지 않을 수 없다. 이것은 많은 부부들이 참다운 결혼생활을 하고 있음을 나타내는 것이 아니라 단지 이혼하지 않고 있음에 지나지 않음을 알려주는 지표다. 아마 지옥을 맛보고 있을 것이다. 행복한 결혼생활은 되는대로 내버려두면 절대 찾아오지 않는다. 현명한 판단과 신중한 계획으로만 가능한 것이다."

버터필드 신부 앞에서 결혼하는 커플들은 이런 문제에 관해 솔직하고 진지한 대화를 나누게 된다. 그 결과 성적으로 아무것도 모르는 커플이 너무 많다는 것이 그의 의견이다.

"결혼생활을 행복하게 하는 요소는 여러 가지가 있지만, 섹스는 그중 하나에 불과하다. 하지만 섹스의 조화가 깨지면 다른 요소는 아무런 쓸모가 없게 된다. 결혼생활에 대한 사고와 실제에 관한 명확한 태도를 가지고 허심탄회하게 대화를 해나가야 한다."

가정생활을 행복하게 만드는 7가지 비결 7

올바른 성지식을 가져라. 성적 불화도 대화로 풀 수 있다.